인간의 길을 가다

Jean Ziegler

실천적 사회학자 장 지글러의
인문학적 자서전

인간의 길을 가다

장 지글러 지음
모명숙 옮김

갈라파고스

들어가는 말
우리는 인간의 행복을 위해 무엇을 할 수 있을까?

그래, 난 이성이 인간들을 지배하는 부드러운 힘을 믿어. 인간은 그 힘을 결국은 거역할 수 없어. 내가 돌 하나를 떨어뜨리며 그것이 떨어지지 않는다고 말할 때, 오랫동안 그저 바라보기만 할 인간은 없을 거야. 어떤 인간도 그럴 수 없어. 하나의 증거에서 시작되는 유혹은 너무 커. 대부분 인간은 그 유혹을 견디지 못하고, 결국에는 모든 인간이 그 유혹에 빠지지.

베르톨트 브레히트, 『갈릴레이의 생애Leben des Galilei』

올린다Olinda에서 보낸 서늘한 밤이 생각 난다. 브라질 북동부 헤시피Recife 북쪽의 석호 물가에 있는 이 반도에 는 바로크풍 교회, 선술집, 수도원, 슬럼가 등이 있다.

우리는 식당 문 맞은편 테이블에 앉아 있었다. 테이블에는 포르 투갈 백포도주, 새우요리 카마로에스camerões와 닭구이 아사두assado가 담긴 그릇들이 놓여 있었다. 사람들—헤시피 출신의 시민과 군인, 올린다 출신의 사제, 파라이바Paraíba 출신의 상인, 해안에서 온 사탕 수수 농장주, 북쪽에서 온 목축업자 등—이 오고갔고 관용 차량인 이타마라티 리무진의 문이 여닫히고 식탁마다 큰 소리로 인사를 주 고받았다.

내 바로 옆에서 당시 내 아들 또래로 보이는 열 살 남짓한 사내 아이가 갑자기 모습을 드러냈다. 그 아이는 엉덩이를 뒤로 쭉 뺀 자 세로 절뚝거리며 내 팔을 건드렸다. 한쪽 손에는 하얀색 땅콩이 담 긴 녹슨 통조림통이 들려 있었다. 헤시피의 거지들이 선술집의 손님들에게 파는 흔한 땅콩이었다. 카리브 골짜기에 있는 사탕수수 대농장 소유주로 우리 테이블의 좌장 역할을 한 스위스 명예 영사가 그 아이에게 동전 몇 개를 던져주었다. 내가 당황한 기색을 보이자 그는 진부한 말장난을 했다. 북쪽의 신사들이 유럽인 여행자들을 달랠 때 전통적으로 써먹는 내용 없는 말장난이었다.

"저 어린 혼혈아는 제가 아는 친구예요. 저 아이는 운이 좋은 거예요. 돈을 몇 푼 벌어서 노전상에게서 콩과 쌀을 좀 사고, 성문 아치 아래에 누워 잠을 잘 수 있으니까요. 그 애는 학교에 갈 필요도 없고 날마다 일하러 가지 않아도 돼요. 아, 저 애처럼 자유롭다면 좋을 텐데!"

나는 그 어린 소년의 눈을 결코 잊지 못할 것이다. 핑계를 대고 자리에서 일어난 나는 그 아이가 바깥의 해안가 바위에 앉아 있는 것을 보았다. 그 아이의 이름은 요아킴이었다. 요아킴은 분노도 슬픔도 내비치지 않았다. 두려움 때문에 숨도 제대로 쉬지 못했다. 그의 사연은 뻔한 신파처럼 평범했다. 일을 찾아 떠돌던 사탕수수 노동자인 아버지는 결핵으로 고생 중인데 2년 전부터 일거리가 없고, 동생 네 명과 병든 어머니가 석호 다른 쪽 빈민가의 오두막집에서 아침부터 그가 오기만을 기다린다는 것이었다. 그가 저녁에 땅콩을 팔아서 버는 돈이 그 집 수입의 전부였다.

요아킴은 눈이 충혈되고 허기져 있었다. 마침 선술집 창문에서 주방장이 고개를 내밀었다. 나는 주방장에게 이 아이가 앉아 있는 바위에 음식을 좀 차려달라고 부탁했다. 음식이 나오자 요아킴은 바위에 낡은 신문을 펼쳤다. 그는 떨리는 손으로 밥, 닭고기, 흔한 열대과일 페이조아, 새우요리 카루루, 샐러드, 케이크 등을 신문지 위로 옮겨놓았다. 그러고는 이 꾸러미를 끈으로 묶고 어둠 속으로 사라졌다. 자기도 배가 고팠지만 어머니와 아버지, 그리고 동생들을 위해 그 음식을 챙긴 것이다.

나는 다시 선술집으로 돌아가 테이블에 앉았다. 그리고 고개를 끄덕이며 영사의 대수롭잖은 잡담을 들었다. 요컨대 나는 교수이자 올린다를 여행 중인 (당시) 국회의원의 신분으로 돌아간 것이다.

그때 나는 왜 여행을 중단하지 않았을까? 빈민가에 가볼 생각을 했는가? 요아킴과 그의 가족을 찾아는 보았는가? 아침에는 지사와 만났고, 낮에는 시장과 이야기를 나누었다. 헤시피에는 친구들도 있었다. 계속 여행을 하지 않았다면, 나는 요아킴의 부친에게는 일자리를 찾아주고 모친은 입원할 수 있게 주선하며, 요아킴 본인에게는 장학금을 마련해줄 수 있었을 것이다. 만일 그랬다면 일주일이나 한 달 정도의 시간이 "날아가버렸을" 것이다. 어쨌든 나는 그렇게 하지 않았다. 왜 그랬을까? 일정을 따라야 했고 약속이 잡혀 있었다. 주어진 사회적 역할을 다 하고 보고서를 작성하며 연구를 수행해야 했기 때문이다.

"양심의 가책은 살아 있는 적이다." 장폴 사르트르Jean-Paul Sartre(1905~1980)가 한 말이다. 표도르 도스토옙스키Fjodor Dostojewski(1821~1881)는 평생 이 "살아 있는 적"에 맞서 싸웠다. 소설

『카라마조프가의 형제들』(1880)에는 다음과 같은 대화가 나온다.

이반 카라마조프: "난 살 것이고, 지금 살아 있어. 그게 논리에 어긋난다 하더라도 말이야. 내가 설령 사물의 질서를 믿지 않는다 하더라도, 봄에 펴지는 끈적거리는 작은 잎은 내게 소중해. 푸른 하늘도 내겐 소중하고, 내 말을 믿든 믿지 않든 내가 사랑하는 많은 사람도 왠지는 모르지만 내겐 소중해. 사람들이 더 이상 믿지 않은 지 이미 오래되었지만 그럼에도 오랜 기억 속에서 진심으로 존경하는 많은 인간적 행위도 내겐 소중해."

알료샤: "물론이야. 어떤 논리보다도 무조건 〔삶을〕 사랑해야 해. 어떤 논리보다도 꼭 그래야 해. 그러고 나서야 비로소 의미를 이해할 수 있을 거야. 형은 해야 할 일의 절반을 해낸 거고 이겼어. 형은 흔쾌히 살고 있어. 이제는 나머지 절반을 위해서도 노력해야 해. 그리고 형은 구제되었어."

이반 카라마조프처럼 나는 머리로는 이 같은 세계질서를 거부한다. 하지만 이반처럼 나도 그 질서에 잘 적응했다. 그 질서를 은근히 정상으로 받아들이는 것이다. 나의 일상적 행동을 통해 그 질서는 재생산된다.

우리가 우리 자신을 불구로 만들었다. 수많은 다른 사람들처럼 나도 계속 마음을 거역하며 살고 있다. 원하는 것을 하는 것과 지금 하는 일을 원하는 것은 세상에서 가장 어려운 일이다. 자신의 실천을 정확하게 설명해줄 이론을 갖고 있는 사람은 없다. 우리 모두는 정도의 차이야 있겠지만 솔직하지 못하다. 즉 우리는 거짓말을 하고 환상과 착각에 빠진다. 우리는 열심히 속박의 사슬들을 만들어낸다. 마치 타자와 뜻밖에 만날 수 있는 자유 속에 끔찍한 위험이 숨겨져 있기라도 한 것처럼, 주술의식을 하듯 그저 우리에게 주어진 사회적 역할들을 다하고 그 역할들을 만들어내고 재생산한다. 그런데 이 역할들은 우리를 숨 막히게 하고, 서서히 우리의 숨통을 쥔다. 우리의 머릿속 깊이 박혀 있는 이 속박의 사슬들이 우리가 마음대로 생각하고, 보고, 걷고, 꿈꾸고, 느끼지 못하게 방해한다.

알료샤의 말이 맞다. 인간은 다른 인간들의 도움이 있어야만 살아가고 성장하고 발전한다. 관계의 비밀이 존재의 비밀보다 훨씬 크다. 삶의 의미를 발견하려면, 삶을 사랑하는 것만으로는 충분치 않다. 삶의 의미는 길을 걷다가 돌부리에 걸리는 것처럼 우연히 만나는 게 아니기 때문이다. 의미는 생겨나고 합성되면서 드러나는 것이다. 타자와 맺는 자유로운 관계에서 내게 없는 것을 얻게 될 때, 의미는 생겨난다. 따라서 상호관계, 즉 인간들이 서로 보완하는 관계가 아니라 경쟁하고 지배하며 착취하는 사회적 질서는 실패할 수밖에 없다.

이런 소외는 왜 생길까? 우리들 각자는 엄청나게 많은 창조력과 소망을 갖고 있는데, 우리는 왜 이처럼 중요한 것을 스스로 밀어낼까? 서구인들은 너무도 엄청난 특권—자유, 독재에 항거할 권리—을 쟁취했고, 빈곤을 극복했으며, 우주, 별, 원자, 생명 등의 비밀을 밝혔고, 수명을 몇십 년이나 연장시켰다. 그런데도 21세기 초에 서구인들은 왜 역할의 굴레에서 벗어나지 못하고, 예기치 못한 만남을 자유와 사랑으로 받아들이지 못하며, 우리의 삶에 공동의 연대감을 부여할 수 없는 걸까?

이 책은 이런 몇 가지 질문에 답변하려고 한다. 우리가 처한 상황을 이해하고 그 상황을 변화시키기 위해 우리가 반드시 해야 할 일은 무엇인가? 내가 판단하기에 이 책은 이러한 질문에 도움을 주는 인식들이 담겨 있다.

지난 30년 동안 세상은 완전히 바뀌었다.

1991년 8월 소비에트제국의 붕괴와 함께 전 세계적인 양극 체제도 사라졌다. 이런 구 세계의 폐허에서 새로운 전제정치가 떠오르고 있다. 세계적인 금융자본계 신흥재벌 올리가르히oligarch(소수자에 의한 지배, 즉 과두정치를 뜻하는 그리스어 올리가키에서 유래한 단어—옮긴이)의 전제정치다.

유럽에도 기근과 궁핍이 찾아왔다. 유니세프의 보고에 따르면, 2013년 스페인에서는 10세 이하의 아동 11퍼센트가 영양실조 상태였다. 유럽연합의 28개국에서 무려 3,020만 명의 남녀와 청소년이 이른바 '구조적 실업' 상태에 있다. 이것은 특히 25세 이하의 젊은 이들에게 심각하다.

지난 세기에 반식민주의 해방 운동이 일깨운 원대한 희망은 사라져버렸다. 아프리카, 중앙아메리카, 여러 아시아 국가들이 해방을 위해 투쟁했지만, 그 결과 나타난 것은 부패와 빈곤이 지배하고 진정한 주권이 없는 잔유 국가rump state(한때 커다란 한 나라였지만 쪼개져 더 이상 독자 생존이 불가능한 자투리처럼 된 국가— 옮긴이)였다.

1945년 제정된 유엔헌장의 머리말은 이렇게 시작한다.

"우리 연합국 국민들은 우리 일생에서 두 번이나 인류에게 말할 수 없는 슬픔을 가져온 …… 전쟁의 불행에서 다음 세대를 구할 것을 결의하였다."

그러나 전쟁은 다시 벌어졌고, 예나 지금이나 끔찍하기는 마찬가지다. 과거의 유고슬라비아, 발칸, 아프가니스탄, 이라크 등에서 피비린내 나는 대결이 끝나자, 이번에는 시리아, 예멘, 동콩고, 남수단과 서수단, 중앙아프리카공화국, 미얀마, 필리핀 등에서 전쟁의 광풍이 몰아치고 있다.

다민족, 다문화, 정교분리를 받아들이는 국민은 문명이 이룬 성과다. 그런데 오늘날에는 공포를 느낄 만한 위험이 생겨나 형체를 띠기 시작함으로써 이런 국민의 존재가 위협받고 있다. 이 공포에는 지하디즘jihadism(이슬람 근본주의하의 무장 투쟁—옮긴이), 그리스도교 · 유대교 · 힌두교 · 불교 등의 근본주의, 폭력을 쓸 수 있는 인종차별주의, 이성의 적들을 포함하여 계몽에 적대적인 각양각색의 사상 등이 있다. 게다가 서구의 많은 나라들에서는 반민주적인 극우 정당들이 선거 때마다 승리를 거두고 있어서 집단의식을 망치고 있다.

인간과 자연의 관계는 달라졌다. 지구에서의 삶이 위태로워지고 있고 천연자원이 유한하다는 사실을 인식하게 되었다. 하지만 자연은 계속 파괴되는 중이다.

사람들은 2차 세계대전 동안 살육을 경험한 후, 인권은 논박의 여지가 없는 것이라고 생각했다. 그런데 이 인권이 도처에서 짓밟히고 있다. 식량과 일자리에 대한 권리, 건강과 거주의 자유 등에 대한 권리는 오늘날 다섯 대륙 전부에서 날마다 심각하게 손상을 입고 있다.

인간을 고문하는 것이 다시 합법화되었다. 불량국가들에 의해서만이 아니라 전 미국대통령의 훈령에서도 고문은 "불가피하고" 심지어 "부득이하다"고 선언된다.[1]

스코틀랜드 철학자 에드먼드 버크Edmund Burke(1729~1797)는 18세기에 "악이 승리하는 데 필요한 모든 것은 선한 인간들의 침묵이다"라고 썼다.

세상 사람들이 모두 침묵하며 시선을 피하고, 다른 이의 말에 귀 기울이지 않은 채 수동적으로 행동하면서 운명에 대해, 통상적이고 불가피한 세상만사에 대해 말한다. 그럴 때 "선한 인간"은 질문하고, 진실을 밝히기 위해 단서를 추적하고 원인을 조사하며, 관련된 이해관계와 책임 및 시시비비를 가려 죄가 있는 자들을 지적하고, 인간의 삶을 파괴하는 경제적·정치적·사회적 요인들을 폭로해야 한다. 선한 사람이라면, 세상을 변화시키려는 사람들의 손에 무기를 쥐어주어야 한다.

레지스 드브레Régis Debray(1940~)는 이것을 이렇게 요약한다.

"지식인의 임무는 친절을 베푸는 것이 아니라 무엇이 있는지 말하는 것이다. 지식인은 그릇된 길로 이끌지 않고 무장하게 할 것이다."

이 책의 구성은 다음과 같다.

나는 우선 이 질문에 답해보고자 한다. 지식인이 무슨 소용인가? 지식은 결코 중립적이지 않다. 다른 모든 학문과 마찬가지로 사회학은 인간을 해방시키면서 동시에 억압하는 수단이다. 이어서 나는 인간들 사이의 불평등이 어떻게 생겨나는지 살펴볼 것이다. 3장과 4장에서는 한편으로는 이데올로기들에 대해, 다른 한편으로는 학문에 대해 그 기원과 기능을 열거할 것이다. 인간은 결코 자신이 생각하는 바대로 존재하지 않는다. 지난 30년 동안 의식은 심각하게 소외되었다. 이에 대해서는 5장에서 다룰 것이다. 6장은 국가를, 7장은 국민을 주제로 삼는다. 8장이 다루는 질문은 이렇다. 사회는 어떻게 생겨나고 또 어떻게 발전하는가? 9장은 어떤 목소리도 내지 않는 민족들을 다룬다.

사상은 언제나 이미 존재하는 문화적·지적 토양에 뿌리를 두고 있다. 나는 다음의 물음에 대해 설명할 것이다. 난 누구의 상속자인가? 누가 내 사상에 자극을 주었고, 또 계속 자극을 주고 있는가? 또한 나보다 먼저 그 길을 간 사람들, 그리고 나와 동행했고 여전히 동행하는 사람들, 내가 그들과 일치하는 지점이 어디이고 그렇지 않은 지점이 어디인지를 설명할 것이다.

그리고 끝으로 어떤 희망이 이 책을 관통하는지 밝힐 것이다.

역사의 새로운 주체가 생겨나고 있다. 세계를 망라하는 새로운 시민 사회가 그것이다. 이 시민사회는 야만적인 세계질서를 무찌르는 길에 들어섰다. 이 책은 유토피아에 대한 책이 아니라 투쟁을 위한 책이다. 수천 개의 저항전선, 어두운 밤 이 신비한 인류애가 일어나는 봉기를 위한 안내서다.

이 책은 또한 지적 자서전이기도 하다. 나는 30년 이상 여러 대학에서 사회학 교수로 일했다. 『세계의 새로운 지배자들』, 『탐욕의 시대』, 『빼앗긴 대지의 꿈』, 『굶주리는 세계, 어떻게 구할 것인가』 등 이전에 나온 책들과는 달리, 이 책은 철학적-이론적 요소들을 비교적 많이 담고 있다.

에른스트 블로흐Ernst Bloch(1885~1977)는 역설적으로 호소한다. "우리의 뿌리까지 전진하라!" 이 책에 여러 번 인용되는 학자들은 사회학의 선조들에 속한다. 몇 명 거론하자면 카를 마르크스Karl Marx(1818~1883), 죄르지 루카치Georg Lukács(1885~1971), 막스 호르크하이머Max Horkheimer(1895~1973), 장폴 사르트르 등이다. 이들은 자본주의에 대해서 극히 비판적인 의식을 전개한 사람들이다. 이들의 모든 저작에서 나타나는 현실성은 인상적이다. 소외의 메커니즘, 균질화된 의식의 창출, 만연하는 신자유주의의 극심한 폐해 등을 제대로 이해하려면 이들의 저작이 없어서는 안 된다. 우리는 날개 돋친 듯 널리 쓰이게 된 말의 의미에 대해 그들에게 빚지고 있다. 우리는 거인들의 어깨에 올라탄 난쟁이들이고, 따라서 거인들보다 더 멀리 본다.

나는 내 직업적 활동이 얼마나 유용했는지 질문을 제기하며, 이 책은 그 의미를 탐색하고자 한다.

인간이 생존하기 위해 기본적으로 꼭 필요한 물질적 재화가 객관적으로 결핍된 현상은 오늘날 지구 역사상 처음으로 극복되었다.

카를 마르크스는 1883년 3월 14일 런던의 소박한 집에 딱 하나 있는 안락의자에서 평온하게 숨을 거두었다. 죽을 때까지 그는 객관적 결함—인간의 기본 욕구를 충족시키기 위해 필요하지만 모두를 만족시키기에는 빠듯한 재화를 쟁탈하기 위해 서로 싸우는 지긋지긋한 주인과 노예—이 수백 년이나 더 인류를 따라다닐 거라고 확신했다. 계급투쟁, 전 세계적 분업, 상부구조로서의 국가에 대한 마르크스의 이론은 재화가 계속 부족할 것이라는 가정에 기초한 것이다. 그러나 마르크스의 예견은 빗나갔다. 그의 사후에 인류는 과학·기술·전자·산업 등에서 연이어 엄청난 혁명들을 경험했다. 이 혁명들 덕분에 우리 행성에서 생산력은 예기치 않게 무려 몇 배나 높아졌다. 객관적 결핍은 실제로 극복되었다.[2]

예를 한 가지만 들자면, 매년 굶주림 때문에 수백만 명의 사람들이 희생되는 일상적인 대학살을 언급하겠다. 역사상 처음으로 충분한 식량이 생산되고 있다. 문제는 금전적 수단이 턱없이 부족해서 수많은 사람들이 넘쳐나는 식량에 손도 못 댄다는 점이다.

장자크 루소Jean-Jacques Rousseau(1712~1778)와 그의 저서 『사회계약

론Du Contrat social』에서 직접 영감을 받았으며 인권에 관해 가장 오래된 동시에 흥미로운 선언을 떠올리자면, 미국 혁명가들이 1776년 7월 4일 아침 필라델피아에서 가결한 선언문을 들 수 있다. 그 선언문은 미국의 독립선언 서문으로, 토머스 제퍼슨Thomas Jefferson(1743~1826)과 벤자민 프랭클린Benjamin Franklin(1706~1790)이 작성했다. 거기에는 이렇게 쓰여 있다.

"우리들은 다음과 같은 것을 자명한 진리라고 생각한다. 즉 모든 사람은 평등하게 태어났고, 조물주는 몇 개의 양도할 수 없는 권리를 부여했으며, 그 권리 중에는 생명과 자유와 행복을 추구할 권리가 있다. 이 권리를 확보하기 위하여 인류는 정부를 조직했으며, 이 정부의 정당한 권력은 인민의 동의에서 유래하는 것이다. 또 어떠한 형태의 정부이든 이러한 목적을 파괴할 경우 언제든지 그 정부를 변혁하거나 폐지하여 인민의 안전과 행복에 효과적으로 기여할 수 있도록, 이러한 원칙에 기초한 새로운 정부를 조직하는 것은 인민의 권리다."[3]

1776년에만 해도 행복 추구를 위한 인권은 유토피아나 다름없었다. 지구에서 사용할 수 있는 재화는 모든 사람들의 기본 욕구를 충족시키기에는 턱없이 부족했다. 반면에 오늘날 이 권리는 어디에서, 어떤 사회에서 살든 상관없이 모든 사람들에게 현실적으로 적용될 수 있다. 여기에서는 물질적 욕구와 물질적 재화의 충족에 대해 말하고 있다는 점을 분명히 하고자 한다. 비물질적 불행—외로움, 사랑의 번민, 슬픔, 절망—은 또 다른 까다로운 사안이다. 그러나 나는 수억 명의 동시대인을 여전히 괴롭히는 물질적 고통이 내일은 사라질 수 있다고 재차 주장한다.

우리는 부조리한 세계질서 속에 살고 있다. 그러나 우리 각자는 어떤 사회에 속하든 간에 그 질서와 싸우고 극복하는 데 충분히 기여할 수 있다.

이 책에서 나는 소외에 맞서는 실제 투쟁에 대한 데이터나 기존의 분석과 구상에 대한 완벽한 목록을 제공하지는 않았다. 이 책은 나의 학문적 · 정치적 경험과 직접 연관이 있고, 인간들의 해방을 위한 실천적이고 이론적인 투쟁들과 연결되는 내용을 소개한다. 나는 그 투쟁들에 관여하려 했으며 계속해서 관여할 것이다.

사회, 역사, 삶과 같은 것의 의미를 추구하는 것은 언제나 집단적인 모험에 불과할 수 있다. 이 모험은 우리가 행위자인 동시에 주제가 되는 실천적 · 이론적 논쟁을 통해 이루어진다. 우리 각자는 특수한 것과 보편적인 것 사이의 복잡한 변증법 속에서 형성된 구체적 산물이다. 총체성에 대한 열망과 의미에 대한 추구는 인간에게 내재되어 있다. 이 책은 그것에 기여하는 만큼 독자의 소망에 부응하고, 공동의 작업이 되며, 정당성을 얻게 될 것이다.

차례

1장

지식인은 무엇을 해야 하는가?

가장 단순한 것을 배워라!
자기의 시대가 도래한 사람들에게는
결코 너무 늦은 것이란 없다!
알파벳을 배워라, 그것으로 충분하지는 못하지만
우선 그것을 배워라! 꺼릴 것 없다!
시작해라! 당신은 모든 것을 알아야만 한다!
당신이 앞장을 서야만 한다.

배워라, 난민수용소에 있는 남자여!
배워라, 감옥에 갇힌 사나이여!
배워라, 부엌에서 일하는 부인이여!
배워라, 나이 예순이 넘은 사람들이여!
학교를 찾아가라, 집 없는 자여!
지식을 얻어라, 추위에 떠는 자여!
굶주린 자여, 책을 손에 들어라. 책은 하나의 무기다.
당신이 앞장을 서야만 한다.

묻기를 서슴지 말라, 친구여

아무것도 믿지 말고

스스로 조사해보아라!

당신 자신이 알지 못하는 것은

당신이 모르는 것이다.

계산서를 확인해보아라.

당신이 그 돈을 내야만 한다.

모든 항목을 하나씩 손가락으로 짚어가면서

물어보아라. 그것이 어떻게 여기에 끼어들게 되었나?

당신이 앞장을 서야만 한다.

베르톨트 브레히트, 「배움을 찬양함Lob des Lemens」[1]

1935년/1936년 겨울학기에 조르루 폴리체Georges Politzer(1903~1942)는 파리의 노동자대학에서 〈철학의 기본 원리〉라는 제목의 강의를 했다. 이 노동자대학은 1939년 문을 닫았다. 나치즘 저항 운동가이자 열성적인 공산주의자였던 폴리체는 나치스의 처형조가 쏜 총탄에 숨을 거두었다. 프랑스가 해방된 후 그의 옛 제자 중 하나였던 모리스 르 구아스Maurice le Goas는 폴리체의 강의를 필기한 기록을 출간했다.

폴리체는 학문의 영역에서 제도적 구분이 있다고 생각하지 않았다. 그의 강의는 직업과 나이를 불문하고, 불공평한 사회를 바꾸겠다는 결의를 생각과 행동으로 입증하는 모든 이들을 대상으로 했다. 따라서 그의 설명은 누구나 알아듣기 쉬워야 했다. 그렇지 않으면 아무도 그 내용을 납득할 수 없었을 테니까. 모리스 르 구아스가 쓴 것처럼, 그 강의는 나이가 많건 적건, 육체노동을 하든 정신노동을 하든 모든 노동자들에게 "그들이 우리의 시대를 이해하고, 그들이 지닌 기술에서든 정치적 · 사회적 영역에서든 행동의 방향을 설정하도록 숙고하는 방법을 그들에게 전해줄" 것이었다.[2] 폴리체의 강의는 나에게도 교육학적인 실천의 본보기가 되었다.

여기에서 나는 극히 비판적인 반대 입장에 선 사회학의 기본 원리를 설명하면서, 인간의 정의와 의식이 스스로의 힘으로 진보하는 데 가능한 한 효과적으로 기여하고 싶다. 각각의 인간은 자기 자신과 다른 사람들에 대해 다양한 견해를 갖는다. 집단적이고 개인적인 생각, 즉 인간이 자신의 삶에 대해 갖게 되는 관념이 사회의 상부구조를 형성한다. 삶의 물질적 상태, 생산력과 이와 관련된 도구는 하부구조를 형성한다. 관념과 현실, 상부구조와 토대는 서로 보완하는 동시에 모순된다. 이런 관계들이 사회를 형성한다.

단 하나의 학문만 존재한다. 말하자면 모든 메타 사회적 metasoziale(사회를 넘어서는 또는 사회적으로 설명할 수 없는 '초사회적' 이라는 의미—옮긴이) 근거를 거부하는 학문만 있을 뿐이다. 알랭 투렌 Alain Touraine(1925~)은 1973년 최초로 주요 저서 『사회의 자기 산출 Production de la société』에서 메타 사회적 구상에 대해 이론적 근거가 있고 가장 설득력 있는 비판을 간명하게 표현했다. 알랭 투렌이 정의하듯이, 메타 사회적 근거는 사회의 현실 저 너머에 있는 권위 있는 존재로부터 나온다. 이러한 권위 있는 존재들의 도움으로 권력자들은 의미를 합법으로 인정하고, 특정한 실행 방법을 강요하고, 행동방식을 엄격히 규제할 것을 요구한다.

사회의 역사에서 메타 사회적 근거와 그에 상응하는 권위 있는 존재를 다시 수용하는 일은 늘 있어왔다. 이것은 변하지 않는 비역사적 '진실'을 정당화하고, 결국 지배·권력관계가 지속되도록 보장하는 데 기여해왔다.

세 가지 예로 이에 대해 설명할 텐데, 그중 두 가지는 프랑스 역사에서, 세 번째 예는 세계사회의 현실에서 끌어온 것이다.

첫 번째 예는 가톨릭 성인聖人 루이(1214~1270)다. 그가 통치한 13세기는 프랑스 카페 왕조(987~1328)의 전성기에 해당한다. 그는 자신의 권력을 이렇게 공식화했다. "신의 은총에 의한 프랑스의 왕 루이." 그의 권력이 지닌 메타 사회적 근거는 종교적 이데올로기를 환기시킨다. 왕은 교회 관료기구가 매개하는 신으로부터 권력을 받았다. 성유聖油로 축성을 받은 첫 번째 프랑스 왕은 소小 피핀Pippin이었다. 그는 첫 번째로 751년에 수아송Soissons에 모인 왕국의 주교회의에서 성유로 축성을 받았고, 754년 두 번째로 생드니에서 교황 스테파노 2세에 의해 축성을 받았다. 샤를 10세는 1825년 마지막 프랑스 왕으로서 랭스 대성당에서 축성을 받았다.

메타 사회적 논거는 또한 더욱 복잡한 편파적인 정치적 전략을 정당화하는 데도 기여할 수 있다. 그 예를 들어보겠다.

생드니(프랑스 왕들의 묘지인 파리 성문 앞의 대수도원) 수도원 원장이며 국왕 루이 6세와 루이 7세의 고문이자 제국의 수상이었던 쉬제Suger(1122~1151)는 이러한 이력이 어떤 의미를 갖는지 잘 보여준다. 쉬제는 막 태동하기 시작한 군주제에 확실한 정당성을 마련해주는 동시에 자신의 권력을 강화하려 했다. 그러기 위해서는 대수도원에 성유물聖遺物(성인의 유해나 유품 등, 성인과 관련 있는 것—옮긴이)이 있는 성인을 제국의 수호자이자 프랑스에서 가장 중요한 성인으로 드높여야만 했다.[3] 그러려면 가능한 한 화려하고 호화롭고 인상 깊은 성전을 세워야 했다. 그런데 당시에는 기근이 휩쓸었기 때문에 이런 낭비성 지출에 대해 격렬한 비판이 끊이지 않았다. 그러자 쉬제는 타개책을 찾아냈다. 생드니의 관리에 대한—최대한 큰 대들보, 값비싼 보석, 말할 수 없이 아름다운 금세공, 화려한 창 등 교회의 재건을 다루는—글들[4]에서 그는 스스로 하느님과 성 디오니시우스와 다른 성인들의 도구로 자처한다. 그는 경비 지출, 값비싼 자재 등에 대한 자신의 결정은 맹세코 환영幻影과 기적을 통해 "명령받은" 것이라고 주장한다. 따라서 그의 행동은 사건들을 정당화하고 사건들에 메타 사회적 논거를 부여하며 현실을 숨기는 구원사에서 기인한 게 된다.

오늘날 가장 강력한 동시에 가장 위험한 메타 사회적 논증 방법은 경제적 사실들의 '자연화'다. 세계화된 금융자본은 이른바 '경제의 자연법'을 증거로 끌어댄다. 이는 인간을 인간 자신의 역사에서 몰아내기 위해, 즉 인간의 머리에 떠오르는 저항의 모든 단초를 미리 부수고 자신들의 이익을 보장하기 위해서다. 상품의 생산과 교환뿐만 아니라 인간의 관계와 갈등에 대해서도 최고 규제기관인 '세계시장'은 이런 식으로 "눈에 보이지 않는 오류 없는 손"의 지위로 승격된다. 그에 따라 모든 정책의 목표는 모든 자본, 상품, 서비스의 이동이 완전히 자유로워지고, 모든 인간 활동이 이익과 수익성을 최대화하는 원칙에 굴복하는 것, 그러니까 모든 공공부문의 민영화일 것이다. 이런 전략에는 하나의 약속이 있다. 그 약속은 시장이 일단 공적 통제와 모든 영토적 제한에서 벗어나면 반드시 전 세계적인 번영을 만들어낸다는 것이다. 그렇게 되면 자본은 자동적으로 최대의 이익을 올릴 수 있는 곳으로 언제든지 이동할 수 있을 테니까.

전직 월스트리트 은행가, 백만장자, 예술적 재능이 풍부한 피아니스트, 인정 많고 교양 있는 남자라는 수식어가 따라다니는 제임스 올펀슨James Wolfensohn(1933~)은 2005년까지 세계은행 총재였다. 그가 국제적 무대에서 수도 없이 열정적으로 말했던 신조는 "국가 없는 글로벌 거버넌스statelss global governance"다. 달리 말하면 마침내 국가, 노동조합, 시민 등의 온갖 개입에서 벗어난 세계시장의 자치self-regulation가 마음껏 펼쳐지는 것, 그것이 역사의 최종 목표라는 것이다.

'시장법칙'이 특히 위험한 메타 사회적 논거가 되는 것은 무엇보다도 엄격한 합리주의를 끌어댈 때다. 사실상 이것은 우리로 하여금 과학적 엄격함과 '시장법칙'의 엄격함이 같은 것이라고 믿게 하려는 마법사의 주문과 다를 바 없다.

이해해야 할 것이 더 있다. 세계화된 금융자본의 독재는 보이지 않는 '시장법칙' 뒤에 진을 침으로써 우리에게 폐쇄적이고 엄격한 세계관을 강요한다. 어떤 인간적인 창의성도 없고, 아직 존재하지 않는 것·미완성된 것·기존의 질서를 전복하려는 자유의 전통에서 생겨나는 어떤 역사적 행동도 없는 세계관을 말이다.

내가 말하고자 하는 바를 설명하기 위해 기억을 되짚어보겠다.

내 저서들 중 몇 권, 특히 『스위스, 모든 혐의에 초연하다Eine Schweiz— über jeden Verdacht erhaben』(1976), 『왜 검은 돈은 스위스로 몰리는가La Suisse La Ve Plus Blanc』(1990), 『스위스, 금과 죽은 자들Die Schweiz, das Gold und die Toten』(1997) 등은 스위스 은행가들의 증오를 샀다. 나를 재정적으로 파산시켜 입을 다물게 할 작정으로 9개나 되는 소송이 제기되었다. 나의 국회의원 면책특권도 철회되었다. 피해보상 요구액이 수백만 스위스프랑으로 불어났고, 나는 모든 소송에서 졌기 때문에 결국 파산했다. 그렇지만 그러한 증오와 온갖 의견 충돌에도 불구하고 몇몇 개인적 관계들은 유지되었다. 어느 날 저녁 베른에서 제네바로 가는 기차를 탔는데, 승객이 거의 없었다. 엄격한 가정적 · 사회적 전통에 갇힌 칼빈교도인 한 민영은행가가 나를 알아보았다. 그는 기차칸에 우리 외에 승객이 아무도 없는지 확인하고 내게 신호를 보냈다. 나는 그의 맞은편에 앉았다. 우리는 로랑 카빌라Laurent Kabila(1939~2001) 사후 콩고민주공화국의 상황에 대해 이야기를 나누었다. 그 며칠 전 나는 제네바의 프레지덴트 윌슨 호텔에서 그의 아들이자 후계자인 조제프 카빌라Joseph Kabila(1971~. 현 콩고민주공화국 대통령)를 만났다. 《제네바 트리뷴Tribune de Genève》이 그 만남에 대해 보도했다.

은행가: "젊은 카빌라를 만나셨다고요?"
"네."
"콩고 상황은 어떤가요?"

"끔찍합니다. 킨샤사에는 다시 전염병이 돌고 있고, 기근이 휩쓸고 있어요. 2000년부터 200만 명 이상이나 죽었어요. 도처에서 비참한 상황과 전쟁이 벌어지고 있어요. 국가는 파산했고요."

"압니다. 제 사촌동생 하나가 그 아래쪽에서 선교사로 활동하고 있어요. 그가 상황이 끔찍하다고 알려주었어요."

나는 직접적으로 비판하기 시작했다.

"모부투Mobutu Sese Seko(1965년부터 1997년까지 콩고민주공화국을 통치한 독재자—옮긴이)는 40억 달러 이상을 스위스 은행들에 옮겨놓았어요. 그 노획물의 일부가 선생의 은행에 있다고 들었어요."

"제가 그 질문에 어떤 답변도 드릴 수 없다는 것을 아시잖아요. 은행의 비밀 엄수 때문에……. 우리끼리 말이지만, 모부투는 쓰레기 같은 놈이에요. 제 사촌동생 말로는 오늘날 콩고민주공화국의 비참한 상황은 특히 모부투 치하의 약탈 때문이래요."

그 사이에 기차가 로몽을 지났다. 제네바 호수에서 라보 지역의 거룻배들이 어렴풋이 빛을 깜박였다. 비가 내리고 있었다. 내가 재차 물었다.

"그러니까, 훔친 돈을 왜 새 정부에 되돌려주지 않는 겁니까? 새 정부가 수년에 걸쳐 스위스 법원에 반환 청구 소송을 제기할 수 없다는 걸 잘 아시잖아요."

내 맞은편에 앉은 상대는 심사숙고하는 것 같았다. 젖은 차창 앞으로 거룻배들이 지나갔다. 결국 그가 단호한 목소리로 말했다.

"불가능합니다! 자본의 흐름에 개입할 수는 없어요."

신자유주의적 망상에 대한 이야기는 3장에서 다시 다룰 것이다.

"가치들"—인간의 경험에서 생겨나지 않고, 즉 인간의 역사에서 구체화되지 않으며, 흔들리지 않는 영원한 원칙으로서 다가오는 가치들—의 존속은 힘 있는 자들의 행동을 정당화하는 데 쓰인다. 메타 사회적 논거와의 단절은 학문의 유물론적 · 경험-합리주의적 본질을 형성한다. 이 단절을 통해 학문은 현실을 되찾는다. 또 에드가 모랭Edgar Morin(1921~·)은 이렇게 썼다.

"현실에 대한 기준은 현상이 현재 경험적으로 존재한다는 것을 확인하는 것으로, 합리적 논리의 규칙들을 엄격하게 준수하는 것과 연관된다. …… 현실의 감정과는 다른 현실의 기준 덕분에, 현실의 감정은 뿌리를 내리고 형태를 갖출 수 있다."[5]

어느 학문이나 마찬가지지만, 사회학에도 이것이 적용된다. 사회학은 유물론적이거나 전혀 그러지 않거나 둘 중 하나다. 사회학은 우주(물리적 · 사회적 우주 등)의 경험적이고 합리적인 설명만을 받아들일 수 있다. 달리 말하면, 각 사회는 스스로 만들어지고, 다른 어떤 연관이 없고, 그 정당성에 대한 다른 어떤 근거도 없으며, 자기의 실천에서 기인하는 것과는 다른 어떤 가치도 없다. 이런 사회의 자기 창조에 대해 밝히고, 알아들을 수 있게 설명해보겠다.

학문의 유물론적 토대를 일단 인정했다면, 그다음 단계는 메타 사회적 논거로 되돌아가는 은폐 전략을 폭로하는 것이다. 이미 말했듯이, 각 사회는 스스로 자기에 대해 말한다. 그러나 모든 자기 해석 시스템—모든 문화적 시스템, 모든 이데올로기, 모든 종교—은 감추고 숨기고 거짓말하는 동시에 정체를 폭로한다. 가장 많이 숨겨지는 것이야말로 진짜 사실이다. 보여지는 것은 볼 수 없는 것을 통해 설명되어야 한다. 나는 사회학을 통해 사회가 어떻게 스스로 만들어지는지 이해하려 한다고 말한 바 있다. 이를 더 정확히 공식화하자면, 사회학은 사회의 자가산출self-production에서 모습을 드러내지 않는 것을 알아내어 폭로하고 밝혀야 한다. 이것은 어려운 과제다. 거기에 은폐되어 있는 것은 의도적으로 숨겨져 있기 때문이다.

모든 자기 해석 시스템은 계급들의 이해관계로 가득 차 있다. 각 이데올로기는 '실재 사실들의 진실'을 표현한다고 주장하는 한 거짓말이다. 사회학자의 임무는 이러한 '진실'이 만들어진 역사적이고 물질적인 조건들을 폭로하는 것이다. 뿐만 아니라 그 진실이 은폐하고 기여하는 경제적·사회적·정치적 이해관계를 밝히는 것이다. 사회학자는 또한 '진실'을 실행에 옮기기 위해 도구로 활용되는 상징체계를 분석한다. 이 과제를 수행할 때 사회학자는 매 순간 베르톨트 브레히트가 혁명가의 태도에 관해 말한 것을 고려해야 한다.

이런저런 의견들에 질문을 던진다.
너희는 누구에게 소용 있는가?
……

그리고 압제가 지배하고 운명이 회자되는 곳에서
그는 이름을 부를 것이다.⁶

지식인의 (그리고 또한 사회학자의) 일은 정의에 따르면 전복적이다. 지식인의 일은 대상을 실제로 파악하는 것이다. 해당 주체의 주관적 의도가 무엇이든 상관없이, 어떤 대상을 실제로 파악하는 것은 항상 전복적인 행위다. 즉 지배적인 사회적 전략들과 갈등에 빠지는 행위인 것이다. 사회학자는 사회구조들, 즉 그 자기 해석 시스템, 그 확실한 주장이 어떻게 생겨나는지 밝히는 동시에, 그 구조들을 만들어내는 전략과 그 구조들이 생겨날 때 작용하는 힘, 요컨대 그 불가피한 우연성을 규명한다. 어떤 권력자도 그것을 허용하고 싶어하지 않을 것이다.

막스 호르크하이머가 든 다음의 예시를 차용해보겠다. 나폴레옹이 프로이센으로 진군하여 그곳에서 인권, 국민주권, 시민권 개념 같은 공화주의 이상들을 널리 퍼뜨렸다. 1813년 프랑스군은 반나폴레옹 연합군과 맞붙은 라이프치히 전투에서 패했다. 프로이센 왕은 전제군주국을 다시 복원했고, 포츠담에서는 구체제를 부활시킨 왕정복고파가 승리를 축하했다. 그러나 프로이센 왕에게는 어려운 고민이 있었다. 베를린대학교의 혁신적 분위기를 몰아내야 했고, 특히 가장 중요한 교수직인 철학교수를 구하는 문제를 걱정해야 했기 때문이다. 그래서 독일의 모든 주들에 "프랑스식 불화의 원인", 즉 공화주의 사상과 대학생들의 생각에 나쁜 영향을 미치는 모든 이념들을 반드시 근절시킬 수 있는 철학자를 구한다는 공고를 게시했다. 왕을 대신하여 철학자를 모집하던 사람들은 하이델베르크에서 명민하고 우수한 게오르크 빌헬름 프리드리히 헤겔Georg Wilhelm Friedrich

Hegel(1770~1831)과 우연히 마주쳤다. 헤겔은 완전히 보수적인 인물로, 군주제 왕정복고, 전제주의적 사고, 왕권신수설 등에 대한 확신에 차 있었고, 절대주의 국가가 개인에 비해 우위를 차지해야 한다고 확고히 믿었다.

"헤겔이 그 특수한 상황을 싫다고 아예 거부하지는 않았기에, 프로이센 왕은 그를 베를린으로 초빙하여 학생들에게 맹목적인 충성심을 엄하게 가르치고 공화주의 이상에 대한 면역성을 길러주도록 했다. 헤겔은 그 방향에서 최선을 다했고, 프로이센 국가를 지상에 있는 '인륜적 이념의 현실태Wirklichkeit der sittlichen Idee' 라고 선언했다. 그러나 사유des Denken는 고유한 사안이다. 프로이센 국가를 정당화하기 위해 헤겔은 학생들에게 평범한 상식은 편협한 것이므로 그 제약을 극복하도록 가르치고, 개념적이고 실제적인 모든 관계의 상호연관성을 통찰하게 해야 했다. 또한 학생들이 인간의 역사를 복잡하고 모순적인 구조 속에서 파악하고, 자유와 정의의 이념들을 백성들의 삶 속에서 추구하고, 이념들의 원리가 부적절하다고 입증되고 새로운 사회 형태를 위한 때가 무르익으면 그 이념들도 사라진다는 점을 인식하게 가르쳐야 했다. 헤겔이 학생들을 이론적 사유로 가르칠 수밖에 없었다는 사실은 프로이센 국가에 단연 애매한 결과를 가져왔다. 결국 이 반동적인 프로이센 국가는 자신을 공식적으로 찬양하도록 하여 얻은 이득보다 그로 인한 손해가 더 컸다. 이성은 보수적인 반동에게는 힘이 되지 않는 동맹자다. 헤겔이 죽은 지 채 10년(이 기간 동안 그의 교수직은 공석이었다)이 안 되어 프로이센 왕은 후계자를 초빙했는데, 이번 후계자는 '헤겔식 범신론der Hegelsche Pantheismus이 퍼뜨리는 불화의 씨'와 '헤겔학파의 오만과 광신'에 맞서 싸워야 했다."7

그야말로 지식인이 무슨 소용인가? 이 질문은 불가피하게 다른 질문들을 초래한다. 그중 몇 가지를 살펴보겠다.

모든 지식인과 마찬가지로 사회학자도 세상에 대한 새로운 인식을 제시한다. 그러나 가령 핵물리학자와 마찬가지로 사회학자는 그 인식의 활용을 통제하지 못한다. 즉 제삼자들이 사회학자의 연구방법을, 분석 개념을, 사회학자가 만들어낸 미심쩍은 지식을 어떻게 사용할지 제어하지 못하는 것이다. 그래서 사회학자들은 전체에서 신중하게 선택된 소규모 개인들과의 인터뷰에서 시작하여 극도로 엄밀한 연구방법들을 발전시켰다. 이 방법들은 사회 전체의 무의식적인 집단적 동기unbewusste kollektive Motive를 밝히는 것(그리고 이용하는 것)에 동의한다. 이런 인식 덕분에 사회학자는 피설문자의 주관적 답변을 넘어, 개인이 질문 받는 순간에는 제대로 의식하지 못하는 반복되는 행동과 내면화된 규범 전체를 추론할 수 있다. 이러한 방법들은 대개 유용하며, 사회가 실제 작동하는 것에 대한 우리의 지식을 점점 나아지게 한다. 그러나 이런 동기에 대한 연구방법들은 예를 들어 젊은이들에게 담배를 많이 팔 수 있는 방법을 알아내는 데 적용하면 파괴적인 영향을 끼칠 수도 있다. 이를 위해 콘체른(기업결합체로 각종 산업에 걸쳐 다각적으로 독점력을 행사하는 거대한 기업

집단―옮긴이)은 사회학자들을 고용한다. 그리고 그 사회학자들은 어떤 '이미지'의 담배가 특정한 연령집단과 소득계층에게서 가장 큰 호응을 얻는지 학문적 연구를 통해 밝혀내려고 한다.

'이미지'가 일단 결정되면, 콘체른의 마케팅 담당자들은 선정된 집단에게 동기를 부여하는 무의식적 인상들에 '형태'를 부여한다(그들은 그렇게 이야기한다). 그 결과, 도시의 성벽에는 가지각색의 포스터가 붙게 된다. 선전용 포스터들에서는 반라의 어린 소녀, 근육질의 카우보이 또는 디스코텍 손님이 햇빛을 받는 풍경이나 떠들썩한 파티를 배경으로 하여 담배를 권하고 있다. 입증된 바와 같이, 몇년 후 수십만 명이 폐암으로 죽는 이유가 담배 때문인데 말이다.

무의식적인 집단적 동기에 대한 연구방법들이 어떻게 이용되는지에 대한 또 다른 예를 들겠다. 1946년 남부캘리포니아의 공화당은 12구역 의회 선거를 위해 이상적인 후보가 어떤 '이미지'를 지녀야 하는지 알아내고자 이런 종류의 연구에 자금을 지원했다. 이 연구 결과들을 출발점으로 삼아, 공화당은 이상적인 후보자의 환상적인 모습을 기획한 다음 그 모습에 부합하는 인물을 찾기 시작했다. 남부캘리포니아의 신문들과 텔레비전 방송국들에 광고가 게재되었다. 결국 한 명의 후보만 남게 되었다. 그는 서른세 살의 퀘이커교도이자 휘티어 출신 미망인의 신앙심 깊은 아들로, 직업은 변호사이고 공산주의를 적대시하는 사람으로 유명하다. 그의 이름은 리처드 닉슨Richard Nixon(1913~1994)이었다. 그는 1946년 국회의원으로 선출되었고, 1950년에는 상원의원, 1952년에는 미국 부통령, 1968년에는 대통령이 되었다. 그가 대통령 재임 기간 동안 자행한 수많은 범죄 가운데 1972년 크리스마스 때 하노이와 하이퐁Haiphong의 주택가를 심하게 폭격한 일이 있다. 이 폭격으로 어린아이들을 비롯한 수만 명의 사람들이 심한 화상을 입거나 죽었다.

지식인은, 학자는 자신의 방법을 다른 사람들이 강탈하여 본래 목적과는 딴판으로 살인행위에 이용하는 것에 맞서 무엇을 할 수 있을까? 언뜻 보기에는 할 수 있는 게 전혀 없다. 사회학적 지식은 모든 학문적 지식과 마찬가지로 공공의 자산이다.[8] 사회학자가 할 수 있는 일은 기껏해야 연구를 중단하고 기록을 소각하는 것이다. 또한 철면피한 권력자의 수중에 있을 법한 연구 성과가 인류에 치명적인 결과를 가져올 수 있는 경우 더 이상 연구를 하지 않겠다고 거부하는 것이다.[9]

학문과 이데올로기 사이에는 변증법적 관계가 존재한다. 이 책의 4장에서 다루는 것이 바로 이 문제다. 여기에서는 그 정도로도 때로는 족하다는 점을 확인하는 것으로 끝내겠다. 고통에 시달리는 사회 또는 문화가 '연구 대상'의 반열에 오른다면 그로써 그 사회나 문화의 생존 가능성이 높아지기 때문이다. 나는 리우데자네이루의 남부 구역에서 보낸 열대의 뜨거운 밤을 기억한다. 흑인 인류학자이자 브라질에서 아프리카 르네상스 운동을 이끄는 선구자인 에디슨 카르네이루Edison Carneiro는 대서양에서 겨우 몇 걸음 떨어진 리브롱 구역에 있는 작은 집에서 자신의 오랜 투쟁에 대해 이야기해주었다.[10] 고통과 피로한 기색이 역력한 그의 얼굴에 씁쓸한 미소가 스쳤다.

"두 명의 프랑스인이 우리를 구해주었어요. 두 명의 사회학자가 브라질의 크리올루Crioulos(포르투갈의 식민지에서 이주한 흑인과 백인 사이에서 태어난 혼혈인─옮긴이)인 우리를 구한 거예요!"

카르네이루는 클로드 레비스트로스Claude Lévi-Strauss(1908~2009)와 로제 바스티드Roger Bastide(1898~1974)에 대해 말했다. 특히 프랑스 대학 사절단장 레비스트로스의 후임이자 상파울루대학교 철학교수인 바스티드에 대해 이야기했다. 바스티드는 그 대학에서 1938년부터 1957년까지 근무했다. 그에 앞서 이미 레비스트로스가 한 것처럼, 바스티드 또한 긴 여정을 거쳐 브라질을 두루 여행했다. 그리고 레비스트로스처럼 유럽에 기원을 두고 있지 않은 중요한 사회들과 풍성한 문화들을 접했는데, 이들 사회와 문화는 백인들의 학설과 연구에 대해서는 전혀 모르고 있었다. 정부는 이들 사회와 문화가 지속적이고 폭력적으로 억압 당하는 것을 방치했다. 레비스트로스는 브라질에서 원주민 사회를 체계적으로 연구할 수 있는 토대를 마련했다. 바스티드는 강제로 끌려와 노예가 되면서 생겨난 아프리카 공동체들의 엄청난 인간적·문화적·상징적 풍성함을 밝혀냈다. 그는 상파울루대학교에 새로운 학문을 창설했는데, 남북아메리카의 아프리카 디아스포라 사회학이다. 중요한 연구자들─오타비오 야니Ottavio Ianni, 플로레스탄 페르난데스Florestan Fernandes, 마리아 이사우라 페레이라 데 케이로즈Maria Isaura Pereira de Queiroz, 후아나 엘베인 도스 산토스Juana Elbein dos Santos, 피에르 베르제Pierre Verger, 비발도 카스트로-리마Vivaldo Castro-Lima, 페르난두 엔히키 카르도주Fernando Henrique Cardoso와 그의 부인 루트

카르도주Ruth Cardoso, 길레르미Guilherme Castro와 야라 카스트로Yara Castro, 자이데 마차도Zaide Machado 등—은 로제 바스티드의 제자들이었다. 바스티드 이전에는 주로 아르투로 라모스Arturo Ramos, 페르난데스Fernandez 같은 법의학자들이 아프리카 디아스포라 문제를 다루었다. 그들은 거의 전적으로 유럽 중심적인 시각에서 아프리카인들의 정치적 시스템과 사회적 행동방식을 연구대상으로 삼았다. 아프리카에서 이식된 브라질 종교 킨돔블레candomble의 중요한 구성요소인 무아지경은 히스테리와 동일시되었다. 나고족Nagô이 과즙을 의학임상용으로 사용하는 것은 독을 섞은 것이라 여겼다. 흑인 하인이 이러한 일을 했기 때문에 그것이 백인 주인에게 위험하다고 생각한 것이다. 교회와 백인 권력자의 등쌀에 경찰은 바이아, 리우, 상루이스의 남자사제yawalorixa와 여자사제babalao를 조직적으로 박해했다. 전수자와 사제가 체포되지 않고 움막이 털리지 않은 몇 안 되는 테헤이루terreiros(숭배 장소)는 가령 모든 성인들의 만[1]에 있는 섬 이타파리카Itaparica에서처럼 시 외곽이나 숲 속에 반은 숨겨진 채 명맥을 이어가야 했다. 나는 에디슨 카르네이루에게 물어보았다.

"로제 바스티드처럼—외모에서도, 교수라는 사회적 역할에 대한 매우 전통주의적이고 시민적인 견해에서도—카리스마 있는 우두머리의 면모라곤 전혀 없는 작고 부끄럼을 잘 타고 조심스럽고 고상한 남자가 어떻게 백인 권력자들에게 대항하고 그들의 편견을 깰 수 있었을까요? 사회적·역사적 흐름 전체, 문화와 경찰력으로 자행되는 인종차별주의적인 멸시, 브라질에서 아프리카인들에 대한 착취와 차별 등을 그가 어떻게 극복할 수 있었을까요?"

카이네이루가 웃으며 말했다.

"1940년대와 1950년대의 브라질 상황을 도통 모르시는 것 같네요! 브라질은 식민지 사회였어요. 여전히 그렇기도 하죠. 북쪽의 대지주와 남쪽의 은행가가 군림했어요. 이 사람들과 또 그들의 자식들은 브라질인의 정체성을 부인할 생각만 했죠. 그들은 유럽인이고자 했고, 무엇보다도 프랑스인이고 싶어 했어요. 그들은 파리 사람들의 라이프스타일, 생각, 행동방식, 의상 등을 정말 황당하게 흉내 냈죠. 리우의 상류사회 숙녀들은 열대지역에 살면서도 모피코트를 걸쳤답니다.

그리고 그때 어떤 프랑스인 교수가 세련된 프랑스어로 강의를 했는데, 상파울루의 상류사회 사람들 전체가 몰려들었어요. 바스티드가 그들에게 이야기했어요. 우리 흑인들은 지구에서 가장 전설적인 문화들 가운데 몇 가지를 지니고 있으며, 장차 브라질 문화가 풍성해질 수 있는 것은 바로 혼합주의에 달려 있다고요. 아니면 적어도 백인, 흑인, 원주민, 우리 조국땅에 살고 있는 카보클루caboclos(백인과 원주민의 혼혈아―옮긴이) 등 모든 공동체가 가진 지식을 존중하고 상호 인식하는 것에 달려 있다고 말이에요!"

다음의 사실들은 명백하다. 바스티드가 브라질에서 19년 이상 학자, 활동가, 교사로서 펼친 활동, 그의 저서들, 그의 제자들이 쓴 주목할 만한 저서들, 물론 이 모든 것이 브라질 흑인 8,000만 명의 생활 조건을 근본적으로 바꿔놓지는 못했다. 특정 지역들에서는 콤

프라도르compradores(식민지 시절 종주국 지배자들의 보좌관 노릇을 하다가 독립 뒤 권력을 차지한 지도계급─옮긴이) 또는 다수 흑인들에 대한 브라질 백인 지배계급의 경제적 착취가 더 심해졌다. 또 정치적 차별과 탄압도 심해졌다. 하지만 이 공동체들이 문화적 정체성을 되찾기 위한 첫걸음을 내딛게 했다. 그들의 문화적 정체성은 오늘날 그 존재를 인정받고 있다. 그들의 지식이 널리 퍼져 백인 자녀, 원주민 자녀, 흑인 자녀, 그리고 혼혈아들이 학교에서 노예제도의 끔찍한 역사에 대해 알게 되었고, 칸돔블레 의식, 상징, 집단적 무아지경 등의 의미에 대해서도 알게 된다. 밤중에 카사브랑카(살바도르다바이아), 카사그랑데 다스 미나스(상루이스, 마라그난) 또는 고메이아(리우데자네이루) 등에서 북 소리가 울리면, 사람들이 떼 지어 몰려온다. 사회 계층이 완전히 다르고 인종적 배경이 다른 많은 브라질 사람들이 오늘날 뭔가 결정을 내려야 할 때면 요루바족Yoruba, 제제족jêjê, 콩고족 등의 남녀 사제들에게 점을 본다.[12]

1964년부터 통치하던 브라질 군사독재는 통제하기 어려운 파업들과 굶주림으로 인한 봉기를 겪은 후 1979년 정책에서 어느 정도의 '자유화'를 수용해야 했다. 마지막 군사독재자 조앙 피게이레도João Figueiredo(1979~1985)는 검열을 완화하고, 특히 집회와 결사의 자유를 비롯한 몇몇 기본권을 국민들에게 허용해야만 했다. 그 당시 강력한 흑인운동Movimento negro unifcado이 생겨났다. 이 운동은 하급 프롤레타리아 흑인에 대한 인종차별과 착취에 맞서 공개적으로 투쟁했다. 이 운동의 가장 중요한 이론가이자 지도자들 중 한 명인 렐리아 곤잘레스Lélia Gonzalez는 로제 바스티드의 영향을 받아 글을 쓰고 투쟁을 이끌었다.

  첫 번째 질문과 관련되는 또 다른 질문이 있다. 안토니오 그람시Antonio Gramsci(1897~1937)와 다른 많은 사람들이 생각한 것처럼 사회학자는 사회운동에서 '유기적 지식인'(피지배 계급에 대한 열망과 의식으로 이데올로기 투쟁을 벌이는 지식인―옮긴이)이라는 입장을 취할 수 있을까?[13]

  드물긴 하지만 특수한 역사적 상황하에서 사회학자는 미처 자신도 모르게 사회변혁의 공동 창시자가 될 수 있다. 오래전인 1978년 어느 가을 저녁이 생각난다. 크로아티아의 아드리아 해 연안 지방인 달마티아Dalmatia의 작은 해안도시 차브타트Cavtat에 전 세계에서 온 학자, 활동가, 작가 등의 실천 그룹[14]이 모였다. 이 회의의 주제는 "사회주의와 제3세계"였다. 우리는 한 폭의 그림처럼 무척 아름다운 만이 펼쳐진 곳에 소나무로 둘러싸인 테라스에 앉아 있었다. 그 자리에는 렐리오 바소Lelio Basso, 로페스 카르도주Lopez Cardoso, 멜로 안투네스Melo Antunes, 세르주 라투슈Serge Latouche 그리고 다른 친구들이 있었다. 파도가 일렁이는 소리가 희미하면서도 일정하게 우리가 있는 데까지 밀려 올라왔다. 하늘 위를 당당하게 움직이는 높이 솟은 구름은 우리로 하여금 회의에서 여러 나라 말로 떠드는 소리들을 잊어버리게 했다. 공식적인 의견 교환의 차원을 넘어서 우리는 아주 당연하게 가장 현실적인 문제들을 거론했다. 즉 인간들의 불안과 기쁨, 인간들의 우려와 희망을 언급한 것이다.

카르도주와 안투네스는 포르투갈에 대해 이야기했다. 그들은 혁명의 기운이 점점 수그러들고 있는 것을, 직접 당하는 신체적 고통만큼 괴로워하는 것 같았다. 그들이 무엇을 틀리게 했거나 제대로 하지 못했기에, 1974년 4월 25일 싹텄던 거창한 희망(4월 25일 혁명은 40년 이상 계속된 살라자르 독재 정권과 계속되는 식민지와의 전쟁에 반발하여 좌파적 성향의 청년 장교들이 일으킨 무혈 쿠데타다. 시민들이 혁명군에게 카네이션을 달아주며 지지 의사를 표명하여 카네이션 혁명이라고도 한다—옮긴이)을 실패했다고 선언했을까?

바소도 라투슈도 나 자신도 그 물음에 답할 수 없었다. 밤의 어둠이 갑자기 내려앉고, 달이 지평선 위로 밀려 올라가고, 솔향이 더 짙어졌다. 멜로 안투네스가 부드러운 어조로 계속 말했다. 그는 군인이었던 부친의 강요로 본의 아니게 입대할 수밖에 없었고, 15년 동안 식민지 전쟁이라는 극한 상황을 겪었다고 이야기했다. 그는 독재자 안토니우 드 올리베이라 살라자르António de Oliveira Salazar(1889~1970)의 집권기 때 사관학교에서 사회화 과정을 거쳤기 때문에, 처음에는 교회의 호전적인 가톨릭주의 외에는 다른 분석의 도구가 없었다고 했다. 군국주의적인 우두머리들이 대변하는 제국주의적 기획 배후에, 그리고 파시즘적 · 차별적 · 인종차별적 이데올로기의 배후에는 교회가 단단히 자리 잡고 있었다. 그러나 그는 여러 해가 지나 계급이 올라가면서 PIDE(독재의 정치 경찰)의 감시를 피할 수 있었다. 이

기관은 그동안 "믿을 만하지 않다"고 여겼던 그를 비롯하여 많은 장교들을 내내 주시해왔다. 그는 중대장으로 앙골라에 주둔했을 때 때때로 포르투갈에서 휴가를 보낼 수 있었다. 그리고 TAP(포르투갈 항공회사)의 도움으로 이따금 파리를 거쳐 유럽으로 갈 수 있었다. 그런 식으로 프랑스에 잠시 체류할 때 조르주 발랑디에Georges Balandier, 자크 베르크Jacques Berque, 장 뒤비뇨Jean Duvignaud, 폰 르네 뒤몽von René Dumont, 배질 데이비드슨Basil Davidson, 로랑 다브지Laurent Davezies 등의 책들은 물론이고 아프리카 해방운동에 대한 내 저서들도 구입했고, 그 주제에 대한 장 다니엘Jean Daniel과 장 라쿠튀르Jean Lacouture의 기사를 읽었다. 이렇게 하여 우선 리스본으로 책들이 보내진 뒤, 그곳에서 다시 앙골라로, 기니로, 모잠비크로 보내졌다. 발랑디에의 『아프리카 흑인의 현대 사회학Sociologie actuelle de l'Afrique noire』,[15] 로제 바스티드의 『아프리카의 종교Les Religions africaines』,[16] 내가 쓴 『신 아프리카 사회학 Socjologie de la nouvelle afrique』,[17] 장 뒤비뇨의 『체비카Chebika』[18] 같은 책들이다. 이 책들은 그곳에서 나중에 식민지 군대에서 봉기를 일으킨 사람들 사이를 돌아다녔다. 멜로 안투네스는 그 결과를 이렇게 총평했다.

"프랑스 사회학자들은 살라자르 정권이 얼굴 없는 야만인 패거리로만 설명하는 이 아프리카 사회들의 유일무이성, 무한한 인간적 풍성함, 역사, 보편적 의미 등을 제게 처음으로 일깨워준 사람들이었어요. 그때부터 동료들과 저 사이의 논쟁이 근본적으로 달라졌어요. 우리는 식민지 이데올로기, 인종 간 전쟁, 세상에 대한 파시즘적 시선 등이 지껄이는 거짓말을 재빨리 간파했죠."

멜로 안투네스의 증언은 매우 중요하다. 아프리카 사회들을 다루는 몇몇 사회학자들의 혁신적이고 엄밀하고 끈기 있는 작업은 4월 25일 장교들의 봉기, 식민지 제국의 붕괴, 포르투갈 파시즘 독재의 종식 등에 기여했다.

사회학자는 사회적 주역들의 이데올로기적·사회적 전략들을 폭로한다. 사회학자는 이 전략들을 암시적 또는 명시적으로 사용하는 계급의 이해에 이름을 붙여준다. 사회학자는 분석을 통해 자유로운 창의성, 즉 생산하고 꿈꾸고 새로운 것을 생각해낼 수 있는 인간의 능력을 방해하는 상부구조—국가, 문화적 체계, 생산관계망—를 붕괴시키는 데 기여한다. 사회학자는 지배자들의 정당성을 무너뜨리는 데 일조하고, 포기할 수 없는 행동과 인식을 위한 무기를 피지배자들의 손에 쥐어준다. 사회학자의 비판은 문화적 체계, 종교, 이데올로기를 우선 약화시킨 다음 파괴한다. 인간의 창의성과 소망, 직관을 마비시킴으로써 인간의 소외를 굳어지게 하며, 마르크스가 말한 것처럼 인간이 "자기 자신과 또한 자신의 현실적인 태양 주위를" 돌지 못하게 하는 체계를 말이다. 이런 식으로 세계를 있는 그대로 이해하고 세계를 변화시키려는 지식인의 노력은 자주·자유·행복에 대한 민중의 소망과 일치한다. 그것은 이런 소망을 구체화하는 데 필수적인, 의미에 대한 집단적 추구와도 부합한다. 그러나 지식인의 도덕적 책임은 여전히 막중하다. 파리코뮌의 위대한 역사가 프로스페 올리비에 리사가레Propser-Olivier Lissagaray는 우리에게 이렇게 상기시킨다.

　"민중에게 거짓된 혁명의 전설을 이야기하고 거짓된 사실로 현혹시켜 민중을 속이는 자는 항해자에게 틀린 지도를 그려주는 지리학자와 마찬가지로 처벌받아 마땅하다."¹⁹

2장

불평등은 어떻게 해서 생겨났나?

1. 루소의 경고

18세기에 프랑스의 여러 아카데미들 사이에서 벌어진 경쟁은 작가들에게 주목을 받았는데, 이 경쟁은 무엇보다도 작가들이 돈을 벌 수 있는 기회를 제공했다. 장 자크 루소는 1750년『학문 및 예술에 관한 논고Discours sur les sciences et les arts』로 유명해졌다. 이 책에서 루소는 디종 아카데미가 내건 현상 공모의 제목 "학문과 예술의 부흥은 도덕적 순화에 기여했는가?"라는 질문에 답변을 내놓았다. 그는 이 현상 논문에 당선되어 상금으로 300리브르를 받았다. 1754년에 루소는 디종 아카데미의 또 다른 현상 공모에 응했다. 주제는 "인간들 사이 불평등의 기원은 무엇이며, 불평등은 자연법에 의해 허용되는가"였다. 이번에는 그의 논문이 당선되지 못했지만, 그의『인간 불평등 기원론Discours sur l'origine de l'inégalité parmi les hommes』[1]은『학문 및 예술에 관한 논고』보다 훨씬 더 유명하다.

약골에 창백한 모습이지만 활력이 넘쳤던 루소는 당시 41세였고 무척 가난했다. 1745년 그는 평생의 동반자였던 세탁부 테레즈 르바쇠르Therese Levasseur를 알게 된다. 루소는 그녀와 사이에서 낳은 다섯 명의 자녀를 고아원으로 보냈다. 루소의 불평등 이론은 그의 유년기 시절 기억을 자양분으로 한다. 그의 할아버지는 제네바의 빈민 구역 생제르베Saint-Gervais에서 발생한 노동자 봉기의 주동자 중 한 명이었다. 그리고 시계 수리공이었던 아버지는 망명 중에 세상을 떠났다.

루소의 말을 들어보자.

"인간에게는 두 가지 종류의 불평등이 있다. 하나는 자연에 의해 정당화되기 때문에 내가 자연적 또는 신체적 불평등이라고 부르는 것인데, 연령, 건강, 육체의 힘, 정신 또는 영혼의 특성 등의 차이로 인해 발생한다. 그리고 다른 하나는 사람들이 도덕적 또는 정치적 불평등이라 부르는 것인데, 이 불평등은 일종의 인습에 달려 있고 인간들의 동의를 통해 정당화되거나 적어도 공인되기 때문이다."[2]

또 이런 말도 있다.

"자연적 불평등의 근원이 무엇인지는 물어볼 수 없다. 그 말의 간단한 정의에 그 대답이 진술되어 있기 때문이다. 두 가지 불평등 사이에 본질적인 연관이 존재하는지 여부는 더욱 알 수 없다. 왜냐하면 그것은 달리 말하면, 명령하는 자들이 복종하는 자들보다 반드시 더 가치가 있는지, 그리고 육체와 정신의 힘, 지혜 또는 덕이 동일한 개인들에게 항상 권력 또는 부와 상응하는 관계에 있는지 묻는다는 것을 뜻하기 때문이다. 그것은 주인들이 노예들의 말에 귀를 기울인다면 아마도 노예들 속에서 논의되기에 적당한 질문이겠지만, 진리를 찾는 이성적이고 자유로운 인간들에게는 적합하지 않은 질문이다."[3]

인간들의 집단적 존재는 어디에서나 불평등한 특징을 띤다. 인간들 사이에는 신체적, 심리적 또는 루소의 말로 표현하자면 '자연적' 불평등이 존재한다. 육체적이고 정신적인 재능은 불평등하게 분배되어 있다. 이런 일차적 불평등을 루소는 두 번째 불평등, 즉 사회적 불평등과 나란히 놓는다. 두 번째 불평등은 나타날 때마다 끔찍한 파괴를 야기한다.

"그런데 인간과 인간 사이의 관계에서 한 인간에게 닥칠 수 있는 최악의 경우는 자신이 다른 사람의 재량에 맡겨져 있음을 아는 것이다."[4]

근본 오류, 즉 사회적 불평등을 만들어낸 행위는 사적 소유의 도입이다. 루소는 이것을 다음과 같이 묘사한다.

"한 뙈기의 땅에 울타리를 두른 후 이건 내 것이라고 말할 대책을 생각해내고, 그 말을 믿을 만큼 충분히 순진한 사람들을 발견한 첫 번째 사람이야말로 부르주아 사회를 세운 진짜 창시자다. 말뚝을 뽑아내거나 도랑을 메우고 동료 인간들에게 소리쳐 알렸던 이들이 얼마나 많은 범죄, 전쟁, 살인, 얼마나 많은 궁핍과 비참함, 얼마나 많은 공포에서 인류를 벗어나게 해주었던가. '이 사기꾼들의 말을 듣지 않도록 조심해라. 결실이 모두에게 돌아가고 땅이 아무에게도

속하지 않는다는 것을 잊는다면 그대들은 절망적이다.'"⁵

모든 사회적 불공평의 원인, 즉 근본 오류가 사적 소유의 도입
이라는 생각은 수세기에 걸쳐 지속되었다. 피에르 조제프 프루동
Pierre-Joseph Proudhon은 1846년 출간된 『경제적 모순 또는 빈곤의 철학
Système des contradictions économiques, ou philosophie de la misère』에서 "소유는 도둑
질이다"라고 썼다. 그리고 100년 후 막스 호르크하이머는 이렇게 표
현했다.

"부는 중단된 원조assistance다."

루소는 삶의 여러 단계에서 매번 사회적 불평등의 파괴적인 영
향을 재론하고 같은 강도로 격렬하게 비난한다.

"가장 강한 자 또는 가장 가난한 자는 그 힘이나 욕구를 타인들
의—그들에 따르면 소유권과 가치가 같은—재산에 대한 일종의 권
리로 전환했으므로, 평등이 깨지는 동시에 매우 두려운 무질서 상태
가 나타났다. 부자들의 강탈, 가난한 사람들의 강도질, 온갖 사람들
의 고삐 풀린 격정은 당연한 연민과 여전히 약한 정의의 목소리를
질식시켰고, 그 결과 인간들을 탐욕스럽고 악하게 만들었다. 보다
강한 자의 권리와 최초 소유자의 권리 사이에서 지속적인 갈등이 생
겨났고, 이 갈등은 오직 투쟁과 유혈극으로 끝났다. 신생 사회는 가
장 무서운 전쟁 상태에 휩싸인다. 인류는 멸시당하고 낙담하였으며,
더 이상 도중에 되돌아갈 수 없거나 그들이 달성한 불행한 성과를
포기할 수 없어 명예로운 능력을 치욕스러운 일에만 남용하고 있다.
이제 인류는 스스로 거의 폐허 상태가 되었다."⁶

여기에서 중요한 것은 공감과 악 사이에서 개인적으로 내려야 하는 결정이 아니다. 구조적이고 사회적인 불평등의 저주는 모두에게, 즉 악인에게와 마찬가지로 반듯한 인간에게도 영향을 미친다.

"심지어 매우 정직한 사람들조차 같은 인간을 죽이는 것을 의무로 여기도록 배웠다. 종국에는 인간들이 이유도 모른 채 수천 명씩 서로 학살하는 것을 보았다. 그리고 지구 전체 역사를 통틀어 자연 상태에서 이루어진 것보다 많은 살인을 단 하루 동안의 전투에서 저질렀고, 그보다 많은 만행을 도시 하나를 점령할 때 자행했다. 이것은 인류가 여러 사회로 나뉘는 데서 처음 생겨나는 영향임을 언뜻 보아도 알 수 있다."7

또 다른 대목에는 이렇게 쓰여 있다.

"나는 온 세상의 노예가 되는 것 외에 달리 결정된 운명이 없어 보이는 멀리 있는 저 불행한 지역들(아프리카)을 보았다. 그들의 치욕적인 광경을 보고 나는 경멸과 경악과 연민 때문에 그만 고개를 돌리고 말았다. 그리고 다른 인간들을 섬기기 위해 동료 인간들의 4분의 1이 짐승으로 변하는 것을 보았을 때, 나는 내가 인간이라는 사실에 한숨이 나왔다."8

『인간 불평등 기원론』에 대한 서신들에서도 다음과 같은 문장을 볼 수 있다.

"악의 가장 중요한 근원은 불평등이다. 우리는 우리의 가발에 분을 칠하기 위해 밀가루를 사용하고 있다. 그 때문에 많은 사람들이 빵을 얻지 못한다."

1762년 루소는 『사회계약론Du Contrat social』과 『에밀Émile』을 출간했는데, 이 두 작품 때문에 구속영장이 발부되었고 제네바로 도망쳐야 했다. 그곳에서 이 두 책은 소각되었다. 『사회계약론』은 이런 말로 시작한다.

"인간은 자유롭게 태어났건만 어디에서나 사슬에 묶여 있다. 많은 사람들이 자신을 동료 인간들의 주인이라고 여기지만, 그럼에도 불구하고 그들은 주인이라기보다는 오히려 노예다."

막시밀리안 로베스피에르Maximilen Robespierre(1758~1794)는 혁명적인 사유의 중심이 되는 생각을 끄집어낸다.

"자기 자신의 주인이 아닌 자는 다른 사람들의 노예일 수밖에 없다. 이것은 각각의 인간들과 마찬가지로 민족들에게도 적용된다."[9]

현대 사회심리학은 자연적 및 사회적 불평등과 그 각각의 기원 및 결과 등에 대한 까다로운 질문을 보완하여 더욱 복잡하게 세분화한다.

가령 피에르 나빌Pierre Naville(1903~1993)은 개인 간interindividual 불평등과 개인 내intraindividual 불평등을 구분한다. 개인 간 불평등은 이중의 계급적 불평등으로, 같은 사회 또는 상이한 사회들에서 개인들 사이에 존재하는 '자연적' 및 제도적 (또는 사회적) 불평등이다. 개인 내 불평등은 경험적으로 검증 가능한 전제에 기반한다. 어떤 사람도 심리학적으로, 즉 신경심리적으로 똑같지 않다는 것이다. 불평등한, 즉 차별적인 사회적 상황에 대한 반응은 여러 가지다. 우리는 어떤 불평등을 참고 견디지만, 반면에 어떤 불평등에 대해서는 참지 못한다. 관용의 한계, 즉 관용의 '대상'은 이 개체였다가 저 개체로 바뀐다. 그것은 또한 나이에 따라 달라지고, 누군가가 한 경험과 그 경험이 남긴 흔적에 따라 바뀐다. 우리 각자는 자신의 내적 심리상태에 따라 달라지는 내적 불평등을 알고 있다. 달리 말하면, 우리의 주관성에 생기는 일종의 층이 우리가 대상이 되는 사회적 또는 자연적 층과 변증법적인 대립 구도로 존재한다는 것이다.[10]

또 다른 복잡한 문제가 있다. 타율적으로 일하고, 문화적으로는 지배적 이데올로기에 의존하는 프롤레타리아가 가부장적 사회에서는 아내와 자녀들에 대해 군림하는 지위를 가질 수 있다는 것이다. 그 반대로, 외곽의 땅에서 사실상 절대적으로 노동자들 위에 군림하고 그들을 착취하는 대토지 소유자나 광산 소유자가 거둬들이는 수입은 중앙의 지배계급이 정하는 시장가격(원료 구입 가격, 기술을 사들이는 가격, 환율 등)에 달려 있을 수 있다.

루소의 경고에도 불구하고 예를 들어 알랭 드 브누아Alain de Benoist 같은 우익 저자들은 자연적 불평등과 제도적 불평등이 존재한다는 것을 확인하는 데서 출발하여, 아무런 경험적 근거가 없는 이론을 억지로 꾸며낸다. 즉 제도적 불평등은 단지 논리적인 결과일 뿐이거나, 더욱 나쁘게는 자연적 불평등의 단순한 치환이라는 것이다. 이런 가설은 사실에 위배된다. 모든 사회적 등급화는 폭력행위다. 그것은 사회의 구조적 폭력의 표현이다.

사회적 층들은 어떤 형태를 취하든 격렬한 저항을 불러일으킨다. 어떤 시대, 어떤 대륙의 누구도 불평등을 영원히 참고 견디지는 않는다.

2. 야만적인 세계질서

과테말라의 태평양 연안 위 돌이 많은 고원의 한 오두막 마을에서 보낸 어느 날 밤이 생각난다. 니는 수척하고 이가 빠진 마야 어머니들을 결코 잊지 못할 것이다. 그들의 아름다운 까만 눈이 숯통에 반사되어 반짝였다. 그들 대부분은 채 서른 살도 되지 않았지만, 마치 팔십 대 노인처럼 보였다. 그들의 수많은 자식들은 호기심 어린 눈을 하고서, 숯통들에 올려진 옥수수 몇 개가 익으면 연장자 남자부터 그곳에 모인 모두에게 분배되기를 초조하게 기다렸다. 거의 모든 아이들이 여위어서 해골처럼 되었다. 시에라 데 초코탄Sierra de Chocotan에서는 마야의 만성적이고 심각한 영양실조가 삶을 끔찍하게 황폐화시켰다. 유니세프에 따르면, 2013년 과테말라에서는 10세 이하 어린이 9만 8,000명이 굶주림이나 영양실조로 인한 질병 때문에 목숨을 잃었다.

오늘날 인간들 간의 불평등이 가장 분명하게 드러나는 것은 우리 행성에서 같은 인간을 잡아먹는 잔인한 경제 질서 때문이며, 이는 명백한 사실이다.

세계은행의 「세계발전지수 2013World Development Indicators 2013」에 따르면, 세계 인구 중 16퍼센트가 지구의 자산 83퍼센트를 소유하고 있다. 2001년에는 서구의 나라들에 수십억 달러를 소유한 부자가 497명 있었는데, 그들의 재산을 합하면 1조 5,000억 달러였다. 10년 후인 2010년에는 억만장자의 수가 1,210명으로 늘어났고, 그들의 재산 합계도 4조 5,000억 달러로 늘었다. 1,210명의 억만장자가 소유한 재산을 합한 총계는 독일처럼 경제력이 강한 나라의 국내총생산(GDP)도 넘어선다.

약탈 사냥꾼들의 주식 투기로 야기된 2007/2008년의 금융시장 붕괴는 유럽, 북아메리카, 일본, 그리고 다른 지역들에서 수백만 가정을 파괴했다. 세계은행의 보고에 따르면 굶주리는 사람들의 수가 금융위기 때문에 6,900만 명 더 많아졌다. 남반구의 나라들에서는 도처에 있는 공동묘지에서 새로운 무덤들이 만들어졌다. 그런데도 몇 년 후인 2013년 갑부들의 재산은 금융 위기 이전보다 1.5배나 많아졌다.

가장 가난한 42개국이 세계 무역에서 차지하는 몫은 1970년 1.7퍼센트였는데, 2014년에는 그 수치가 겨우 0.4퍼센트였다.

자본주의의 새로운 봉건적 제도들이 더욱 커지고 번성하고 있다. 500개의 세계 최대 다국적기업의 자기자본 이익률return on equity은 2001년 평균 미국이 연 15퍼센트, 프랑스가 연 12퍼센트였다.

이 사회들의 금융자산은 투자 욕구를 훨씬 넘어선다. 그런데 이 상황에서 '봉건군주들'은 무엇을 하는가? 그들은 주식시장에서 자사주treasury stock를 대량 매입하고, 엄청난 배당금을 주주들에게 쏟아 붓고, 경영자들에게 천문학적인 상여금을 지불한다.

S&P지수(미국의 스탠더드앤드푸어사가 기업규모·유동성·산업 대표성을 감안하여 선정한 보통주 500종목을 대상으로 작성하여 발표하는 주가지수—옮긴이)로 요약되는 374개의 최대 다국적기업에는 오늘날 총 5,550억 달러의 유보금financial reserves이 있다. 이것은 1999년 이후 두 배가 된 금액이다. 세계에서 가장 큰 기업인 마이크로소프트는 저축액이 600억 달러에 달한다.

부유한 나라들의 기구 GATT(관세와 무역에 관한 일반협정)와 나중에는 WTO(세계무역기구)에 균형을 맞추기 위한 기구로서 1964년 설치된 UNCTAD(유엔무역개발회의, 선진국과 후진국 사이의 무역 불균형을 시정하고 남북문제를 해결하기 위해 설치된 유엔 직속 기구의 하나—옮긴이)는 우선 이른바 '개발도상국들'을 한데 모았다. 이 기구가 설립되었을 때 회원국들의 빚은 총 540억 달러에 달했다. 오늘날 그 빚더미는 2조 달러로 불어났다.

세계은행은 '극빈' 상태의 사람들, 즉 하루 1.25달러 이하로 살아가는 사람들의 수가 10억 명에 이른다고 평가한다. 미국 상업은행 메릴린치Merill Lynch는 기업 컨설팅 업체 캡제미니Cap Gemini와 함께 '부자들', 즉 1,000만 달러 이상의 재산을 소유한 사람들의 목록을 작성한다. 이 목록을 보면, 부자들이 특히 북아메리카와 유럽에 많이 살고 있고, 걸프 만의 산유국들은 물론이고 중국, 한국, 일본, 인도네시아, 인도, 러시아, 브라질 등에서 그 수가 급격히 늘어났음을 잘 알 수 있다.

그럼, 아프리카는? 아프리카 대륙의 대부분 나라들에서는 알다시피 내부에서 자본축적이 잘 이루어지지 않아 실제로 세금이 걷히지 않고 공공투자가 불충분하다. 그런데도 아프리카 54개국 중 어느 나라든 백만장자의 수는 마찬가지로 급속히 증가하고 있다. 오늘날 그 수는 이미 10만 명 이상이다. 2013년 아프리카 최고 부자들이 보유한 돈은 거의 9,500억 달러에 달한다.

이 나라들 내에서도 수입 불평등은 지난 30년 동안 급격하게 증가했다. 이러한 추세는 남북아메리카, 아시아, 아프리카는 물론이고 유럽에서도 마찬가지다. 라틴아메리카의 최근 역사에서 두 가지 예를 들어 설명하겠다.

니카라과는 매년 카네스타 바시카canesta basicá, 즉 가장 중요한 가정용품이 담긴 장바구니의 가격을 조사한다. 여기에는 6인 가정이 한 달 생활하는 데 필요한 24가지 생필품이 들어 있다. 2013년 3월 이 장바구니의 가격은 니카라과 화폐로 월 6,650코르도바였는데, 이것은 250달러가 될까 말까한 금액이다. 반면 농장 일꾼의 법적 월 최저임금은 그때 2,000코르도바였고, 달러로 환산하면 80달러에 불과했다.

또한 여러 나라들에서 국내 또는 국제 금융콘체른의 수중에서 농지의 집중과 독점화가 심화되었다. 예를 한 가지만 들어보겠다. 2013년 과테말라 국민의 1.86퍼센트가 농지의 57퍼센트를 소유했다. 과테말라에서는 47개의 농업 대기업이 각각 3,700헥타르 이상을 갖고 있는 반면, 농민의 90퍼센트는 1헥타르 이하로 생활을 꾸려가야 한다.

수백만 명이 영양실조와 굶주림으로 떼죽음을 당했는데, 21세기 초인 오늘날 부자들은 가난한 사람들을 향해 매우 파렴치한 행태를 보여준다. 이것은 터무니없이 기괴하며 말도 안 되게 불합리한 일이다. 이것은 그 무엇으로도 정당화될 수 없고 그 어떤 정책을 통해서도 합법적으로 인정될 수 없다. 그것은 인간에 대해 수없이 반복되는 범죄다.[11]

오늘날 5초마다 10세 이하의 어린이 한 명이 굶주림 때문에, 또는 영양실조로 인한 질병 때문에 목숨을 잃는다. 2014년에는 굶주림 때문에 죽은 사람들이 그해에 벌어진 모든 전쟁에서 죽은 사람들보다 많았다.

굶주림에 대한 투쟁 상황은 어떠한가? 그 투쟁은 점점 약해지고 있다. 2001년에는 10세 이하의 어린이가 7초에 한 명씩 굶주림 때문에 죽었다.[12] 같은 해에 8억 2,600만 명의 사람들이 심각한 만성 영양실조 때문에 불구가 되었다. 오늘날 그 숫자는 8억 4,100만 명에 이른다.[13]

굶주림은 심각한 고통, 운동 및 정신능력의 약화, 활동적인 삶에서 배제되는 것, 사회적 주변부로 밀려나는 것, 경제적 가치의 상실, 내일에 대한 불안 등을 의미한다. 굶주림은 결국 끔찍한 사투로 끝난다.

전 세계적으로 매년 세계 인구의 1퍼센트 정도인 약 7,400만 명이 다양한 이유로 사망하는데, 2013년에는 1,400만 명이 굶주림이나 그 직접적인 영향 때문에 목숨을 잃었다.

이렇게 볼 때 굶주림은 우리 지구에서 가장 큰 사망 원인이다.

세계식량농업기구(FAO)가 매년 제출하는 「세계 식량 불안정 상황 보고서」를 보면, 농업이 전 세계적으로 현재 생산력 수준만으로도—성인 1인당 하루 2,200킬로칼로리를 보급하여—대략 120억 명을 부양할 수 있음을 알 수 있다. 따라서 굶주림 때문에 수백만 명이 대량으로 죽는 것은 오늘날 식량 생산이 부족하기 때문이 아니다. 오히려 식량에 대한 접근성과 관련이 있다. 돈이 충분히 있는 사람은 먹을 수 있고, 따라서 살아갈 수 있다. 반면에 돈이 충분치 않은 사람은 영양실조, 이로 인한 질병, 그리고 굶주림으로 고통 받는다. 오늘날 굶주림으로 죽는 아이는 살해되는 것이다.

강력한 선진 공업국들은 바이오연료(바이오에탄올, 바이오디젤)를 만들어내기 위해 수백만 톤의 옥수수와 밀을 태우기 시작했다. 2007년/2008년 주식시장이 붕괴된 후 대투기자들—헤지펀드, 국제투자은행 등—은 농업 원료를 거래하는 상품거래소 쪽으로 방향을 틀었다. 그곳에서 그들은 전 세계적으로 기초 식량 가격을 폭등시켜 어마어마한 이익을 챙겼다. 그런 까닭에 특히 아프리카, 남아시아, 중앙아메리카에서 농토는 매우 수요가 많은 투기 대상이 되었다. 2013년 다국적 금융재벌들은 남반구의 나라들에서 무려 2억 2,100만 헥타르의 농지를 사들였다. 그럼, 그 결과는?

이렇게 무기한 임대차계약을 통해, 말도 안 되게 싼 가격으로 '매입'하거나 매수하여 그들의 소유가 된 농지들에서 외국 투자자들이 장미, 채소, 감자 등은 물론이고 그 외에도 많은 품종을 더 많이 생산하고 있다. 이 생산물들은 상당한 구매력을 갖고 있는 북반구 나라들의 큰 시장을 위한 것들이다. 그들은 스리랑카, 파키스탄, 네팔 등지에서 저임금 뜨내기 노동자를 데려오고, 그 나라 토착민 농부의 가족들을 내쫓는다. 어디로? 대량실업과 아동 매춘이 난무하고 쥐떼가 들끓는 거대도시의 빈민가로 내모는 것이다.

3. 루카치의 백일몽

압제가 심해지면
많은 사람들이 의기소침해진다.
그러나 그는 용기가 생긴다.

그는 자신의 투쟁을 준비한다.
임금을 위해, 차 끓이는 물을 위해.
그리고 국가에서의 권력을 위해.
그는 소유물에게 묻는다.
너는 어디에서 왔니?
이런저런 의견들에 질문을 던진다.
너희는 누구에게 소용이 있니?

늘 침묵이 지켜지는 곳,

그곳에서 그는 말할 것이다.

그리고 압제가 지배하고

운명이 회자되는 곳에서

그는 이름들을 부를 것이다. ……

베르톨트 브레히트, 「혁명가의 찬양Lob des Revolutionärs」[14]

모든 사회적 계급은 객관적 차원과 주관적 차원을 동시에 갖고 있다. 발전의 여러 단계에 있는 생산관계는 한 계급의 객관적 현실을 규정한다. 생산방식이 발전하고 특정 시점에서부터 사람들은 생산, 주거, 식량, 의존성 같은 구체적 조건들을 공유한다. 이렇듯 물질적 생활조건이 공통되는 경험은 서로 알든 모르든, 서로 말을 하든 안 하든 상관없이 사람들 사이에 그 상황의 집단적 인식, 바꿔 말하면 계급의식이 생겨나게 한다.

이런 물음을 주로 다루는 저서가 있는데, 1923년 처음 출간된 죄르지 루카치의 『역사와 계급의식Geschichte und Klassenbewußtsein』이다.

『영혼과 형식Die Seele und die Formen』(1911) 및 『소설의 이론Theorie des Romans』(1916)을 쓴 이 저자는 1919년 벨라 쿤Béla Kun(1886~1938, 헝가리 공산당 지도자—옮긴이)이 이끄는 부다페스트 공산주의 운동에 가담했다. 루카치는 34세에 헝가리 소비에트공화국의 문화부 인민위원이 되었다. 이 공화국이 미클로시 호르티Miklós Horthy(1868~1957) 장군의 부대에 유혈 진압되었을 때 루카치는 독일로 도주했다.

루카치는 계급의식이라는 개념을 파악하는 데 유용한 유형학

typology을 만들어냈다.[15]

루카치는 계급의식에 대한 이론에서 세 가지 범주, 즉 잠재적 계급의식das mögliche Klassenbewußtsein, 즉자적 계급의식das Klassenbewußtsein an sich, 대자적 계급의식das Bewußtsein der Klasse für sich을 제안한다. 여기에서는 세 가지 범주에 대해 간단히 정의해보겠다.

■ 잠재적 계급의식은 개개의 사안별로 형성된다. 이 계급의식은 고립된 특수한 갈등들이 있을 때 나타난다. 어떤 계급에 함께 속한 상태에서 그런 갈등을 겪는 사람들은 자신들이 공동으로 처한 상황을 의식한다. 더 정확히 말하자면, 그들은 자신들 모두에게 닥친 것이 함께 체험한 특정한 물질적 조건들의 결과임을 의식한다. 이 조건들이 그들의 사회적 존재를 결정짓고 그들이 행동할 수 있는 여지를 제한하는 것이다. 잠재적 계급의식은 이것도 저것도 아닌 것이다. 이 계급의식은 지속적인 객관적 현실, 즉 계급 소속이 있는가 하면, 또 지속적이지 않은 주관적 현실, 즉 자생적 상호주관성들 하나하나가 동시에 발생하기도 한다. 잠재적 의식은 무상하고, 되풀이된다. 달리 말하면, 잠재적 의식은 잠재해 있다가 가끔씩만 뚜렷이 드러날 뿐이다. 잠재적 의식이 지속적으로 존재하지 않는 것은, 예를 들면 광산이나 공장 같은 특정 영역에서의 파업처럼 특정한 위기 상황에서 특정한 적과 대립할 때에만 그 의식이 나타나기 때문이다. 잠재적 의식은 위기나 똑같은 유형의 공격이 나타날 때 집단적 기억의 형태처럼 매번 다시 새로 형성된다는 점에서 반복적이다. 잠재적 계급의식의 상징적 도구들은 이질적이다. 잠재적 계급의식은 깨진

거울을 연상시킨다. 수천 개로 쪼개진 거울 조각들이 개인들의 의식을 파편적이면서 개별적으로 상이하게 반사하는 것과 같다. 잠재적 계급의식은 지배자의 상징적 권력을 전반적으로 거부하지도, 그에 대해 대안이 되는 총체성을 내놓지도 못한다.

　■ 반면에 즉자적 계급의식은 지속적인 특성을 지닌 집단적 주관성이다. 인간들은 이러한 집단적 초자아Über-Ich를 공유하고, 그것에 의해 동기 부여가 된다고 생각한다. 이로써 인간들은 공동의 계급에 속한다는 분명한 의식을 갖는다. 물질적·상징적 재화를 생산하는 체제에 편입됨으로써 말이다. 그들은 이 두 가지 생산 형태의 객관적인 물질적 조건을 공유한다는 의식을 갖는다. 제3세계 나라들에는 특수한 상황이 존재한다. 이 나라들에서 내부의 계급투쟁은 예속되어 있는 민족의 모든 계급에게 강요되는 외국의 제국주의 지배를 통해 어느 정도 미리 결정되어 있다. 주변의 민족은 중앙의 제국주의 세력에 직면하여 유일한 종속계급이 된다. 즉자적 의식은 대안적 의식, 즉 지배받는 민중을 집단적 초자아, 즉 지배자의 상징적 권력 시스템에 대항하게 만드는 이율배반적 정체성이다. 제3세계 사회들에서 민족해방운동은 이 즉자적 계급의식을 지닌 가장 중요한 담지자였고, 지금도 그렇다.

　■ 대자적 계급의식은 인류의 발전에서 아직 달성되지 않았고 기껏해야 어쩌다 우연히 빛을 발하는 새로운 단계를 나타낸다. 카를 마르크스는 이와 관련하여 이렇게 쓰고 있다.

　"경제적 상황이 무엇보다도 먼저 인민 대중을 노동자로 변모시켰다. 자본의 지배가 이 대중에게 공동의 상황, 공동의 이해관계를 만들어주었다. 그래서 이 대중은 이미 자본에 대해서는 하나의 계급이지만, 자기 자신을 위해서는 아직 아니다."[16]

나중의 단계에서야 비로소 인간들 사이의 마지막 장벽이 무너진다. 생산자들이 자유롭게 결합함으로써 매 순간 사회적 세력과 각 개인이 얼마나 노동할지를 결정한다. 대자적 계급의식이 관철될 때 사람들 사이의 위계적 관계가 사라질 것이다. 그 대신 오직 상호적이고 언제라도 뒤바뀔 수 있는 관계가 나타날 것이다. 인간은 다른 인간들의 도움으로 자신을 자유롭게 정립할 것이다. 각 개인의 불완전한 주관성은 무엇보다도 각 개인의 욕구를 해방함으로써 마침내 공동의 인간적인 기획에 헌신할 것이다. 유일한 척도는 모든 이들의 발전과 각 개인의 행복이다. 대자적 계급의식은 구체적인 유토피아, 즉 에른스트 블로흐가 이 유토피아를 가리킨 개념을 빌리자면 인류가 꾸는 일종의 '백일몽Tagtraum' 이다.

아르헨티나의 의사이자 볼리비아의 해방군 사령관인 에르네스토 체 게바라Ernesto Che Guevara(1928~1967)는 이러한 대자적 의식을 구현했다. 1967년 9월 그의 게릴라 부대의 생존자들은 군사적으로 참담한 상황에 있었고, 건강도 약간 나빠진 상태였으며, 먹을 것도 충분치 않았다. 미국 CIA의 수많은 스파이들이 지원하는 볼리비아 독재 정권의 엘리트 연대들은 게릴라 전사들이 2년 이상 활동하던 볼리비아 남동부의 건조하고 인적이 드문 지역을 완전히 포위했다. 체 게바라는 어렸을 때부터 심한 천식으로 고생했다. 라파스La Paz와 알티플라노Altiplano 고원을 산타크루스Santa Cruz와 오리엔테Oriente와 연결하는 카라테라 샌트럴carretera central의 작은 지역 사마이파타Samaipata에 약국이 하나 있었다. 게바라는 부대의 선두에 서서 그곳으로 말을 달려 급히 필요한 약을 샀다.

넓찍한 아스팔트 도로 뒤로 정글이 시작된다. 좀 더 멀리 떨어진 곳에 울창한 숲 지대인 융가스Yungas가 펼쳐지고, 그 뒤로는 그 당시 봉기를 일으킨 광부들의 거주지가 있다. 여러 게릴라 전사들은 체 게바라에게 큰 도로를 건너고 숲으로 들어가 길을 뚫어 광부들에게 가자고 재촉했다. 체 게바라는 이를 거절했다. 기침 발작과 통증에 시달리던 체 게바라는 다시 말에 올라타고 리오그란데Rio Grande 계곡의 숙소로 돌아갔다.

몇 주 후 두 산맥 사이의 좁은 계곡인 케브라다 델 유로Quebrada del Yuro에서 볼리비아 군인의 총알이 게바라의 오른팔을 박살냈다. 게바라는 붙잡혔고, 동료 두 명과 함께 작은 마을 라이게라La Higuera의 학교로 보내졌다. 그곳에서 그는 교실의 책상에 묶였고, 1967년 10월 8일에서 9일로 넘어가는 밤에 마리오 테란Mario Teran 하사의 기관총으로 총살당했다.

체 게바라가 사마이파타로 되돌아가고 포위된 계곡으로 돌아간 것은, 그가 함께 투쟁을 전개했던 굶주리는 농민들과 그들의 가족을 버리고 떠나고 싶지 않았기 때문이다. 게바라는 그들에게 자신이 죽을 때까지 그들의 해방과 그들의 땅을 돌려받기 위해 투쟁할 거라고

약속했다. 그는 그들의 희망을 저버리고 싶지 않았다.[17]

2005년 남아메리카 대륙에서 최초의 원주민 출신 대통령이 된 볼리비아의 에보 모랄레스Evo Morales(1959~)는 체 게바라의 직접적인 후계자다. 그는 알티플라노와 오리엔테의 토착 원주민들과 연대함으로써 대통령에 당선될 수 있었다. 2006년 5월 모랄레스는 외국의 다국적 석유, 가스, 광산 기업 221개를 국유화했고, 이로써 거의 500년에 걸친 식민지 약탈을 끝장냈다. 오늘날 볼리비아의 민중은 그 나라의 풍부한 지하자원 덕분에 고질적인 영양실조, 문맹, 지면 침식, 되풀이되는 전염병, 국가 제도의 혼란 등, 아주 오래된 재앙을 극복하는 중이다. 볼리비아에서는 실제로 온갖 공적인 행사들에서 체 게바라의 희생에 대한 기억이 현재진행형으로 이어지고 있다.

집단적인 대자적 의식은 오늘날까지 볼리비아 혁명을 관통하고 있다.

양심은 역사를 움직일 수 있다

의식의 어떤 형태는 학문적 분석에서 벗어난다. 그것은 거슬러 올라갈 수 없는 유일무이한 개인의 양심das individuelle Gewissen이다. 죄르지 루카치의 유형학은 그것을 파악하지 못하고, 경험-합리주의적 사회학의 어휘들은 그것을 알지 못한다. 하지만 그것은 실로 인간다움의 가장 내적인 핵심이기 때문에 계몽주의 철학자들을 퍽 몰두하게 만들었다. 장 자크 루소에게서 개인의 양심은 최고의 독자적인 판단기관으로, 최종적인 사회적 심판이었다. 양심이 말하는 '불멸적인 천상의 목소리unsterbliche und himmlische Stimme'[18]가 자유롭게 표현될 수 있도록 만드는 것은 루소에게 철학자들의 가장 고귀한 과제로 여겨졌다. 한 세대가 지난 후 루소의 열렬한 신봉자인 영국 시인 조지 바이런George Byron(1788~1824)은 이러한 가장 내적이면서 독자적인 힘의 위력을 발휘했다. 바이런은 루소의 흔적을 찾는 순례 중에 클라랑스Clarens에서 시용Chillon 성을 찾아갔고, 그곳에서 사부아Savoyen에 대항한 제네바 독립투쟁의 영웅 프랑수와 보니바르Franncois Bonivard가 감금당했던 감옥을 방문했다. 그때 루소는 그 힘을 느꼈다.

"사슬 없는 마음의 영원한 정신! 자유여, 그대는 지하 감옥에서 가장 찬연히 빛난다!Eternal Spirit of the Chainless Mind! Brightest in Dungeons, Liberty!"[19]

모든 개인은 항상 집단적이고 특수하고 우연적이고 역사적이고 의존적인 사회화의 산물이지만, 전적으로 단독자인 가장 내적인 본질은 그런 분류에서 벗어난다. 이로써 마르크스주의 분석가들이 소홀히 했던 고유한 양심은 강력한 역사적 힘이 된다.

3장
이데올로기의 두 얼굴

인간은 철새에게 방향감각이 필요한 것처럼 역사의 의미를 필요로 한다. 경기 상황이 어떻든 간에 인간은 애착이 없고 유토피아가 없는 생활에 만족할 수 없다.

레지스 드브레, 빅토르 세르주, 『일지Carnets』 서문[1]

1. 조르주 뒤비, 무엇이 옳고 무엇이 틀린가?

사회주의 정치인이자 철학자인 장 조레스Jean Jaurès(1859~1914)는 다음과 같이 이야기한다.

"어느 겨울 저녁에 이 거대한 도시에서 사회적 전율 같은 것이 나를 엄습했다. 서로 알지 못한 채 스쳐 지나가는 수천 명의 사람들, 무수히 많은 외로운 허깨비들은 어떤 애착도 없는 것처럼 보였다. 그래서 나는 특정인과 무관한 두려움 같은 것을 안고, 이 모든 존재가 좋은 것과 나쁜 것의 불공평한 분배를 어떻게 감수하는지, 또 폭력적인 사회구조가 어떻게 무너지지 않았는지 자문해보았다. 나는 그들의 손과 발에서 어떤 쇠사슬도 보지 못했기에 이런 생각이 들었다. 고생하고 혹사당하는 수천 명의 이 사람들이 이 모든 것을 견디는 것은 어떤 기적 때문일까? …… 쇠사슬은 마음속에 있었고, 생각이 묶여 있었으며, 삶이 정신에 그 형태를 새겼고, 습관이 그 형태를 고정시켰다. 사회적 질서가 인간들을 형성했고, 인간들 속에 있었으며, 어느 면에서는 인간들의 본질이 되었다. 그리고 인간들은 자신들을 현실과 혼동했기 때문에 현실을 거역하지 않았다. 그 당시 벌벌 떨며 스쳐지나간 남자라면, 아마도 강력하고 억압적이며 방어적인 사회 시스템을 문제시하는 것보다 파리에 있는 돌이란 돌은 모두 들어 자신이 살 집을 짓는 것이 덜 어리석고 덜 어려운 일이라고 여겼을 것이다. 그러한 시스템에서 그는 습관대로 구석자리를 차지하고 가난하게 사는 것에 이미 적응한 상태였던 것이다."[2]

역사에서 이데올로기는 종종 결정적인 역할을 한다. 이데올로기란 무엇인가? 역사가 조르주 뒤비Georges Duby(1919~1996)는 이데올로기를 "담론적이고 논쟁적인 형성물diskursive polemische Formationen"이라고 칭한다. 이데올로기는 "체험한 것의 반영이 아니다. 그것은 오히려 체험하는 것에 영향을 미치려는 기획이다. 행동하는 것이 정말 효과적이려면, 상상하는 모습과 삶의 '현실' 사이의 차이가 지나치게 커서는 안 된다. 그렇지만 담론에 귀를 기울이는 한, 즉시 사회에 대한 인간의 지각을 변화시키는 새로운 태도가 형성된다."[3]

이데올로기는 고유한 논리를 토대로 세워지고 일관성 있는 담론적 이성이 내재하는 상징체계다. '상징체계'라는 개념은 의미, 가치, 이념, 관념, 신념, 표상 등을 아우르는 전체성을 가리킨다.

이로써 각각의 이데올로기는 하나의 과제를 넘겨받는데, 그것은 세계를 '해석한다'는 과제다.

무엇이 '옳은' 이데올로기이고, 또 무엇이 '틀린' 이데올로기인 가라는 질문에 대해 뒤비와 블라디미르 얀켈레비치Vladimir Jankélévitch(1903~1985)[4]는 설득력 있는 답변을 내놓는다. 이데올로기가 인간의 소외, 억압, 퇴보 같은 전략에 쓰인다면, 그 이데올로기는 '틀린' 것이다. 그렇지만 인간의 해방, 자결自決, 인간화 등을 촉진시킨다면, 그 이데올로기는 '옳은' 것이다. 마르셀 오퓔스Marcel Ophüls(1927~)는 유명한 다큐멘터리 영화 〈슬픔과 동정Le Chagrin et la Pitié〉(1969)에서 낭시 교도소의 성직자인 가톨릭 신부에게 이 말을 한다. 이 신부는 독일 점령 기간 동안 사형선고를 받은 수많은 사람들을 교도소 뜰의 단두대로 데려갔다. 프랑스의 비밀 저항운동은 로트링엔Lothringen에서 강하고 활발하게 일어났다. 이 사제는 남녀노소와 사회계층을 불문하고 많은 저항 운동가들을 단두대로 데려갔다. 그들 대부분이 용감하게 죽었다. 그들의 마지막 말은 대체로 "프랑스 만세!"였다. 그들은 이 말을 한 다음 목을 단두대에 댔다.

1944년 해방된 파리 당국은 유죄판결을 받은 게슈타포의 고문 전문가들과 나치스 친위대의 집단학살자들을 같은 교도소에 감금했다. 그 사제는 또한 이들을 사형대로 데려갔다. 많은 나치스 범죄자들이 동쪽의 베를린을 향해 몸을 돌리고 총통에게 경례하기 위해 팔을 들어올리며 "히틀러 만세!"라고 소리쳤다. 그들 대부분은 용감하게 죽었다. 저항 운동가들은 애국주의, 범죄에 맞서는 저항, 인간의 해방에 대한 희망 같은 '옳은' 이데올로기에 고무되었다. 게슈타포의 고문 전문가들과 나치스 친위대의 살인자들은 인간 멸시,

인종주의적인 오만, 폭력과 죽음의 숭배 같은 이데올로기에 복무하다 죽었다.

이데올로기는 그 자체로는 결코 무해하지 않다. 이데올로기는 사람들을 해방하거나 억압한다. 이데올로기가 권력 관계에 투입되면, 이데올로기는 그 무게로 권력 관계를 바꾸어 놓는다. 그렇기 때문에 이데올로기가 어떤 전략, 어떤 권력, 어떤 이해관계에 복무하도록 이용되는지 알아야 한다. 이에 대한 두 가지 예를 살펴보겠다.

첫 번째 예는 가톨릭교회의 장례식과 관련이 있다. 라틴아메리카, 남부 유럽, 아시아의 많은 나라들에서 가톨릭교회는 인간들의 정신과 육체에 대부분 반동적이고 커다란 힘을 행사한다. 죽음을 교묘하게 조작하는 장례식은 권력의 토대를 형성한다. 사제의 축복을 받고 매장된 죽은 자만이 낙원에 도착할 수 있으며, 그 외에 다른 죽은 자들은 연옥이나 지옥에 갈 위험이 있다는 것이다! 모든 인간은 죽음을 두려워한다. 교회가 죽음을 조작함으로써 인간은 교회의 관료주의, 교회의 도덕률, 교회가 실행하는 사회적·성적·정치적·경제적·이데올로기적 가치관 등에 예속된다. 교회는 인간의 죽음에 대한 두려움을 이용하여 지배한다. 그럼에도 불구하고 죽음의 조작과 교회의 장례식은 특정한 역사적 상황에서는 도움이 될 수도 있다.

피노체트Augusto Pinochet Ugarte(1915~) 장군이 1973년 쿠데타를 일으킨 후 칠레에서는 매달 수백 명의 사람들이 '사라졌다.' 그들은 살해되었거나 고문으로 죽었다. '사라진 사람들'은 대개 공동 무덤들, 즉 '비밀 공동묘지들'에 매장되었다. 밭을 경작하던 농부나 산책하는 사람이 그런 공동묘지를 발견하는 일이 계속 발생했다. 1979년 산티아고 대주교이자 칠레 가톨릭교회의 최고위 성직자인 라울 실바 엔리케스Raul Silva Henriquez(1907~1999) 추기경은 독재에 맞선 투쟁에서 상당한 용기를 내어 피노체트 장군에게 보내는 공개서한을 작성했다. 이 서한에서 추기경은 콩코르다트concordat(국가와 로마 교황청 간의 정치 및 종교에 관한 조약—옮긴이), 특히 교회의 장례식 특전과 관련된 결정을 존중할 것을 강력히 요구했다. 실바 엔리케스 추기경은 세례 받은 칠레 사람이라면 누구나—그런데 칠레 사람 대부분은 세례를 받았다—앞으로 그리스도교 장례식을 치를 권리를 가져야 한다고 요구했다. 또 병원이든, 병영이든, 경찰서든, 어디에서 온 시체이건 모든 시체는 사제와 교회의 장례식을 거쳐 무덤에 옮겨질 수 있도록 그 가족들에게 넘겨져야 한다고 요구했다. 반동적인 장례식을 인간들의 해방과 삶에 도움이 되게 한 실바 엔리케스 추기경의 돌출 행동은 칠레에서 정치범들의 '실종'에 맞서 투쟁하려는 용감한 시도임에 틀림없었다. 실바 엔리케스 추기경은 권력자들이 성가실 정도로 끈질기게 졸라댔다. 추기경은 피노체트에게 살 속에 박힌 가시와 같았다. 1983년 6월 추기경이 정년이 되어 은퇴했을 때 피노체트의 부인이 이렇게 말했을 정도다. "하느님이 우리의 청을 들어준 것 같네요."

두 번째 예는 반투Bantu 종족들에서 여러 연령집단들을 위한 성년식을 어떻게 이용했는지와 관련이 있다. 특히 아프리카의 두 정권은 이 의식을 이용해왔거나 여전히 이용하고 있다. 그것도 기니비사우Guinea-Bissau와 자이르Zaire처럼 정반대 방식으로 말이다.

아밀카르 카브랄amílcar Cabral(1924~1973, 기니비사우의 민족해방운동가이자 농업경제학자―옮긴이)과 PAIGC(기니 카보베르데 독립아프리카당)은 포르투갈 식민지 통치자들에 맞서는 농촌 게릴라 투쟁의 첫 단계에서 젊은 전사들을 모집하기 위해 성년식을 이용했다. 매우 작은 구역에서 활동하는 해방군은 도시뿐만 아니라 내륙의 넓은 지역까지 통제하는 적에게 시달리면서 신병을 보충하는 데 큰 어려움을 겪었다. 기니에서 신병을 훈련하는 것은―가령 알제리에서 1954년부터 1962년까지 독립전쟁 동안 신병 훈련이 전개되었고 카브랄이 바로 그 과정을 거친 것처럼―사실상 불가능했다. 해방군은 1960년대 초반까지는 실제로 해방된 구역을 갖고 있지 않았다. 지도부는 서로 명백히 모순되는 여러 요구들에 직면해 있었다. 병력 손실이 너무 컸기 때문에 새로운 전사들을 계속해서 충원해야 했다. 적군이 그 지역을 감시하고 있었고 감시를 위한 장비도 갖고 있었기에, 해방군 지원자들은 비밀리에 행동하고 본거지를 자주 옮겨야 했다. 특정한 구역들에서는 하루나 이틀 밤 정도만 같은 장소에 머물 수 있었다. 마을 회의를 소집하는 것조차 불가능할 때가 많았다. 신병 모집 자체도 은밀히 이루어지고 빨리 진행되어야 했다. 그리고 마지막 난제는 모집한 전사들의 희생 가능성이 크다는 점이었다. 기니에서 포르투갈 식민지 통치자들은 끔찍한 탄압 방법을 사용했다. 심문에서 고문은 다반사였고, 붙잡힌 게릴라 전사는 전쟁 포로로 간주되지 않고 대개 즉시 총살되었으며, 가족에 대한 보복 조치도 종종 있었다. 신병을 그 부대에 통합시키는 것은 신속하면서 은밀하게 이루어져야 했을 뿐만 아니라, 처음부터 가능한 한 설득력 있게 집중적으로 행해져야 했다. 발란테족Balante(세네갈, 앙골라의 흑인―옮긴이)의 우주 창조설에 나오는 성년식은 이런 요구들의 대부분을 충족시켰다. PAIGC의 젊은 지원병들은 밤중에 성년식에 참석할 때 발란테 사제들에게 해방전쟁의 필요성을 납득시켰다. 며칠 또는 몇 달 후 마을의 청소년들은 발란테 사제들이 주재한 짧고 은밀하고 집중적인 의식을 통해 PAIGC 청년 전사로 변모했다. 전사로 올라가는 승진은 그룹별로 이루어졌다. 성년식(뱀이 우글거리는 숲에 내버려지고, 몇 주 동안 단식하고, 타오르는 불길 속을 뛰어 지나가는 것 등)을 함께 견뎌낸 발란테족 (또는 폴라니족, 비사고스 제도, 만딩고족 등의) 청년 그룹들은 그때부터 완전히 혼연일체된 부대를 형성하여, 어떤 적이나 어떤 두려움도 그들을 감히 쳐부술 수 없었다.

자이르에서는 모부투 대통령이 이와 똑같은 의식을 연출했다. 이 부패한 독재자도 이런 식으로 자신과 자신의 정치적 전략을 위해―아직 동화되지 않았고, 전통적인 환경 속에서 살아가고 있으며, 시골에서 왔고, 주민 대다수에 해당하는―콩고 청년들을 얻고자 했다.

카브랄이 새로운 전사들을 PAIGC의 게릴라 부대에 소집하고 통합시키는 데 발란테족의 성인식을 활용한 것처럼, 이 의식에는

'진보적' 의미가 있었다. 즉 이 의식은 인간들의 해방에 도움이 되었다. 반면 모부투 정권이 '진정성' 이데올로기를 갖고 각각의 콩고 민중들의 전통적인 성년식을 장악하고 이를 지배 전략으로 사용했을 때, 그 의미는 근본적으로 달라졌다. 성년식이 이제는 낯설고 퇴행적인 것이 되고 만 것이다. 의미를 축소하고 행복과 해방에 대한 희망을 없애며 인간의 노예화를 돕는 모든 상징을 나는 '퇴행적'이라고 부른다.

이데올로기들의 생산과 적용은 또 다른 문제들을 제기한다. 이데올로기를 적용하는 자는 선의로 행동할 수도 있고 그렇지 않을 수도 있다. 그런 사람은 집단적 기억에서 끌어낸 의미를 확신할 수도 있고 그렇지 않을 수도 있다. 이에 대해 설명해보겠다. 히틀러, 괴벨스, 로젠베르크, 힘믈러 등은 아리아인 혈통이 아닌 민족들을 절멸시키는 정책을 '선언하기' 위해, 자신들이 발굴하고 현실화하여 새로 해석하고 적용한 범게르만주의 인종 신화를 아주 굳게 믿었다. 그 점에서 그들은 확신하고 있었다. 반대로 나는 확신에 찬 마르크스주의자인 북부 브라질 출신의 가톨릭 보좌신부를 잘 알고 있다. 그는 독재를 방조한 브라질 주교 다수의 반동적 정책을 전면 거부했다. 그 보좌신부는 교회 제도의 언어를 '악의로' 사용하여, 자신의 교구에서 농제 개혁, 노동조합 조직, 농민의 '의식화' 등을 위한 대담한 투쟁을 이끌었다. 군사독재(1964~1982) 동안 브라질 주교회의가 발표한 교서, 성명서, 공고 등은 과장된 데다 허위였다. 하지만 세아라Ceará의 이 보좌신부는 강론대에서 이것들을 큰 소리로 읽고, 주교들의 겉만 번지르르한 미사여구를 자기 나름대로 해석했다. 그는 이 형식적인 말들을 믿지 않았지만, 그 미사여구들은 그에게 유용했다. 육해공군 정보기관들의 앞잡이들은 감히 그를 살해하거나 체포조차 할 수 없었다. 그 보좌신부는 주교 교서들에 나오는 말을 인용하여, 노동조합 설립, 농민 연대 등 자신이 구체적으로 발의한 모든 것의 정당성을 옹호했던 것이다.

따라서 각각의 주체가 선의로 말하는지 악의로 말하는지를 판단하는 기준은 이데올로기의 가치에 대해 아무것도 말해주지 못한다. 히틀러, 괴벨스, 로젠베르크, 힘믈러 등은 인간 정신의 가장 역겨운 왜곡을 구체적으로 보여주었다. '선의로' 말한 그들의 말은 가장 끔찍한 범죄를 야기한 허무맹랑한 주장들을 만들어냈다. 다른 한편 세아라의 주교 보좌신부는 박해받는 자들의 보호, 빈곤에 맞선 투쟁, 그가 사제로서 보호했던 농민들의 해방을 위해 '악의로' 활동했다.

소르본대학교 철학과 교수 블라디미르 얀켈레비치는 이 문제를 다음과 같이 요약한다. 나치스 친위대가 레지스탕스들이 모이는 어느 집에 밀고 들어갔다. 한 명이 옷장 속에 숨었다. 친위대 장교가 묻는다. "옷장에 누가 있소?" 그 집에 살고 있는 사람들이 대답한다. "아니오, 없습니다." 얀켈레비치는 이 사람들이 "진실"을 말했다고 설명한다.[5] 프랑스 레지스탕스와 그 동맹자들은 해방된 사회라는 목표를 위해 일했다. 친위대 장교에게 한 그들의 대답은 "악의"를 증명한다. 그러나 그 대답이 도움이 되는 이데올로기는 옳고 진실하다. 그 이데올로기는 인간의 해방을 촉진시킨다.

2. 이데올로기는 어떻게 생겨나고 발전하고 변화하는가?

아는 것은 고통이다. 그리고 우리는 그것을 알고 있었다.

어둠에서 새어 나오는 모든 소식은

우리에게 불가피한 고통을 주었다.

저 풍문은 수없이 여러 번 진실이 되었고,

어두운 문은 빛으로 채워졌으며,

고통은 정화되었다.

진실은 이 죽음에서 생명이었다.

침묵의 자루가 무겁게 짓눌렀다.

그리고 그 자루를 들어 올리려면 여전히 피가 필요했고,

과거의 돌들이 너무 많았다.

그런데 그 후에 낮은 용감해졌다.

낮은 금빛 찬연한 칼로 어둠을 뚫었고,

연구를 파고들었다.

빛을 통해 제자리를 다시 찾아

땅의 극점까지 굴러간 바퀴처럼.

이제 이삭들은

태양의 찬란함과 그 에너지에 영예의 관을 씌웠다.

동료가 동료의 질문에

다시 대답했다.

그리고 저 잔인한 미혹에의 길은

진리하에서 다시 길이 되었다.

파블로 네루다, 「이슬라 네그라의 회고록Memorial de Isla Negra」⁶

이데올로기의 생성·발전·변화에 실체를 부여하는 계급투쟁은 필연적으로 물질적 투쟁과 이데올로기적 투쟁이라는 두 가지 전선에서 실행되거나, 루이 알튀세르Louis Althusser(1918~1990)가 말하는 것처럼 실천적 계급투쟁과 이론적 계급투쟁의 두 전선에서 일어난다. 두 전선에서 나타나는 이 투쟁들을 이해하기 위해, 즉 사회에서 경제적 힘을 막 획득하려는 새로운 계급이 자신의 승리를 촉진시키고 자신의 투쟁을 선언하고 정당화하고자 이데올로기 전쟁을 어떻게 획책하는지를 보여주기 위해 종교개혁과 특히 칼뱅주의Calvinism 예정설을 예로 들어보겠다. 이것을 프리드리히 엥겔스Friedrich Engels(1820~1895)의 말을 인용해 설명하겠다.

"칼뱅의 교리dogma는 그 당시 가장 대담한 시민들에게 적합했다.

은총의 선택Gnadenwahl은 경쟁하는 사업계에서 성공이나 파산이 개인의 활동이나 수완에 달려 있지 않고, 개인과 무관한 상황에 따라 좌우된다는 사실의 종교적 표현이었다. '그래서 그것은 누군가의 소망이나 질주가 아니라', 우월하지만 생소한 경제적 세력의 '자비에 달려 있다.' 그리고 경제적 변혁의 시기에 그것은 아주 각별한 사실이었다. 그 시기에는 옛 통상로와 무역센터가 새 통상로와 무역센터에 밀려나고, 아메리카와 인도가 세상에 문호를 개방하면서 오래되고 존귀한 경제적 신조─금과 은의 가치─조차 흔들리고 망가졌기 때문이다."7

대륙 최초의 시민공화국은 1536년 프랑스의 종교개혁가로서 청교도 목사였던 장 칼뱅Jean Calvin(1509~1564)에 의해 널리 알려졌다. 그는 창백한 얼굴에 마르고 내성적인 남자였다. 그는 56세의 나이에 위병으로 세상을 떠났다.

도미니크 지글러Dominique Ziegler의 유명한 희곡 중에 『시간의 주인 Le maître du temps』이 있다. 피카르디Picardi 출신 성직자가 로마에서 슈트라스부르 방향으로 여행을 가던 도중 제네바를 지나다 우연히 어떤 생각을 떠올리고 그것을 교령으로 내렸다. 그곳의 후작과 갈등 관계에 있던 시민들이 만류했지만 소용없었다. 그 중요한 교령은 바로 '시간의 발명'이었다. 그 도시와 호숫가 주변 마을들 어디에나 시계가 설치되었다. 그때부터 매 분을 사용하는 것이 중요해졌다. 시간은 살아낸 삶이었고, 엄격히 표준에 맞추어져 있었으며, 초기 자본주의 생산에 복무하고 있었다. 교부 토마스 아퀴나스

(1224/1225~1274)는 이런 말을 한다.

"인간은 창조를 완성하기 위해 태어난다."

장 칼뱅은 이 도덕을 자신의 것으로 만들었다. 그는 이 도덕에 규범의 옷을 입혔고, 엄격한 노동윤리와 정확한 분업을 만들어냈다. 그는 폭력적인 신권정치를 세웠다. 이주한 스페인 신학자 미카엘 세르베투스Michael Servetus(1511~1553)처럼, 생각이 다른 자유사상가들은 화형에 처해졌다. 장 칼뱅은 '프로테스탄티즘의 로마'를 이제 막 시작되던 자본주의 생산방식의 실험장으로 만들었다.

칼뱅이 여러 권으로 된 기념비적 저서 『기독교 요강Institutio christianae religionis』에서 옹호하고 그의 설교사들이 전 유럽, 북아메리카, 남아프리카에서 널리 퍼뜨린 예정론은 식민지 정복, 정복자들의 호전성, 토착민 멸시 등을 잠재적으로 갖고 있었다. 남아프리카의 칼뱅파 신교도 아프리카인, 북아메리카에 13개의 영국 식민지 주를 만든 창설자들(이들은 1776년 독립을 달성하고 연합하여 미합중국을 만들었다)은 모두 자신들이 '선택받은 자들'이라고 생각했다. 또한 땅을 빼앗은 뒤 많은 경우 대량으로 학살한 원주민이나 반투족과는 근본이 다른 더 고귀한 존재라고 여겼다.

16세기 사람들은 정세의 변화에 커다란 당혹감과 혼란을 느꼈다. 경제가 동요하고, 의사결정 거점들이 증가했으며, 확고한 위계적 사회계층이 있던 봉건세계는 붕괴하고, 그때까지만 해도 명확하다 여겨졌던 세계의 지리적 경계가 해체되었다. 이 모든 것이 심한 불안감을 야기했다. 칼뱅주의 이데올로기는 사람들의 구체적이고 절박한 욕구에 반응했다. 한편으로는 도시들에 있는 시민계급 은행가들과 상인들의 상업적·경제적·재정적·야생적·호전적인 무제한적 자유가 있다. 다른 한편으로는 미래를 '예견하고' 세계를 이해하며 사회적 경험들을 연결시켜 역사에서 의미를 발견하고 싶어하는, 인간의 내면에 깊이 존재하는 영구적이면서 불가피한 열망이 있다. 칼뱅주의 이데올로기는 이 자유와 열망 사이에서 인간들을 불안하게 만드는 심각한 모순을 해결하고자 하는 욕구에 부응한 것이다. 장 칼뱅, 테오도르 드 베즈Thodor de Bèze(1519~1605)와 그 제자들이 널리 퍼뜨린 신이 예견한 영혼의 예정론은 새로운 시민계급의 욕구에 대단히 큰 도움이 되었다. 이렇게 하여 칼뱅주의는 16세기에 제네바, 네덜란드, 스코틀랜드 등에서 상업에 종사하는 시민계급과 독일과 이탈리아에서 상승하려고 애쓰는 일부 시민계급이 정치적 권력을 획득하는 것을 정당화해주는 학설이 되었다. 영혼의 예정론은 또한 집단학살을 정당화하는 데도 쓰였다. 17세기에 영국 칼뱅주의 이주자들이 북아메리카 동부 해안에 사는 모히칸족, 피쿼트족, 여타 부족들에게 자행한 집단학살이나, 17세기와 18세기, 그리고 19세기에 네덜란드 출신의 칼뱅주의자들이 남부 아프리카의 부시먼족bushman, 트와족Twa, 줄루족Zulu 등에게 자행한 살육이 대표적인 예다.[8]

　　이데올로기는 상대적으로 자율적인 논리relativ autonome Logik에 따라 발전한다. 이 논리는 이데올로기 생산의 도구들—제도들, 즉 사제, 지식인, 예술가 같은 직업층들[9]—이 어떻게 마련되었는지 뿐만 아니라, 이념 · 지식 · 상징 · 관념의 존속, 즉 이데올로기가 뒷받침하는 전략에 따라 그 논거를 만들어내는 문화와 학문에 달려 있다.

로제 바스티드는 『브라질의 아프리카 종교Les Religions africaines au Brésil』[10]에서 "자율의식"이라는 연관성 있는 학설을 공식화하면서, 이 학설을 이데올로기들의 발전에 대한 마르크스주의 학설과 비교했다. 그는 브라질 디아스포라의 아프리카인 집단들이 보여준 이데올로기들의 발전을 분석한다. 이 예를 더 이야기해보겠다. 이데올로기가 어떻게 그것이 생겨난 물질적 사회에서 자립하고 존속하는지 아주 똑똑히 보여줄 테니까. 해당 이데올로기가 그 이데올로기를 증거로 끌어대는 인간들의 실제적 욕구에 도움이 된다는 조건하에서 이 예는 언제나 가치가 있다.

아프리카 대륙에 사는 콩고족Kongo, 요루바족Yoruba, 폰족Fon, 에웨족Ewe 등의 전통사회들은 대부분 파괴되었다. 그러나 그 사회들의 이데올로기, 즉 상징체계는 낯선 나라로 끌려와 이루 말할 수 없는 잔인한 조건하에서 생활하는 흑인 노예들의 생존을 보증했을 뿐만 아니라 심지어 그들의 문화적 · 정치적 부흥을 가능하게 해주었다. 혈통이 끊어지고 지리적으로 멀리 떨어져 있는 친척들마저도 모두 도륙 당했지만, 또 가족들이 헤어지고 흑인들의 지위가 하락해 물건 취급을 당했지만, 혹사당한 흑인 민중은 살아남았다. 그리고 망명 중에 매우 영향력이 큰 문화들을 만들어냈는데, 이 문화들은 오늘날 브라질과 아메리카의 다른 나라들에서 흑인들은 물론이고 백인들에게도 다국적 독점자본주의의 이데올로기와 그것을 정당화하는 이론, 호전적이고 반계몽주의적인 신자유주의에 대한 대안이 되고 있다. 또한 이것은 피난처, 저항의 무기, 대안적인 정체성, 역설적으로 대안적인 투쟁이기도 하다.

이 문화의 중심 기관은 테레이루나 칸돔블레[11]다. 이것은 주로 아프리카 신들이 인간들과 접하는 특별한 장소이거나, 더욱 빈번하게는 문화적 공동체의 장소다. 테레이루 또는 칸돔블레는 또한 정신적 관념의 체계이고, 권력의 위계구조이며, 종교적 의식의 존속이면서, 이 모든 것을 전하는 공동체다.

비아프리카인들이 오랫동안 접근할 수 없었고 그 자체로 격리되어 서로 구애되지 않는 이 비밀결사들은 쿠리치바Curitiba에서 벨렘 도 파라Belém do Pamá에 이르기까지 브라질 해안에서 전형적으로 나타난다. 콜롬비아 도시 바랑키아Barranquilla와 카르타헤나Cartagena에는 대단히 조직적인 아프리카 문화단체들이 있다. 쿠바에서는 노예의 후손들이 북을 계속 치면, 오리샤orisha라 불리는 여러 신들이 마치 아베오쿠타Abeokuta(나이지리아 남서부의 도시—옮긴이)(또는 케토우Kétou[12])의 멀리 있는 형제들을 찾아가듯 그들에게 내려온다. 베네수엘라의 오리노코Orinoco 강 계곡과 볼리비아의 융가스 고원에서 오리샤는 현실로, 일상의 모든 사소한 일과 주변 세계의 사건들을 조정하는 전능한 신으로 체험된다. 오리샤 사제들은 하이티, 자마이카, 쿠바 등에서 활동한다. 몇십 년 전 산테로santero(아프리카에서 기원한 쿠바 종교 산테리아Santeria의 의식을 담당하는 사제—옮긴이)가 북아메리카 대도시의 흑인 집단 거주 지역들에 나타났다. 오늘날에는 할렘의 게토에만 200명이 넘는 루쿠미 테레이로ᴊucumi-terreiro가 있는데, 그들은 백인에 의한 인종차별주의적인 억압에 맞서 봉기하는 수천 명의 젊은 흑인들에게 영감을 주는 존재다.

할렘에서는 물론이고, 학문적 · 기술적 지식이 유례없을 만큼 최고조에 달한 북아메리카 대도시들의 다른 흑인 게토들에서 이런 종교적 이데올로기를 재수용하는 것은 삶 · 세계 · 인간 · 인간과 동료 인간과의 관계 등의 의미에 대한 설명이 그곳에서 전반적으로 부족하다는 것을 보여준다. 그곳들에서 이데올로기는 성공적인데, 바로 아프리카 남녀 사제들이 계속 입회하고, 심하게 차별당하는 집단들 내에서 그 종교적 의식과 존중이 계속 재생산되기 때문이다.

3.《이코노미스트》의 예상치 못한 조롱

오늘날 지구에서는 어떤 이데올로기가 지배하는가?

그것은 신자유주의라는 이데올로기다.[13] 이것은 오늘날 금융자본가들의 전 세계적인 지배를 정당화하는 데 쓰인다.

기 드보르Guy Debord(1931~1994)는 "처음으로 이 사람들이 우리가 하는 모든 것과 우리가 그것에 대해 말하는 모든 것을 지배하는 주인이다"[14]라고 적고 있다.

그런데 신자유주의 이데올로기의 토대는 무엇인가?

1991년 8월 소비에트연방이 붕괴했다. 그때까지 지구상에서 세

명 중 한 명은 공산주의 정권에서 살았다. 소비에트사회주의공화국연방(USSR)이 부패한 경찰국가였기 때문에 '공산주의적'이라고 명명하기에 부적절할 수 있지만, 세계 사회가 양극으로 나뉜 것은 분명했다. 서구의 자본가 계급들은 유럽과 아메리카와 다른 나라의 시민들이 어쩌면 '공산주의' 이데올로기를 따를 수도 있다는 지속적인 두려움 속에서 살았다. 그래서 이 계급들은 비록 제한적이었지만 자신들의 부를 자발적으로 재분배하는 것을 받아들였다. 이것은 국가가 경제 메커니즘에 개입하는 것을 포함했다. 특히 1936년 출간된 저서 『고용 이자 및 화폐에 관한 일반이론general theory of employment interest and money』의 저자이자 영국 경제학자인 존 메이너드 케인스John Maynard Keynes(1883~1946)의 이름을 따라 명명된 케인스 경제모델은 고전적인 자유주의와는 다른 정책을 선전했다. 노동자의 구매력이 단계적으로 상승함으로써 경제성장을 야기하고, 복지국가가 사람들에게 최소한의 사회적 안전을 보장한다고 말이다. 프랭클린 루스벨트Franklin D. Roosevelt(1882~1945)가 추진한 미국의 뉴딜New Deal 정책 이후 서구의 민주주의는 1933년부터 동구 공산권의 붕괴에 이르기까지 자유방임 자본주의와 세계 경제 위기에 대응하여 이 모델을 지향했다.

그러나 소비에트제국의 종말과 함께 양극으로 나뉘어 대립하던 구도는 사라졌다. 이와 함께 서양의 정치 및 금융 권력 지배계급들의 독점으로 인한 지속적인 위협 때문에 민주주의가 위험에 처했다는 사실도 보이지 않게 되었다.

지배계급들은 새로운 경제적 · 정치적 실천과 이를 위한 독창적인 명칭을 소개하는데, 바로 '워싱턴 컨센서스Washington Consensus' (중남미 개발도상국에 대한 미국식 자본주의 국가발전 모델—옮긴이)다.

이것은 비공식적 합의, 즉 1980년대와 1990년대에 아메리카 대륙을 넘어서는 주요 세력들, 월스트리트 은행들, 미국연방준비은행, 국제 금융기관들(세계은행, IMF 등) 간에 체결된 신사협정gentleman agreements을 말한다.

1989년 세계은행 부총재이자 수석 경제연구원인 존 윌리엄슨John Wiliamson은 이 컨센서스를 공식화했다. 그 기본 원칙은 국가적인 것은 물론이고 다른 것들도 가능한 한 빨리 모든 규제 기관들을 철폐하고, 가능한 광범위하게 (상품, 자본, 서비스 등을 위한) 시장의 자유화를 달성하며, 마지막으로 국적 없는 글로벌 거버넌스, 즉 외부의 규제 없이 완전히 자율적으로 운영되는 단일한 세계시장을 목표로 한다.[15]

워싱턴 컨센서스의 목표는 다음의 원칙들을 실행함으로써 세계를 민영화하는 것이다.[16]

■ 모든 나라에서 다음의 두 관점에 따라 조세개혁이 이루어져야 한다. 두 관점이란 부자들이 생산적인 투자를 실행하도록 최고 수입에 대한 조세 부담의 감면, 그리고 납세 의무자 수의 확대, 즉 조세의 양을 늘리기 위해 가난한 사람들에 대한 세제 혜택을 폐지하는 것을 말한다.

■ 금융시장에 대한 모든 제한을 철회한다.

■ 외국 투자의 안전을 보장하고 그 양을 증대시키기 위해 국내

및 외국 투자자들이 동등한 대우를 받게 한다.

■ 공적 부문들을 가능한 한 광범위하게 매각한다. 국가 소유 또는 학교, 병원, 운수기업, 수도 및 전력 공급 등과 같은 준국영 법인 소유의 모든 기업은 민영화되어야 한다. 이로써 이 기업들은 이윤의 법칙을 따르게 된다.

■ 여러 경제 세력들 간의 경쟁의 자유를 보장하기 위해 규제를 최대한 완화한다.

■ 사유재산의 보호를 강화한다.

■ 관세를 계속 인하하고 마침내 완전히 없애는 것을 목표로 하여 무역을 신속히 자유화한다.

■ 자유무역은 수출을 통해 촉진되기 때문에 우선 생산이 수출로 이어지는 경제 영역을 발전시켜야 한다.

■ 국가의 재정적자를 최소화한다.

■ 개인들에 대한 국가 보조금은 어디에서든 없어져야 한다. 예를 들어 기초식량의 가격을 낮게 유지하기 위해 보조금을 지원하는 제3세계 국가들은 그 정책을 포기해야 한다. 국가의 지출은 인프라를 확대하는 데로 흘러들어가야 하며 다국적기업에 유용한 보조금이 우선권을 가져야 한다.

영국 잡지 《이코노미스트The Economist》는 결코 혁명적인 투쟁지가 아니다. 그럼에도 워싱턴 컨센서스에 대한 논평에는 조롱기가 가득 배어 있다.

"반세계화주의자들은 워싱턴 컨센서스를 은행가들을 더 부유하게 만들기 위한 음모로 본다. 그들이 완전히 틀린 것은 아니다."17

신자유주의는 경제의 '자연법칙'을 드러낼 것을 주장한다. 피에르 부르디외Pierre Bourdieu(1930~2002)는 신자유주의에 대해, 그리고 특히 워싱턴 컨센서스의 실행에 대해 가차 없이 비판한다.

"신자유주의는 정복의 무기다. 그것은 모든 저항이 무의미해 보이는 경제적 숙명론을 선포한다. 신자유주의는 에이즈와 같다. 그것은 우선 희생자의 방어체계를 공격한다."18

또 다른 대목에서 그는 이렇게 쓰고 있다.

"'세계화'라는 개념으로 파악하는 모든 것은 결코 필연적인 경제 발전의 결과가 아니다. 이 정책은 탈정치화의 정책이고 역설적으로 경제 세력들을 모든 속박에서 해방시킨다. 이로써 그 세력들이 치명적인 영향력을 가지게 허용하고, 시민들과 마찬가지로 정부를 속박에서 '해방된' 경제법칙들에 따르게 하는 것을 목표로 삼는다. 피할 수 없는 숙명 같다는 인상은 지속적인 선전의 결과다."19

이념의 역사에서 이 이데올로기는 큰 물의를 일으키는 역행이다. 모든 것이 정말로 숙명적일까? 그 거짓말은 터무니없지만 쓸모가 있다. 이 거짓말 때문에 민중들은 지배자들에게 억압당하면서도 자신들에게 일어나는 일에 대한 책임이 그 지배자들에게 있다는 점을 모르기 때문이다.

자본의 흐름이라고? 전 세계적인 재화 분배라고? 과학기술 혁명과 생산방식의 순서라고? 우리는 그 적법성을 지켜볼 수는 있지만, 그 질주의 흐름을 바꾸라는 요구는 할 수 없다. 왜냐하면 이 모든 것이 경제의 '자연'과 연관되어 있기 때문이다. 천체의 운행, 자기장의 변화무쌍한 확장 또는 은하계의 탄생과 소멸을 관찰하고 측정하여 분석한 뒤 깊이 숙고하고 논평하는 천문학자처럼, 신자유주의 은행가는 자본과 재화의 복잡한 움직임을 신중히 검토한다. 경제적·사회적 또는 정치적 영역에 관여하라고? 신사 숙녀 여러분, 그건 생각조차 할 수 없답니다! 모든 개입은 기껏해야 경제적 세력들이 마음껏 활개 치는 것을 왜곡할 것이고, 최악의 경우에나 그것을 막을 테니까요.

경제의 자연화, 즉 경제를 자연의 힘으로 변모시키는 것은 신자유주의 망상이 가진 최후의 술책이다.

4. 반계몽주의, 누군가에게는 낙원, 누군가에게는 망상

사회적 정의, 박애, 자유, 상호 보완? 인간들 사이를 잇는 다방면의 끈, 공공의 복지, 자발적으로 받아들인 질서, 구제해주는 법률, 보편적 규칙에 의해 바뀌는 불순한 의도(칸트), 사회계약? 이 모든 것은 아무도 관심을 갖지 않는 일이다! 그것은 한물간 말더듬기 코미디와 같아서, 다국적 은행과 글로벌 기업들의 맹수 같은 유능한 젊은 자본가들은 그저 지겨워서 픽 웃을 따름이다.

검투사가 다시 오늘의 영웅이 된다. 지나간 과거의 모든 문화는 호전적이고 폭력적이고 파괴적인 충동들을 억제하고, 인간들 사이의 관계를 평화롭게 하고, 연대성 · 상보성 · 호혜성 · 공유의 끈들을 연결하려고 애썼다. 그러나 월스트리트의 해적들과 그 용병들은 WTO와 IMF에서 다시 검투사를 사회적 모델로 선전하고 인간들 간의 무한 경쟁을 찬양함으로써 문명화를 위한 수천 년간의 인고의 노력들을 간단히 쓸어버린다.

프랑스의 낭만파 시인 라마르틴Alphonse de Lamartine(1790~1869)은 1840년 『시적 명상록』에서 "약자의 행복은 강자의 명예다"라고 썼다. 신자유주의 이데올로기에서 볼 때 낭만주의 시인의 이 문장은 어불성설이다. 강자들은 (하지만 강자들에 속하고 싶은 꿈을 꾸는 약자들도) 장차 주식 시세를 조작함으로써, 그리고 잔인하다고 생각되는 온갖 방법들로 점점 더 큰 규모의 기업 합병을 실행하고 점점 더 빠르게 부가가치를 축적함으로써, 다른 사람의 희생으로 얻은 부를 홀로 향유하는 것에 행복을 느낄 것이다.

지배 이데올로기는 상징적 권력을 통해 작용한다. 이것은 무슨 말일까?

피에르 부르디외는 이렇게 쓰고 있다.

"상징적 권력의 힘, 즉 의미들을 강요하고, 그것도 그 근저에 어떤 역학관계가 있는지 은폐함으로써 그 의미들을 적법한 것으로 강요하여 생기는 힘은 본래의 의미에서 상징적인 고유한 힘을 이 역학관계에 부가한다."[20]

상징적 폭력은 물질적 차원에서의 지배와 유사하게 상징적 차원에서 작용하는 도구를 가리키는 개념이다. 이런 상징적 무기들은 물질적 무기와 마찬가지로 역사가 있고, 기관들이 있으며, 자기의 수호자들을 신뢰할 수 있다. 그리고 가장 세심한 수호자들에 속하는 것이 학교와 언론 그리고 대중매체다.

신자유주의 이데올로기는 19세기 초의 영국 철학자 애덤 스미스Adam Smith(1723~1790)와 데이비드 리카도David Ricardo(1772~1823)에게서 시작된다.

스코틀랜드 출신의 애덤 스미스는 잠시 글래스고대학교에서 논리학 교수직에 있었다. 예전 제자였던 버클루 공작의 후원 덕분에 스코틀랜드 관세청장이 되어 엄청나게 많은 녹(이 녹에서 그의 부친은 이미 많은 이익을 챙겼다)을 받았다. 1776년 그의 주저인 『국가의 부富의 본질과 원천에 대한 탐구An Inquiry into the Nature and Causes of the Wealth of Nations』(일명 『국부론』)가 출간되었다.

데이비드 리카도는 포르투갈 출신으로 런던에 정착한 세파르디sephardi(스페인·북아프리카계의 유대인—옮긴이) 은행가의 아들이었다. 21세 때 그는 가족과 관계를 끊고 퀘이커교도가 되었다. 그는 주식 중개인으로서 돈을 꽤 많이 벌어서, 25세의 나이에 부자가 되었다. 1817년 그는 주저 『정치경제학 및 과세의 원리Principles of Political Economy and Taxation』를 발표하였다.

스미스와 리카도는 이로써 현재 지구에서 지배적인 금융자본가들의 집단적 초자아를 위한 토대가 되는 급진적 자유주의 도그마의 정신적 조상이 되었다. 그런데 그 도그마의 내용은 무엇인가? 자본이 모든 구속, 모든 제한 및 통제에서 해방된 채 방임된다면, 자본은 최대 이익이 나오는 장소와 물건을 향해 언제든지 저절로 흘러간다. 이런 식으로 생산비용은 특정한 생산이 어떤 곳에 정주할지 결정한다.

분배의 문제를 규정하는 것에 대한 이야기가 더 있다.

스미스와 리카도는 둘 다 신앙심이 깊었다. 그 당시 글래스고와 런던에서는 많은 사람들이 궁핍하게 살았는데, 그 때문에 부유한 두 학자는 아주 진지하게 이 문제에 몰두했다. 그들은 무엇을 제안했는가? 그들이 제안한 것은 부가 위에서 아래로 흘러간다는 낙수효과(부유층의 투자·소비 증가가 저소득층의 소득 증대로까지 영향을 미쳐 전체 국가적인 경기 부양 효과로 나타나는 현상—옮긴이)다.

스미스와 리카도에 따르면 부의 축적에는 객관적 한계가 존재한다. 이 한계는 욕구의 충족과 관련이 있다. 이 정리는 기업과 마찬가지로 개인에게도 적용된다.

개인들을 예로 들어보자. 일정한 양의 빵이 있을 때 그것은 가난한 사람들에게 자연스럽게 분배된다. 부자들은 (자신들의 욕구가 아무리 사치스럽고 도에 넘치더라도) 욕구를 충족시키는 데 있어 그것을 훨씬 상회하는 재산이 있기 때문에 직접 재분배에 착수할 것이다.

달리 말하면, 부가 일정한 수준에 달하면 부자들은 더 이상 축적하지 않는다. 그들은 부를 재분배한다. 억만장자는 말 그대로 자기 돈으로 무엇을 할지 더 이상 모르기 때문에 자기 운전사의 월급을 올려준다.

하지만 이 이론은 분명히 틀렸다. 왜냐고? 스미스와 리카도는 부의 축척이 욕구들과 그 용도에 연관된다고 보기 때문이다. 그러나 억만장자에게 있어 돈은 아무리 사치스러운 욕구라 할지라도 그 욕구를 충족하는 데 아무 관련이 없거나 아주 조금만 관련이 있을 뿐이다. 파라오가 배 열 척을 동시에 타지 못하고 집 열 채에 같은 날 묵지 못하거나 한 번의 식사에 캐비어 50킬로그램을 먹을 수 없다는 것은 근본적으로 무의미하다. 용도는 더 이상 역할을 하지 못한다. 돈이 돈을 생산한다. 돈은 권력과 지배의 수단이다. 또한 지배하고 싶은 욕망은 근절할 수 없고, 그 욕망에는 객관적 한계가 존재하지 않는다.

러시아 이주민 가정 출신으로 미국에서 성장한 리처드 세넷 Richard Sennett(1943~)은 오늘날 런던경제대학교에서 가장 저명한 교수 중 하나다.

어느 가을 저녁에 빈에 있는 어느 햇포도주 주점에 갔던 것이 생각난다. 세넷과 나는 그전에 오스트리아 방송(ORF)의 토론회에 참여한 적이 있었다. 우리 맞은편에는 대륙을 넘나드는 석유재벌 셸 Shell의 회장이 앉아 있었다. 토론 주제는 포트하커트Port Harcourt에서 자행된 나이지리아의 위대한 시인 켄 사로-위와Ken Saro-Wiwa와 그의 동지 열 명의 처형이었다. 그들은 셸 때문에 환경이 대규모로 오염된 것에 항의했는데, 군사독재자 사니 아바차Sani Abacha(1943~1998)의 명령으로 포트하커트 감옥의 뜰에서 교수형에 처해졌다. 셸 나이지리아Shell Nigeria Exploration and Production Company는 거대한 연안과 국내 원산지에서 석유를 채굴하기 때문에 국가의 실제 권력이 되었다. 셸은 아부자Abuja의 독재자들을 마음대로 조종한다. 셸의 약탈꾼은 셸이 니제르 삼각주에 대규모로 투자한 덕분에 '금빛 비', 즉 언젠가 삼각주의 모든 주민들에게—또한 오고니족Ogoni에게도—유익한 낙수효과가 생겨난다고 주장했다.

저녁 날씨는 온화했고, 햇포도주는 훌륭했다. 세넷은 여전히 격분한 상태였다. 그가 내게 말했다.

"낙수효과라는 이 망상은 유대인-그리스도인의 배경을 가진 경제학자들의 머릿속에서만 생겨날 수 있었어요. 그것은 바로 낙원에 대한 말도 안 되는 망상의 모사예요. 바로 교회가 널리 퍼뜨리는 이런 망상처럼 말이에요. 제3세계와 다른 곳의 사람들이여, 뒈져라! 더 나은 삶이 낙원에서 너희를 기다린다. 이 굉장한 낙원이 언제 올지 아무도 너희에게 말하지 않는 것은 어리석은 짓이다. 이제 낙수효과에 관해 말한다면, 그 대답은 분명히 결코 아니라는 거예요."

피에르 부르디외는 죽기 직전에 라디오 스위스 로망드suisse romande와의 인터뷰에서 리처드 세넷과 아주 비슷한 말을 했다. 부르디외는 오늘날 우리의 지구에서 미친 듯이 날뛰는 이론적인 계급투쟁에 대해 말했다.

"반계몽주의가 다시 돌아왔다. 그러나 이번에는 우리가 이성을 근거로 대는 권력과 관련이 있다."[21]

이 새로운 조건들 아래, 앞에서 언급했듯이 가난한 사람들에 대한 전 세계적인 전쟁이 벌어지고 있으며 그것은 점점 더 심해지고 있다.

4장

학문과 이데올로기, 대립의 역사

1. 막스 베버, 독일 대학교에 무슨 일이 있었나?

이데올로기와 학문의 대립은 역사적 과정의 결과다. 수백 년이 흐르는 동안 학문적 실천인 실험은 교회의 후견에서 가까스로 벗어났다. 학문이 규칙들, 즉 고유한 인식론을 갖게 되었을 때에야 비로소 학문은 자율적이고 모든 거추장스런 이데올로기의 짐에서 벗어나 외견상 자유로운 실천으로 관철되었다.

학문을 어떻게 정의할 수 있을까? 진리에 대한 추구를 통해 정의할 수 있다. 학문은 진리를 추구한다. 학문은 종교, 우주 창조설, 이데올로기들에 맞서 진리에 대한 자신의 고유한 정의를 관철할 수 있게 되자 자율적이 되었다. 오랫동안 학자들은 진리에 대한 자신들의 정의가 이데올로기적 전제들과 전혀 관련이 없다고 확신했다. 달리 말하면, 연구하고 결론을 내리기 위해 학자들이 갖게 된 규칙들은 그들이 어떤 권위 있는 기관을 통하거나 왜곡 없이 직접 사실들을 파악하게 해주었다. 그러나 이런 확신이 오늘날에는 사라지고 있다. 핵, 생물학, 유전학, 의학, 약학, 화학, 심리학 등의 연구와 기타 연구 영역들에서 매일매일 생겨나는 심각한 문제들 때문에 부득이 새로운 시각을 갖게 되는 것이다. 점점 더 많은 학자들이 자신들이 다루는 진리에 대한 개념의 패러다임적 성격을 인정하고 있다. 그들은 정치와 경제가 진리라는 개념의 적법성을 위해 지표들을 조작한다는 것을 밝혀냈다.

이데올로기와 학문은 역사가 다르고 사회적 상황도 같지 않다. 이데올로기는 특히 인간의 정치적 · 경제적 · 사회적이면서 집단적이고 개인적인 행동에 대한 준거 틀이다. 그러나 거짓 이념이라 하더라도 이념들이 인간들을 장악할 때 이데올로기는 현실을 바꾸는 물질적 힘이 된다. 또다시 학문은 실험함으로써 현실을 인식하고 변화시키는 실천이 된다.

사회학 내에서 이데올로기와 학문에 관한 논쟁은 오늘날 적어도 프랑스, 이탈리아, 독일 등에서 막스 베버Max weber(1864~1920)의 정리를 통해 결정된다. 막스 베버가 1919년 뮌헨의 대학생들 앞에서 행한 두 번의 강연 〈소명으로서의 학문Wissenschaft als Beruf〉과 〈소명으로서의 정치Politik als Beruf〉[1]에서 베버는 두 활동과, 외견상 화해하지 못하고 대립하는 두 가지 윤리적 관념을 구분한다. 베버에 따르면 학자 또는 학식이 있는 사람은 객관성의 윤리에 따른다. 학자의 목표는 가능한 한 현실에 가깝게 사실들에 대한 개념을 계발하는 것이다. 따라서 학문적 활동의 최고 목표는 개념을 대상과 최대한 일치시키는 데 있다. 학자는 하나의 권위만 알 뿐이다. 진리를 향해 돌진하고 싶은 바람, 자신의 개인적 양심에서 우러나와 근절할 수 없는 목소리만 알 뿐이다. 공론가인 정치인은 이와 아주 다르다. 정치인은 완전히 다른 계명, 즉 효율성의 계명을 따른다. 정치인의 최고 목표는 세계를 인식하는 것이 아니다. 정치인은 오히려 세계를 변화시키기 위해 세계를 지배하려 한다. 이를 위해 정치인은 인간들을 동원하고 자기편의 집단들을 조직할 수 있는 개념과 상징을 열심히 만들어낸다. 이데올로기는 확신에 찬 추종자를 요구하고, 학문은 명백한 증거를 통한 추종자를 요구한다. 이데올로기의 윤리가 주도하는 집단들은 규율을 통해 작동한다. 어느 집단의 구성원이 현실에 대해 다수와 다르게 분석했을 때, 그는 자신의 의혹을 억누르고 집단에 순응한다. 이에 대해 그는 자신의 개인적 주장이 아니라 집단의 투쟁적 일치, 즉 집단의 행위 능력과 전투력이 더 중요하다는 것을 근거로 삼을 것이다.

막스 베버는 전형적인 자유주의 지식인이었다. 그는 마르크스주의의 주장을 격렬하게 거부했다. 영향력 있는 작가이자 자신의 일에 열중하는 교수로서 그는 수많은 학생들과 동료들의 정치적·철학적·실존적 불안에 대해 걱정했다. 사회민주주의 정부가 독일 혁명을 진압하자 바야흐로 바이마르공화국의 시대가 열렸다. 그러자 젊은 사람들에게 서로 모순되는 수많은 이데올로기가 갑자기 몰아닥쳤다. 이에 대해 막스 베버는 어떻게 대답했을까? 그는 학문과 이데올로기를 구분하고 둘 사이에 극복하기 어려운 위계구조를 세운 이론으로 응답했다. 베버에 따르면 학문은 진리로 나아가지만, 이데올로기는 우두머리가 외치는 구호 앞에서 집단들이 동원되고 개인은 물러난다. 막스 베버의 이론들에 대한 매우 열렬한 옹호자로는 프랑스의 쥘리앙 프룅드Julien Freund와 레몬 아롱Raymond Aron(1905~1983), 미국의 라인하드 벤딕스Reinhard Bendix(1916~1991)가 있다. 이들은 베버를 언론의 자유, 세계를 파악하고자 하는 욕망, 이데올로기적 진술들에 대한 비평적 읽기와 같은 전통적인 자유주의 가치들의 수호자로 본다.[2]

그러나 나는 이들의 견해에 동의하지 않으며, 베버의 이론이 당시 독일 젊은이들의 사고에 미친 구체적인 영향에 대해 다르게 판단한다. 다른 가치를 지닌 두 종류의 윤리학에 대한 베버의 이론은 젊은 독일 지식인들이 구체적으로 정치에 참여하는 것을 사실상 가로막았기 때문이다. 그러므로 베버는 독일 대학의 비극에 본질적으로 책임이 있다. 1933년까지 대학은 깊은 인상을 주는 학자들을 무수히 배출했지만, 프랑크푸르트학파의 사회학자들, 발터 마르코브Walter Markow, 에른스트 블로흐 같은 공산주의 학자들, 그리고 프란츠 뵘Franz Böhm 같은 몇몇 소수의 자유주의 학자들을 제외한 대다수 학자들은 국가사회주의라는 괴물이 탄생하고 성장하는 것을 나태하게 지켜보기만 했다. 심지어 많은 학자들이 마르틴 하이데거Martin Heidegger(1889~1976)처럼 확신에 차서 히틀러 정권에 부역했다.

여기에서 잠깐 하이데거를 살펴보겠다. 하이데거는 1927년 출간된 주저 『존재와 시간Sein und Zeit』 덕분에 히틀러가 권력을 잡았을 때 가장 유명한 유럽 철학자 중 한 명이 되었다. 그의 아내는 처음부터 국가사회주의독일노동자당(일명 나치스당)의 당원이었다. 하이데거가 카를 야스퍼스Karl Jaspers, 한나 아렌트Hannah Arendt 등과 주고받은 서신이 증명하듯이[3] 하이데거 자신도 곧 국가사회주의 이데올로기 쪽으로 마음을 바꿨다. 1933년 하이데거가 나치스당에 가입했던 것이다. 그해 하이데거는 프라이부르크대학교의 총장이 되었고, 옷깃에 나치스의 상징인 하켄크로이츠 기장을 달고 '학자의 날Dies Academicus' 행사를 주재했다. 그는 유명세 덕분에 1945년 중징계를 면했다. 일시적인 수업 금지 처분만 받았을 뿐이다.

마르틴 하이데거의 행동은 이상한 게 아니었다. 그와 마찬가지로 많은 독일 학자들은 집단학살을 자행하는 나치스에 협력하거나 적어도 나치스의 범죄를 목도하고도 한없이 비겁함을 드러냈다. 그러나 이런 태도는 끔찍한 결과를 가져왔다. 독일의 대학들에서 유대인 학생들과 교수들이 추방당하고 나중에는 학살당하는 일이 벌어졌지만 학우들과 동료들의 저항은 극히 적었던 것이다.

그렇다고 독일의 모든 대학 구성원이 나치스의 폭정에 가담한 공범자들은 아니었다. 예를 들어 뮌헨대학교의 학생과 교수들이 소속된 저항단체 '백장미단Die Weiße Rose' 같은 몇몇 예외도 있었다. 그들은 1942년 6월과 1943년 2월 사이에 남부독일의 대학들과 중등교육기관인 김나지움들에서 배포한 수천 장의 여섯 가지 팸플릿에서 히틀러 정권에 맞서 저항할 것을 호소했다. 하지만 뮌헨대학교의 수위가 그들을 밀고하여 게슈타포에게 체포되어 고문을 받았다. 이 그룹의 주동자들인 한스 숄Hans Scholl과 소피 숄Sophie Scholl 남매, 알렉산더 슈모렐Alexander Schmorell, 빌헬름 그라프Wilhelm Graf, 크리스토프 프롭스트Christoph Probst 같은 학생들과 철학교수 쿠르트 후버Kurt Huber는 1943년 뮌헨의 감옥 슈타델하임Stadelheim의 단두대에서 처형당했다. '백장미단'이 일망타진된 후 영국 공군은 그들의 여섯 가지 팸플릿 수백만 장을 독일 전역에 뿌렸다.

막스 베버가 공식화했듯이, 학문과 이데올로기의 대립에 대한 이론은 그 외에는 작동하지 않았다. 그 이론은 학자의 사회화 문제를 고의로 무시한다. 개인적 양심―객관성의 윤리가 있는 자리, 최고의 권위, 인식과정의 마지막 기준점―은 마찬가지로 대부분 우연적·역사적·의존적 사회화의 산물이다. 학자의 양심은 저절로 생겨나지 않는다. 그것은 앞서 언급했던 '개인적 양심'과 결합된 역사적 의식이다. 베버, 아롱, 벤딕스, 프룅드 등과 그들의 제자들이 생각하는 것과 달리, '지식 그 자체'는 존재하지 않는다. 학문적 사유를 포함하여 사유의 모든 형태는 생각하는 주체를 처음으로 만들어내는 여러 형태의 사회조직에 의해 굴절된다. 이 주체는 실천적 존재여서, 사건들을 이해할 수 있다는 것 정도로 그 의미를 제한할 수 없는 존재다. 이 주체는 세상에 나섬으로써 세상을 변화시킨다. 주관적 의도들은 이 첫 번째 단계에서 부차적인 중요성을 지닌다. 대상을 진짜로 파악하는 것, 즉 개념을 대상에 최대한 접근시키는 것―내가 이해한 바에 따르면, 학문적 활동을 형성하는 과정―은 사회적 현실에서 변화를 야기하고, 이 변화는 그것을 야기한 자의 통제를 벗어난다. 또한 이 효과들은 원인 제공자가 예견하지도, 원하지도 않은 변화를 불러올 수 있다. 1장에서 인용한 헤겔의 예와 프로이센 왕의 걱정을 참고하기 바란다.

그런 까닭에 막스 베버가 요청하는 것처럼 개인적 이해를 우선시하는 것에 이의를 제기해야 한다. 사회적 사실들을 이해한다는 것, 즉 논증적으로 "질서를 만들고" 그 질서를 적절한 상징으로 옮기는 과정은 학자의 분석적·이성적 능력의 사용에 달려 있을 뿐만 아니라, 마찬가지로 학자가 사회에 어떻게 연결되어 있는지에 따라서도 좌우된다. 사회학은 다른 모든 학문에도 똑같이 적용되듯이 모든 사회적 사건들이 공시적 및 통시적으로 그 의미를 얻는 불변의 준거 체계가 아니다. 사회학은 세계에 관한 진리를 무제한적으로 진술하지 않는다. 그러나 사회학은 물질적 조건, 진리의 생산을 규정하는 상징적 양식에 대해 이야기한다.

2. 갈릴레이의 사상을 요구한 베네치아 총독

갈릴레이 박사가 일어나서
태양에게 말했다. 그대로 멈춰라!
이제는 신의 창조가
반대로 돌아야 한다.
이제는 여주인이

하녀 주위를 돌아야 한다.

......

땅에서 한탄하며 살고 있는 그대들

자, 약한 활기를 모아라.

그리고 훌륭한 갈릴레 박사에게서

행복의 대문자 ABC를 배워라.

예로부터 인간의 십자가는 순종적이었다.

누가 또한 기꺼이 자신의 주인이자 지배자이고 싶지 않겠는가?

베르톨트 브레히트, 『갈릴레이의 생애』[4]

이데올로기와 학문의 관계에는 다양하고 복잡한 문제들이 존재
한다. 그중 몇 가지를 상세히 살펴보겠다.

첫 번째 예는 갈등관계를 보여준다. 갈릴레오 갈릴레이는 이탈
리아 피사 출신이다. 천문학자이고 수학자이자 기하학자이며 물리
학자면서 근대 자연과학의 선구자였다. 17세기에 그는 진자운동의
법칙을 알아냈다. 진자의 작은 진동들은 진동 폭이 얼마나 큰지 상
관없이 항상 똑같은 시간을 필요로 한다. 갈릴레이는 관성의 원리와
여러 종류의 운동을 기술했다. 그는 하늘을 관측하기 위해 최초로
망원경을 만들었고, 온도계를 발명했다. 그는 교회가 가르쳤던 아리
스토텔레스Aristoteles(B.C.384~B.C.322)와 프톨레마이오스Klaudios
Ptolemaios[100(?)~170(?)] 이래의 고대의 학설이 아니라, 지구가 태양
주위를 돈다(태양중심설)는 코페르니쿠스Nicolaus Copernicus(1473~1543)

의 세계관을 대변했다. 가톨릭교회는 코페르니쿠스의 학설을 거부하고 그 학설의 유포를 금지시켰다. 앞에 나온 브레히트의 시는 이런 거부의 이유를 거창하게 설명한다. 그러나 갈릴레오는 굴복하지 않았다. 1632년 그는 코페르니쿠스의 이론이 옳다는 것을 증명하기 위하여 자신이 이용할 수 있는 모든 '증거'를 발표했다. 이어서 1633년에는 종교재판소의 법정에 소환되었다. 죽이겠다는 위협을 받고 심한 고문을 당한 후 그는 무릎을 꿇고 자신의 모든 학문적 이론들을 버릴 것을 맹세했다. 그렇게 하는 게 상책이었다. 그렇게 그는 목숨을 부지했다.

이 이야기에 대한 다른 견해도 있다. 갈릴레이는 종교재판소의 고문에 굴복하지 않았는데, 바티칸과 가까운 역사가들에 의해 문헌이 조작되었다는 것이다. 그렇지만 진지한 연구들, 특히 이탈로 메뢰Italo Mereu의 연구[5]는 그 반대를 증명한다. 그 시대의 지배적 이데올로기는 갈릴레이가 말하고 가르치고 자신의 발견을 널리 알리지 못하게 막을 수 있을 정도로 무척 강력했다. 그럼에도 불구하고 그의 학문적 이론은 옳았고 관철되었다. 교회의 이데올로기 조작이 미치지 않은 현실의 영역인 항해에서 그의 이론이 옳다고 판명되었기 때문이다.

이 토스카나 학자는 저명한 선생이었고, 이탈리아에 제자들이 많았다. 갈릴레이가 로마에서 유죄선고를 받은 후 그들 역시 탄압을 받았다. 종교재판소가 그들을 박해했다. 많은 이들이 도주했는데, 대부분 네덜란드의 프로테스탄트 지역에 정착해 새로운 생업을 구했다. 갈릴레이의 세계상을 토대로 해도海圖를 제작하는 일이었다. 이 지도들은 바티칸의 지구중심설 원칙에 따라 그려진 것보다 훨씬 정확했다.

　이러한 지식의 이전이 미친 경제적 영향은 대단히 컸다. 암스테르담, 로테르담, 안트베르펜 등과 여러 다른 도시들의 상인, 선주, 은행가 등이 갈릴레이의 추방당한 제자들이 만든 지도들을 대량으로 구입했다. 이 지도들이 훨씬 나았기 때문에 네덜란드 선주들은 대서양과 태평양의 폭풍우 속에서 베네치아, 피사, 제노바, 리보르노 등의 경쟁자들보다 배와 화물의 피해가 적었다. 경쟁자들이 손해를 보았던 이유는 항로가 틀렸거나 배들이 인도양이나 중국해에서 좌초했기 때문이다. 반면 네덜란드인들은 새로운 시장들을 획득했고, 세계 어디에나 거래 사무소를 마련했다. 요컨대 그들은 이탈리아, 스페인, 포르투갈 같은 경쟁자들이 놓친 이익을 챙긴 것이다.

　그때부터 베네치아, 제노바, 피사, 플로렌스, 리보르노 등에 있는 궁전에서 사람들이 흥분하기 시작했다. 베네치아의 총독들은 교황에게 대표단을 파견하여, 코페르니쿠스적 인식에 따라 제작된 지도들에 대한 교황의 파문을 취소하고 이탈리아에서도 안전한 항해를 위해 '네덜란드' 지도를 허용해달라고 요구했다. 교황의 관료들은 그 요구에 응할 수밖에 없었다. 자본주의적 이해관계는 교회의 가르침보다 강력했기 때문이다.

3. 양심 없는 학문은 영혼의 폐허다

슈치트노-슈마니Szcytno-Szymany는 바르샤바 근처 숲 속에 있는 폐쇄된 군사비행장이다. 2005년 어느 추운 겨울밤, 차창이 가려진 소형 버스 한 대가 진입했다. 스물여섯 살의 튀니지 청년이 건물의 창고에 처박혔고 미국의 정보요원들이 그를 고문했다. 튀니지 청년은 알카에다와 관련 있다고 의심받았다. 그는 파키스탄의 이슬라마바드에 있는 한 레스토랑의 직원이었는데, 파키스탄 첩보기관이 그를 체포하여 미국 정보요원들에게 넘긴 것이다. 미국은 혐의자 한 명을 인도하면 5,000달러를 지불한다.

고문을 하는 미국 요원들은 그 젊은 남자가 피범벅이 될 때까지 때렸다. 그다음에는 그를 얼음처럼 차가운 콘크리트 바닥에 알몸으로 묶었고, 그러고는 그를 잊어버렸다. 사흘 후 관리인이 그를 발견했다. 그는 죽어 있었다. 다른 많은 비밀 감옥들(가령 불가리아, 카이로, 루마니아, 리투아니아, 아프가니스탄 등에 있는 비밀 감옥들)에서 미국의 공무원들은 혐의자들을 약 10년 동안이나 고문했다. 가장 끔찍한 여러 가지 방법으로 말이다. 180시간 이상 재우지 않고, 총살하는 척하고, 손톱을 뽑고, 물고문을 하고…….

이 모든 끔찍한 짓들은 첩보기관을 감시하는 미국 상원 정보위원회가 철저하게 조사한 수천 쪽에 달하는 방대한 조사보고서에 명시되어 있다. 2014년 12월 10일 민주당의 캘리포니아 출신 여성 상원의원이자 이 위원회 의장인 다이안 페인슈타인Dianne Feinstein은

3,400쪽에 달하는 보고서 요약문(「CIA 구금 및 심문 프로그램 조사 보고서」—옮긴이)을 워싱턴에서 공개했다. 페인슈타인은 81세 고령이지만 사랑스럽고 활기차며 우아한 여성이다. 나는 그녀를 잘 아는데, 때때로 제네바에 온다. 그녀는 배짱이 두둑하다. 그런데 2015년 1월 1일 그녀는 이 위원회 의장직을 잃었다. 2014년 11월 선거에서 승리한 공화당 의원들이 그녀의 자리를 넘겨받았다. 페인슈타인은 마지막 순간에 보고서의 발표를 관철시켰다.

2004년 6월 조지 W. 부시 대통령은 행정명령Executive Order을 공포했다. 그 내용은 테러리즘에 맞선 전쟁에서 고문 금지를 폐지한다는 것이다. 유엔 인권선언문 제5조는 이렇다. "아무도 고문이나 가혹하거나 비인도적이거나 모욕적인 처우 또는 형벌을 받지 아니한다."

미국이나 그 밖의 어떤 대통령도 그 나라가 유엔에서 탈퇴하지 않고서는 이 금지령을 폐지할 수 없다.

2014년 12월 11일 오바마 대통령은 이렇게 말했다.

"그런 관행들은 미국의 가치와 양립할 수 없다."

그렇지만 오바마는 고문을 한 요원들을 처벌하지 않았다. 예를 들어 고문이 자행된 관타나모 교도소는(원래 700명 이상의 죄수가 수감되어 있었고, 12년이 지난 오늘날도 여전히 100명 이상이 복역 중이다) 계속 돌아가고 있다.

유럽평의회Europarat 통신원인 스위스 테신Tessin 주 의원 딕 마티 Dick Marty는 2007년 스위스 정부에 무법 상태의 피수감자를 실은 CIA 비행기가 스위스 영공을 통과하지 못하게 해달라고 요구했다. 정부는 마티의 요구를 거부했다.

미국 고문 프로그램은 선진심문enhanced interrogation(강화된 심문 방법)이라는 이름으로 진행되었다. 《슈피겔Der Spiegel》(2014년 51호)은 CIA가 이 명칭을 거의 말 그대로 나치스의 게슈타포에서 차용했다고 지적한다. 1937년부터 나치스 범죄자들의 고문 프로그램은 공식적으로 '강화된 심문Verschärfte Vernehmung' 이라 불렀다.

페인슈타인이 이끈 상원 정보위원회의 동료들은 2001년부터 2008년까지의 기간에 해당하는 문서를 620만 건 이상 확보했다. 이메일, 전화 도청 기록, 심문 보고서, 행정명령, 의학 소견서며 그 외 많은 것들이 이에 해당한다. 두 명의 심리학자 제임스 미첼James Mitchell과 브루스 제슨Bruce Jessen이 고문 프로그램을 개발했다. 제임스 미첼 자신이 특히 끔찍한 열두 가지 고문 방법을 설계했는데, 그중에는 아주 좁은 방에 몇 주 동안 감금하기, 벽에 밀치기, 물고문(희생자를 질식사하기 직전까지 물에 처박기) 등이 있었다. 이 방법들 중 열한 가지가 CIA 간부의 승인을 받았다.

제슨과 미첼은 또한 여러 비밀 감옥들에서 행해지는 '선진심문'에 몸소 참여했다. 그들은 현장에서 자신들이 만든 방법들의 효율성을 점검했고, 희생자 한 명 한 명이 견딜 수 있는 고통의 한계를 정해주었다.

미첼은 또한 검시의 가능성이 있을 때 고문의 흔적이 검출되지 않도록 죽은 희생자의 시체를 화장하라는 지침도 내렸다.

제임스 미첼과 브루스 제슨 두 학자에게 미국의 납세자는 그들의 '일'에 대한 대가로 총 8,000만 달러 이상을 지불했다.

'거짓' 이데올로기가 집단의식을 얼마나 황폐하게 만들 수 있는지는 3장에서 살펴보았다. 또한 '거짓' 학문도 존재한다.

라블레François Rabelais(1483~1553)의 명언 중에 이런 말이 있다.

"양심 없는 학문은 영혼의 폐허다Science sans conscience est la ruine de l'âme."

나치스에 협력한 학자들은 강제수용소들에서 실험을 통해 학문적 지식을 얻었다. 그러나 그들이 획득한 기술적 결과들을 다른 측면에서 보면, 그들의 학문은 역겨움을 불러일으키고 처벌받아 마땅한 중범죄에 해당한다. 나중에 칠레, 아르헨티나, 우루과이에 있는 감옥과 소비에트의 정신과 병원들에서 정신과 의사들은 이른바 '자백 약truth drug'(죄수의 정신적 저항을 무너뜨리는 것을 목표로 삼는 처치)을 갖고 실험했다. 이 화학적 실험들은 인간에게서 나타나는 신경-심리적 반응에 관한 기술적 지식과 뇌세포들에서 나타나는 화학적 변화에 대한 지식을 넓혔다. 그럼에도 이것은 문명화된 인간이라면 모두 끊임없이 비난할 수밖에 없는 끔찍한 범죄였다.

또 다른 예를 들어보겠다. 스페인의 호세 데 아코스타Jose de Acosta(1539~1600)는 1590년 세비야Sevilla에서 『인디아스의 자연사와 정신사Historia natural y moral des las Indias』를 출판했다. 이 책은 스페인 사람들과 포르투갈 사람들이 정복한 아메리카를 아주 정확히 기술하였다. 아코스타의 이 책은 특히 동식물, 지질 형성, 기후 조건, 풍토, 민족들, 그들의 관습, 그들의 세계상, 그들의 성적 태도와 영양섭취 습관 등에 관한 경탄할 만한 조사목록이라 할 만하다. 이 책은 유럽 대부분의 언어로 번역되고 여러 쇄가 인쇄되면서 단번에 큰 성공을 거두었다. 17세기부터 19세기까지 이 지역들을 항해하는 대부분의 여행자들은 아코스타의 책을 가방에 챙겼는데, 알렉산더 폰 훔볼트 Alexander von Humboldt(1769~1859)도 마찬가지였다. 이들은 또 자신들의 고유한 가설들을 표현할 때 아코스타의 서술에 의지했다.

그리고 이 경탄할 만한 학자는 그가 아메리카에서 만났던 남녀 노소와 그들의 행동방식을 대단한 기교로 묘사했는데, 그중에 이런 대목이 있다.

"원주민들은 우상숭배자들이다. 그들은 문자를 모르고 돈에 무관심하고 논쟁하지 않는다. 원주민들의 사안에 대한 관심은 사람들이 숲에서 잡아다 가축으로 쓰거나 오락에 쓰려 집으로 가져간 들짐승에 대한 관심 이상은 받지 못하는 것처럼 보인다."6

다시 한 번 반복하겠다. 우루과이, 칠레, 아르헨티나, 소비에트 신경과 병원 등에서 고문한 정신과 학자, 나치스에 협력한 의사 멩겔레Josef Mengele, 스페인의 예수회 수사 아코스타 같은 이들은 학문적 지식을 늘리는 데 기여했다. 하지만 그 대가로 인간들의 경시와 절멸을 초래했다. 그들의 행동은 무조건 유죄판결을 받아야 한다. 그들은 인류의 적이다.

4. 대학이 무슨 소용인가?

> 과일이 열리지 않는 과일나무는
> 열매를 맺지 못한다고 욕먹는다.
> 누가 땅을 조사하는가?
>
> 부러지는 나뭇가지는
> 썩었다고 욕먹는다. 그러나
> 그 나뭇가지에 눈을 올려놓지 않았던가?
>
> 베르톨트 브레히트, 「열매를 맺지 못함에 대하여Über die Unfruchtbarkeit」[7]

나는 2000년 유엔식량특별조사관으로 임명될 때까지 주로 제 네바대학교 교수로 활동했다. 나는 열정과 고마움을 갖고 매우 만족 스럽게 이 일을 했다. 가르치고, 교육가의 권위를 실행하며, 학생들 에게 내가 주려고 생각한 시험 점수를 받아들이라 요구할 수 있는 이 능력은 어떠한 정당성에 근거했는가?

바로 나올 수 있는 대답은 어떤 정당성도 없다는 것이다. 교육 자로서의 나의 권위는 스위스 연방공화국과 제네바 주의 고문관 법 령에 의해 정당화되었다. 그 법령을 통해 나는 경제사회학과에서 사 회학을 담당하는 교수로 임명되었다. 달리 말하면, 교수로서의 나의 권위는 스위스에서 벌어진 계급투쟁의 우연한 상황에, 즉 나의 임명 시점에 제네바에서 (경제적 · 정치적 · 학문적) 제도들의 토대를 형성한 적대적 계급들 간의 세력 균형에 달려 있었다. 그 과정에 매우 구체적인 투쟁들이 있었으며, 까딱했으면 내 임명을 반대하는 적대자들이 승리했을 것이다.[8]

서구의 자본주의 상품사회에서 학문적 인식은 특히 대학과 부속기관 및 연구센터들이 생산하고 관리한다. 대학은 이데올로기적 힘을 지니고 있는데, 그 기원이나 작동 방식이 일련의 의문을 제기한다. 이러한 다층적이고 상당한 힘을 오늘날 행사하는 것에 대한 여러 관점들, 예를 들면 선별과 인식적·사회적 위계구조의 재생산은 논박되어야 한다. 그러나 한 가지 중요한 점에서는 대학의 사회적·정치적 역할이 유용해 보인다. 대학의 이데올로기적 힘이 자율·자유·개인의 계발을 촉진시키는 데 기여한다는 것이다. 파리의 소르본대학교는 교수와 학생이 주교와 수도원의 입김에서 점차 벗어나던 13세기에 생겨났다. 제네바대학교는 폭동을 일으킨 칼뱅파가 1559년 설립한 아카데미에서 생겨났다. 서구 세계의 가장 오래된 대학인 볼로냐대학교는 1088년에 설립되었다.

대학의 본질은 무엇인가?

천 년 역사의 산물인 대학이라는 기관은 순전히 지배계급의 이데올로기적 도구만은 아니다. 사회적 세력들과는 차단된 채 인간과 세계에 대해 인식하고, 현실과 거리가 먼 비현실적인 지식과 학문적 자유, 형이상학적 사변 같은 것만 일삼는 상아탑도 아니다. 오늘날에는 다국적 금융자본가들의 전략에 맞서 대학을 지켜내야 한다. 자본가들은 프랑스, 스위스, 이탈리아, 독일 등에서 대학이 낡은 구조와 가능한 한 많은 학생들을 교육해야 한다는 의무 때문에 더 이상 기초 연구를 수행할 수 없는 지경이라는 인상을 주려 한다.

대학은 갈등으로 점철된 긴 역사에서 점차 상대적 자치권을 획득해왔다. 대학은 모순되는 각각 다른 관계들에서 계속해서 지배하는 계급들이 점유하는 것과 함께, 또 그것에 대항해서 생겨났다. 이로부터 오늘날까지 이데올로기와 사회의 복잡한 상태가 생겨났다. 한편으로 대학은 자본의 상징적 폭력에 넘겨졌다. 계급체계와 수익성 및 이익의 원리가 학생들의 선발, 교수의 임명, 조교의 임명, 교수 프로그램, 지식 관리 조직, 대학의 권력 위계구조 등을 결정한다. 대학은 전 세계적인 사회적 계층화, 기존의 생산관계, 규범적인 담론 등을 재생산하는 공장이다. 대학은 인식들과 그 생산자들의 정당성에 대한 간접증거를 조작한다. 지배계급들은 대학에서 자기들과 유기적으로 연결된 지식인들과 수뇌부를 충원한다.

다른 한편으로 대학은 연구와 창조적 활동, 혁신을 위한 자유를 확보한다. 우리의 사회들이 지나치게 관리되고 관료화함으로써 소외된 인간들에게는 이 자유가 무척 중요하다. 대학은 오늘날 창의적인 사유를 위한 최후의 은신처 중 하나다. 이러한 자유는 어떻게 해서든 유지되어야 하며, 이 책은 거기에 기여하고자 한다.

지금으로부터 40여 년 전에 천체물리학자 에브리 샤츠만Evry Schatzman(1920~2010)은 대학의 본질에 대한 관찰을 공식화했는데, 이것은 오늘날까지도 타당하다.

"특정한 사회에서 물질적 변화들은 결국 사회적 관계들의 표현이 반영된다. 그러나 물질적 변화들로 충분하지 않다. 소외가 대중적 현상이 될 때에는 사회적 상황이 우선 문제시된다. 이때에는 학문 및 대학의 발전이 중요한 역할을 한다. 우리는 그 톱니바퀴를 밝힘으로써, 학문의 역할이 이른바 학문의 특권에 해당하는 특정한 활동 때문이 아니라 그 존재에서 기인한다는 점을 명백히 한다. 마찬가지로 대학의 역할은 우선 교육의 성질, 즉 고등교육이 대중적 현상이 된다는 것과 관련이 있다. 프랑스의 식민지 권력이 그 짐 속에 프랑스혁명의 이념들, 자유·평등·박애를 널리 퍼뜨리는 선생들을 함께 데려온 것처럼, 대학은 한편으로는 학생들을 복잡한 체계의 성인식으로 숨 막히게 억누르지만 다른 한편으로는 학문의 반항적이고 창의적이고 비판적인 성질을 반영한다."

샤츠만은 또 이렇게 쓰고 있다.

"위계적 구조와 소외에도 불구하고 학문을 특징짓는 것은 마찬가지로 새로운 흐름이다. 왜냐하면 그 흐름이 성인식·권력·억압을 문제시하고 필요한 거리를 조정하여, 제도들 및 지식 전달의 진정한 본질을 파악할 수 있게 해주기 때문이다."[9]

사회학자의 일상적 임무는 사회가 생성되고 발전하며 몰락하는 데 작용하는 법칙들을 밝히는 데 있다. 사회학자는 사회가 어떻게 생겨났는지, 그리고 피에르 부르디외의 말을 인용하자면 어떤 "세력 균형이 그 힘의 토대를 형성하는지"를 밝히려고 부단히 노력해야 한다. 이를 위해 사회학자는 인간들에게 이데올로기를 강요하며 미혹하는 관념, 은폐, 착각, 거짓 등의 배후를 들여다보아야 한다. 대학은 그런 활동을 하기에 이상적인 공간을 제공한다.

학문은 예술에 대해 무엇을 말할 수 있을까?

학문은 예술이 무엇인지 전혀 말할 수 없다. 학문의 강력한 사회적 영향력에도 불구하고, 예술적 실천은 전반적으로 학문이 파악할 수 있는 범주를 벗어나는 인간의 활동에 속한다.

그럼에도 불구하고 학문, 그중에서도 특히 사회학은 예술을 규명하려고 시도했다. 그러나 곧 일련의 어려움에 봉착했다.

첫 번째 어려움은 예술의 영역 또는 다양한 예술적 생산의 영역들에 대한 논평, 묘사, 비판적 판단, 해석, 역사적 서술 등이 지나치게 많다는 데 있다. 학자가 그 대상을 향해 접근하려면 먼저 얽히고 설킨 것들을 풀어야 할 정도다.

두 번째 어려움은 예술적 생산의 다양한 형태들이 그때그때마다 대체로 분리된 영역들로 쪼개진 고유한 세계를 나타낸다는 점이다. 이 세계는 처음에는 16세기에서 19세기까지 서구에서, 그다음에는 21세기가 시작될 때까지 전 세계에서 경제와 사회로부터 독립했다. 특히 예술이 19세기 말에 어떻게 자율적이 되었는지 연구한 피에르 부르디외는 "거꾸로 전도된 경제"가 지배하는 낯선 세계에 대해 말한다. 그곳에서는 예술가가 금전적 이익을 얻는 대신 모든 명성을 잃고, 예술이 다른 영역들을 지배하는 경제적 법칙들에 전혀 따르지 않을 때에만 그 자체로 "인정된다." 모든 예술적 영역은 그 자체의 역사, 자체의 시간성, 자체의 사회적 생산조건 및 행동방식을 통해 특징지어진다. 또한 여기에 물질적이고 상징적으로 관련 있는 대상들(회화, 건축물, 교향곡, 소설, 시, 사진 등등)의 무한한 가지치기가 더해진다. 이 모든 것을 하나의 커다란 이론적 기획으로 포착한다는 것은 엄청난 도전이지만, 반면에 이 영역들에서는 또한 활기가 없는 실증주의가 지배한다.

헝가리 사람 아르놀트 하우저Arnold Hauser(1892~1978)는 이런 도전에 나섰다. 그는 1915년 부다페스트에서 영화비평가이자 이론가인 벨라 발라즈Béla Baláz(1884~1949)의 집에 모인 지식인들의 모임인 '일요서클Sonntagskreis'에 참여했다. 죄르지 루카치, 카를 만하임Karl Mannheim(1893~1947), 프리드리히 안탈Friedrich Antal(1887~1954) 등도 이 그룹의 일원이었다. 이 그룹은 '정신과학의 자유학교Freie Universität der Geisteswissenschaften'로 제도화되었다. 사람들은 그 당시 문화생활과 관련된 문제라면 전부 논쟁을 벌였다. 하우저는 루카치의 권유로 1917년부터 벨라 쿤 혁명정부의 문화정책에 참여했고, 루카치와 마찬가지로 1919년 혁명정부의 붕괴 후 조국을 떠나야 했다. 유럽 전역을 방랑한 후 하우저는 마침내 런던에 정착했다. 그는 주류 예술비평계가 오늘날까지 외면하는 예술사를 저술했는데, 바로 1951년 출간된 『문학과 예술의 사회사The Social History of Art and Literature』다. 독일어

판이 출간되기까지 20년을 기다려야 했고, 프랑스판이 출간되기까지는 25년 걸렸다.[10]

아르놀트 하우저는 예술의 형식주의적이고 관념론적인 역사에 진짜 역사를 대립시킨다. 그는 예술적 형식들과 기법상의 능력을 각 시대의 정신적 구조와 사회적 · 경제적 · 정치적 관계(노동 및 지배 관계)와 연관시켰다. 비판 · 저항 · 발견을 조장한 아르놀트 하우저의 저서가 받아들여진 것에 대해서는 이탈리아의 예술사가 엔리코 카스텔누오보Enrico Castelnuovo(1839~1915)가 풍부한 자료로 증명했다.[11]

예술은 인간이 만들어낸 산물이다. 그런 까닭에 사회학자는 예술의 역사를 모사할 수 있고, 생산 조건을 연구할 수 있다. 누가 생산하고 누가 그것을 수용하는가? 수용 조건은 무엇인가? 무엇이 예술이고 무엇이 예술이 아닌지 누가 정의하는가? 누가 그 규범과 가치를 결정하는가? 어떤 이론적 논쟁들이 이루어지는가? 어떤 물질적, 기술적 혁신이 예술을 촉진시켰는가? 예술은 어떤 이해관계에 도움이 되는가? 예술가들은 어떻게 사회화되는가? 예술가들은 어떤 영향들을 받는가? 예술가들은 어디에서 본보기를 얻는가? 예술가들은 영감을 어디에서, 그리고 누구로부터 얻는가? 예술가들은 어떤 제도 틀 속에서 작업하는가? 예술가들의 주문자, 고객, 상인, 관객 등은 누구인가? 시장가치는 무엇인가? 심지어 동시대의 시각 예술과 관련하여 피에르 부르디외의 질문을 다시 끄집어내자면, "누가 창조자들을 창조했는가"?[12]

예술은 물질적이고 상징적인 재화를 생산한다. 예술은 전략들

128

의 대상이 되며, 인식 · 신념 · 이데올로기를 매개하고 이것들을 뒷받침하는 기능을 한다. 예술은 사람들에게 수집되고, 여러 직업들과 중개상들을 생겨나게 하며, 금전적 이익을 창출했다. 유행과 학파를 창출하고, 집단적 유산이 된다. 예술가는 자기 시대에 이름을 올리고 교육과 영향을 받는다. 어떤 발견을 통해 이익을 얻고 새로운 취향을 감지한다. 사회학은 이 모든 상황들에 대해 연구할 수 있다.[13]

그러나 문학에서 시와 매력의 부분, 음악의 비밀, 음악에서 불합리한 것das Un-Sinnige, 시각적 및 조형적 창조의 독창성 부분, 연극과 극장의 특정 작품들이 미치는 정서적 영향, 해당 작품들에서 인식할 수 있는 재능처럼 작품 자체와 관련된 모든 것은 유감스럽게도 사회학적 · 인류학적 · 심리학적 단초들과 거의 접하지 않았다. 따라서 이것들은 다양한 예술을 위한 '전문가들', 즉 예술사가, 음악사가, 연극사가, 민족학자 등의 영역으로 남아 있다.[14]

그렇지만 창조적 행위가 완성되면 작품들과 사회의 관계는 끊어지지 않는다. 작품들이 반복되는 문화와 사회적 여과 과정의 대상이고 다양한 인식과 오해의 담지자이자 국가적인 문화재라면, 작품들은 파괴되지 않는 한 후대로 전해지고 변화하며 새로 해석되어 다시 읽힌다. 시간이 흐르면서 작품들의 수용과 운명은 학문적 연구 대상의 부분이 된다. 보다시피, 실행해야 할 과제는 엄청나다.

학문과 이데올로기의 배후 또는 저편에도 뭔가가 있는가? 합리적 이해를 따르지 않는 지각의 형태들이 존재하는가? 감성적 인식에 대한 학문적 이론, 예술적 창조에 대한 학문적 이론을 언젠가 세울 수 있을까? 이런 질문들은 열려 있다. 예술의 사회사와 예술철학은 지난 수십 년 동안 큰 발전을 이루었다. 그러나 미, 예술적 재능, 예술작품의 질 또는 존재 가치 등은 예나 지금이나 사회학자들의 눈에는 무척이나 의심스러운 것처럼 보인다. 이런 것들이 주관성, 즉 인간 존재의 풀 수 없는 핵심과 연관되기 때문이다.

현재 우리에게 확실한 것은 몇 가지뿐이다. 예술이 인간의 가장 내면에서 불러일으키는 감정, 예술이 인간들 사이에서 촉진시키는 소통, 예술이 이미 존재하는 형태들에 날마다 덧붙이는 예기치 않은 새로운 형태 등은 인간 존재를 본질적으로 확장하는 것이며, 이는 다른 무엇으로 대체할 수 없는 것이다.

5장

인간은 왜 스스로를 소외시키고 있나

우리의 팔은 가지이다. 열매가 잔뜩 달린.

적이 그 가지를 흔든다.

적은 우리를 흔든다. 밤낮없이.

그리고 우리를 더 쉽고 더 뻔뻔하게

약탈할 수 있도록

적은 더 이상 우리의 발을 쇠사슬에 묶지 않고,

우리의 머리를,

나의 연인들을 묶는다.

나짐 히크메트(1902~1963), 「적들」

1. 자기 자신에게 낯설어진 사람들

안토니오 그람시는 명석한 철학자, 독자적인 정신의 소유자, 불굴의 혁명가였다. 테 없는 안경 뒤로 초롱초롱한 검은 눈, 두껍고 숱이 많은 머리칼, 조심스러우면서 인내를 갖고 분석하는 경향이 있는 이 사르데냐 청년은 순전히 외모만 보더라도 전형적인 이탈리아 좌파 지식인이었다. 그는 토리노대학교에서 철학과 문예학을 공부했다. 1919년 갓 서른 살이 되었을 때 그는 거의 또래 친구 팔미로 톨리아티Palmiro Togliatti(1893~1964)와 함께 신문 《신질서L' Ordine Nuovo》를 창간했다. 이 신문은 금세 정치계와 이탈리아 문학계에서 커다란 영향력을 얻었다. 1921년 이 《신질서》 그룹에서 이탈리아 공산당이 생겨났고, 1924년 젊은 철학자 그람시는 당의 서기장이 되었다. 그렇지만 억압받는 이탈리아 사회계층들의 민주적 해방에 대한 꿈은 깨졌다. 1922년 비토리오 에마누엘레 3세(1869~1947) 왕이 파시스트가 위협적으로 로마로 진군하는 것에 겁을 먹고 전직 교사였던 베니토 무솔리니Benito Mussolini(1883~1945)를 총리로 임명했던 것이다. 무솔리니의 당이 1924년 선거에서 승리하고 1년 후, 무솔리니는 자유권right to freedom(개인이 국가권력에 의해 자유를 제한받거나 침해받지 않을 권리—옮긴이)을 폐지하여 자신이 직접 다스리는 독재를 고착화했다.

안토니오 그람시는 투옥되었고, 그의 당은 극심한 탄압을 받았다. 이 철학자는 사실상 남은 인생을 전부 옥중에서 보낸 셈이다. 그는 1937년 사면 받았지만 감옥에서 풀려난 지 얼마 되지 않아 세상을 떠났다.

1929년부터 1935년까지 그람시는 『옥중수고Quaderni del carcere』라는 소박한 제목을 단 책을 썼다. 그람시뿐만 아니라 마르크스주의 동지들에게도 억압받는 계급들의 봉기만이 인간의 인간화, 해방, 혁명적 사회를 이룰 수 있었다. 그러나 그람시는 동지들과 달리 조건을 달았다. 프롤레타리아가 먼저 자기 자신과 낡은 사회에 대한 "문화적 및 도덕적 헤게모니"를 쟁취한 후에야 혁명적 봉기를 통해 해방된 정의로운 사회를 만들어낼 수 있다는 것이었다. 그람시가 옥중에서 기록했던 사상과 성찰들을 모은 방대한 모음집인 『옥중수고』에서는 "문화적 헤게모니"라는 개념이 마법의 주문처럼 반복적으로 나온다.

안토니오 그람시의 말을 들어보자.

"문화적 권력을 먼저 넘겨받지 않고는 정치적 권력을 넘겨받을 수 없다."

그람시는 옥중에서 인간 해방, 즉 민주적 혁명 과정의 중심 문제를 거의 환영을 보는 것처럼 깨달았다. 오늘날 그의 비전은 산산조각 나 있다.

유럽, 북아메리카, 아시아 등의 자본주의 상품사회에서 노동자 계급은 이데올로기 전쟁에서 일시적으로 패배했다. 이 패배는 노동자 계급이 범대륙 금융자본, 그리고 이 금융자본과 결합한 시민계급들을 통해 정치적·경제적·사회적으로 지속적으로 지배를 받는다는 것을 말해준다. 달리 말하면, 노동계급의 소외는 자본의 독점화와 제국주의 시스템의 합리화가 더해지는 만큼 더 심해진다. 호르크하이머가 "노예들은 자기 자신의 쇠사슬을 부단히 만들어낸다"고 말한 것과 같다. 오늘날 서구에서 노동자들은 거의 완벽하게 소외되었다. '소외Entfremdung'라는 개념은 독일 유물론 철학에서 나왔고, "자기 자신에게 소원해진 인간"을 가리킨다. 동의어는 '사물이 되다'라는 뜻의 물화Verdinglichung다.

테오도르 W. 아도르노Theodor W. Adorno(1903~1969)는 외화外化, Entäußerung라는 또 다른 개념을 사용한다. 이 개념은 "자의로 자기 자신의 본질과 분리되는 것sich freiwillig von seiner eigenen Substanz trennen"을 의미한다. 개인은 자신의 유일무이성을 잃고, 오직 상품사회에서의 기능으로만 축소된다.

인간은 다른 인간들의 도움을 받고 상호 교류하여 서로 보완할 때에만 존재하고 발전할 수 있다. 사회 없이는, 그리고 역사 없이는 어떤 인간도 존재할 수 없다. 또 집단적인 자기 해석 체계 없이는 어떤 사회도 존재하지 않는다. 이 집단적 체계가 인간의 경험들을 큰 맥락 속에 놓고, 인간들 스스로 제기하는 근본적 질문에 옳은 방식으로든 틀린 방식으로든 대답한다. 다른 인간들과 분리된 인간은 하나의 외침에 불과하다. 따라서 인간을 상품사회에서 작용하는 기능으로 한정짓는 것은 현대 자본주의의 경제적 · 정치적 · 사회적 · 문화적 체계에 내포된 전략이다. 죄르지 루카치의 표현을 빌리자면 이런 식으로 인간은 '탈인간화' 된다.

신자유주의 자본가들의 지배적 담론이 주장하는 바가 무엇이든 간에, 이제 인간, 인간의 자아실현, 창조력의 단계적인 전개 등이 사회의 구성을 결정하지 않는다. 오히려 이상한 변화가 생겨났다. 종속계급들 그리고 지배계급들도 내면화한 사회적 과정의 매개변수들은 이제 기술적 진보, 생산의 수익성, 경쟁, 경쟁능력, 교환가치, 기능성, 순응성이라 불린다. 이런 식으로 인간은 다른 인간들 및 집단적 의미추구와 분리되어 혼자가 된다. 인간은 자기 자신에게 낯선 존재가 된다.

유럽에서 소외에 대한 두 가지 분석은 특별히 도움이 된다. 하나는 카를 마르크스와 그 후계자들에 의한 분석이고, 다른 하나는 로제 바스티드의 분석이다.

마르크스주의 이론의 중심에는 '이중적 재생산' 이 있다. 이 말은 무슨 뜻인가?

'소외'의 목적은 인간을 순전히 상품사회에 기능하는 것으로 축소하는 것이다. 달리 말하면, 인간의 유일무이한 정체성을 파괴하는 것이다. 자본주의 상품사회에서 생산관계는 근본적으로 동일하지 않다. 기계 앞의 인간, 계산대 앞의 슈퍼마켓 여점원, 컴퓨터 앞의 공무원, 이들 모두 싫든 좋든 불평등을 겪으며 그것을 재생산하고 수용한다. 그들은 불공평한 노동조건들을 어쩔 수 없이 받아들인다. 아침에 직장에 도착하기도 전에 노동자와 여점원과 공무원은 자신들이 억압당하고 착취당하는 존재라는 조건들을 머릿속에서 재생산하고, 따라서 그것을 내면화하여 거기에 동의하고 그것을 정당화했다. 노동자가 집을 나서서 스쿠터에 시동을 거는 순간, 여점원이 지하철을 타러 내려가는 순간, 그리고 공무원이 승용차의 시동을 거는 순간, 바로 그 순간에 첫 번째 재생산이 이루어진다. 두 번째 재생산은 그들이 구체적으로 노동을 시작할 때 일어난다.

인간은 노동에서 자신의 자유를 구체화한다. 인간은 그가 하는 일들을 통해 타자에게 인식되고, 타자가 실생활에서 만들어내는 것을 통해 타자를 인식한다. 노동은 모든 사회적 존재의 토대를 형성하는 호혜성을 만들어낸다. 장폴 사르트르는 "인간은 지금까지 사람들이 그와 함께 만들어낸 것을 가지고 그가 지금 만들고 있는 것이다"라고 썼다. 사회적·개인적 실존은 노동에서 합류한다.[1]

자본주의 생산방식은 이런 조화를 깨뜨린다. 자본주의의 물화는 인간을 노동의 산물에서 소외시키고, 이로써 인간을 인간으로 만들어주는 것에서 소외시킨다.[2] 이런 점이 나에게는 특히 중요하다. 자본주의가 상품관계를 보편적 관계로 관철시키기 때문이다. 자본주의 시스템에서 노동력은 판매되어야 한다. 노동력은 가격을 갖는다. 이 가격은 교환가치에 의해 결정된다. 즉 재화의 재생산에 필요한 재화의 총계에 의해 결정되는 것이다. 인간의 노동을 객관화함으로써 인간의 노동은 어떤 종류든 형식적으로 동일시된다. 이것은 사용가치에 따라 재화들을 유기적으로 생산하는 세계와 완전히 단절하는 것을 의미한다. 자본주의 체계에서 사용 용도가 다른 상품들이 무슨 관계가 있어서 교환될 수 있는가? 물론 교환가치와 관련해서 가능하다. 그리고 교환가치는 해당 재화들의 생산에 들어간 사회적 시간에 따라 정해진다. 그러나 상품들의 보편적 교환을 보증하는 자본주의 체계의 사회적 시간은 대단히 특정한 역학에 투자된다.

생산수단의 소유자들은 축적의 가속과 지속적인 이윤의 최대화를 추진한다. 그들은 노동의 과정을 점점 더 합리화한다. 합리화는 생산에 쓰이는 사회적 시간을 압축함으로써 다시 노동조건을 지속적으로 악화시킨다. 상품 형태의 점차적인 보편화는 이런 식으로 인간 노동의 추상화로 이어진다. 처음에 노동은 상품 속에 객관화된다. 즉 상품이 된다. 그다음에는 사회적 관계들(원래 상호적·보충적·연대적 관계들) 자체가 변화하고, 점점 더 상품관계가 된다. 이렇게 하여 인간의 본질을 이루는 관계들은 전체적으로 점차 물화되는, 즉 상품으로 바뀌는 경향이 있다. 이것은 인간들 사이의 관계에도 해당되며, 그 관계들을 변화시킨다. 그럼으로써 인간을 사회로부터 분리시키고 탈인간화한다.

사회적 시간은 특정한 상품을 생산하기 위해 얼마나 많은 노동이 필요한지 측정하는 기준이다. 노동시간은 우선 평균 노동시간을 말하며, 이것은 경험적으로 파악할 수 있다. 그러나 자동화가 점점 심해지면서 노동시간은 죄르지 루카치가 말하는 것처럼 "완성되고 완결된 객관성fertige und abgeschlossene Objektivität에서 노동자와 대립하는 객관적으로 계산 가능한 작업량"[3]으로 이해된다.

생산자가 주역인 문화적 체계의 몰락이 여기에서 예고된다. 노동하는 인간은 완성되고 완결된 체계, 즉 자신이 원하는 바와 무관하게 작동하는 합리화된 노동의 체계와 자신이 전혀 영향을 미치지 못하는 결정에 따라 대결한다. 때문에 노동하는 인간, 즉 생산하는 인간은 점차 일종의 무관심에 빠진다. 인간은 자신이 세계를 더 이상 통제하지 못한다는 것을 알고, 심적으로는 세계와 관계를 끊는다. 인간의 자기해석 체계, 세계에 대한 환상, 요컨대 인간의 상징적인 세계는 비틀거리며 허무 속으로 들어간다. 또 마르크스는 이렇게 말한다.

"시계의 추는 기관차 두 대의 속도를 재는 정확한 도구처럼, 두 노동자의 성취 비율을 정확히 재는 도구가 되었다. 그래서 더 이상 한 인간의 〔노동〕 시간이 다른 인간의 〔노동〕 시간과 대등하지 않다고 말해서는 안 되고, 오히려 〔노동〕 시간 동안의 한 인간은 〔노동〕 시간 동안의 다른 인간만큼 가치가 있다고 말해야 한다. 시간이 전부이고, 인간은 더 이상 아무것도 아니며, 기껏해야 시간의 구현

Verkörperung der Zeit이다."[4]

그리고 이제 소외의 이론이 나오는데, 로제 바스티드는 이 소외의 이론을 이렇게 공식화했다.

바스티드는 처음에 정신적 구조의 상실, 즉 개인의 불안을 야기하는 심리학적 · 정신신체적psychosomatic 영향에 관심이 있었다. 구조의 상실과 불안은 인간의 의식이 점점 더 물화되어가는 결과다. 서구의 자본주의 상품사회에서 인간들은 상품이 되었다. 인간들은 추악한 건축물에서 살아야 하고, 콘크리트 곡물 창고의 상품들처럼 쌓이고 분류되어 일련번호가 붙는다. 점점 더 많은 '주택단지'가 사람들이 예전에 보았던, 유럽의 도시들에 아직 남아 있는 옛 모습을 에워싼다. 은행가와 부동산 투기자들의 상품세계가 파고들어 도시를 완전히 황폐하게 만든다. 또한 언어도 익명화라는 일반적인 경향을 따른다. 오래된 상징체계는 소멸한다. 장 뤽 고다르Jean-Luc Godard(1930~)의 영화들에서 실감나는 리얼리즘 때문에 무서움을 느끼게 하는 인물들이 툭 내뱉는 것처럼, 발음 나는 대로 중얼거리는 임시변통의 합의가 상징체계를 대신한다. 새로운 음운체계들은 말의 본래의 의미에서 더 이상 아무것도 표현하지 못한다. 이 음운체계들은 상품들의 생산 · 옹호 · 소비에 필수불가결한 인간들 간의 최소한의 합의를 유지하는 데에만 도움이 된다. 오늘날에는 돈조차도 익명이다. 예전에는 돈이 "가난한 사람들의 피"였다.[5] 초기자본주의 사회에서 몇몇 소수가 돈을 축적하는 것은 대규모 대중을 착취하고 비참하게 하며 억압했다는 명백한 표시였다. 헨리크 입센Henrik Ibsen(1828~1906), 아우구스트 스트린드베리August Strindberg(1849~1912), 프랑크 베데킨트 Frank Wedekind(1864~1918), 게르하르트 하우프트만Gerhart Hauptmann(1862~1946) 등의 희곡작품들은 19세기 시민계급의 돈에 대한 열정을 증언한다. 즉 이 열정이 어떤 잔학한 드라마, 어떤 스캔들, 어떤 싸움 등을 야기했는지 증언하는 것이다. 돈은 열망과 혐오의 대상이었다. 입센의 희곡『인형의 집Et Dukkehjem』(1879)과 『헤다 가블레르Hedda Gabler』(1890), 처음에는 오슬로와 스톡홀름의 독자와 관객을, 그리고 금세 전 유럽의 관객을 열광시킨 아우구스트 스트린드베리의 자전적 소설 『하녀의 아들Tönstekvinnans son』(1886)과 희곡 『율리에 아가씨FrökenJuliöё』(1888) 등은 전부 다 어느 정도 동일한 문제를 중심으로 삼는다. 신분이 낮은 사람과의 결혼, 낭만적 사랑, 소속된 사회 계층이나 소유한 부의 정도가 다른 인간들 간의 신분에 맞지 않는 격정 같은 문제를 다루는 것이다. 돈이 인간들을 분리하고 그들의 열정을 망가뜨리며, 그들을 결합시켰던 사랑을 질투와 증오로 변하게 한다.

로제 바스티드는 이에 대해 이렇게 썼다.

"돈은 애정의 대상, 즉 신분이 낮은 사람과의 결혼과 다양한 일상적인 드라마들의 근원으로서 그 당시 실존적 가치의 담지자였다. 오늘날 돈과 돈의 완벽한 구현인 상품은 모든 개성을 상실했다. 상품은 재화의 생산·소비·재생산·새로운 소비를 둘러싼 터무니없는 경주의 간단한 준거체계가 되었고, 이 경주에서 재화는 재화로서의 질을 잃었다."[6]

국가의 선전을 통해서든, 특정한 종교적 운동들의 왜곡된 세계상을 통해서든, 또는 대형 상업적 기업의 허위 광고를 통해서든, 세뇌는 더 이상 놀라운 일이 아니다. 극히 노련한 일상의 공격들이 이미 오래전에 대부분 인간들의 저항을 차단했다. 적어도 인간들의 구체적인 개성을 지닌 최후의 보루인 몸은 그 신비한 혈액순환, 내밀한 기관들, 맥박 치는 생명이 있어서 상품세계의 카니발리즘cannibalism에서 벗어나 있다고 생각할지도 모른다. 그러나 전혀 그렇지 않다! 신장, 심장, 폐, 간, 눈 등은 오늘날 상품이다. 인간의 가장 중요한 장기들은 구입·판매·이식·보관·시판된다. 미국의 병원들에서는 구매할 수 있는 장기들을 보여주는 삽화가 그려진 카탈로그가 돌아다닌다. 장기은행(신체의 일부나 장기를 자신이 다시 쓰거나 남에게 이식해주기 위하여 맡겨 두는 기관—옮긴이) 및 장기거래소가 점점 더 많은 장기를 처분한다. 살아 있는 몸이든 죽은 사체이든 인간의 몸은 생산·소비·재생산·재소비가 이루어지는 물건들이 순환하는 부분이다. 이런 순환의 가속화는 사회의 역사와 인간에게 극히 새로운 상황을 만들어낸다. 로제 바스티드는 이 상황을 이렇게 규정한다.

"(상품)사회는 정신분열증 타입의 인격 모델을 비호한다고 말할 수 있다. 정신병 의사가 정신분열증을 규정하는 요소들은 다음과 같다. 인간관계들의 몰개성, 정서적 무관심, 대도시들에서의 고립, 성행위에만 국한된 성sexuality, 우리에게 종종 모순적 역할을 강요하는 다양한 집단들에 소속됨에 따라 일상적 행동방식이 파편화되는 것,

사회적 세계에 뿌리를 내렸다는 느낌뿐만 아니라 우리의 개인적인 정체성에 대한 감정의 상실, 여성의 남성화, 자율성을 획득하는 대신 종속되는 경향이 증가하는 것 등."7

그리고 또 이렇게 말한다.

"최악의 경우는 우리의 삶이 진행되는 동안 역사의 가속이 근본적인 불연속성으로 이어지는 것이다. 즉 역사의 가속이 느린 발전을 잔인한 변화로 대체하고, 이로써 개인을 강요하여 지속적으로 에너지를 동원하며, 그게 여의치 않을 때에는 숨 돌릴 틈 없는 변화로 인한 트라우마를 없애기 위해 신경증적 반응을 통해서나 정신병의 경직된 구조를 통해 뜻밖의 변화들과 수많은 단절들에 맞서 싸우는 것이다."8

2. 텔레비전 앞 흔들 인형이 되다

별들이 멀리 있다고 당신들은 말하는가?

그리고 우리의 대지는 무척 작다.

그리고 이왕 내친 걸음이다!

그것을 나는 비웃는다.

왜냐하면 그것을 난 훨씬 중요하다고 여기니까.

훨씬 중요하게.

훨씬 신비하고 훨씬 크게.

가지 못하게 사람들이 막는 한 사람을.

쇠사슬에 묶어 두는 한 사람을.

나짐 히크메트, 「베네르지의 삶과 죽음」[9]

서구의 자본주의 상품사회는 경직되고 균질화된 의식의 지배를 받는다. 어디에나 거의 다 소외가 있기 때문이다. 소외 현상은 모든 계급과 모든 계급의식이 겪고 있고, 지배자들도 피지배자들과 마찬가지로 소외를 겪는다. 속이는 자들이 종종 먼저 기만당할 수 있다. 서유럽에서 19세기와 20세기에 상업에 종사하는 시민계급과 식민지의 증가를 토대로 생겨난 범대륙 금융자본은 파시즘에 맞선 저항에서 태동한 자유와 보편적 박애에 대해 널리 퍼진 희망을 자신에게 유리한 쪽으로 돌리고 왜곡함으로써 자신의 지배체계를 재구성한다.

지배계급, 구체적으로는 범국가적 콘체른의 수장들, 은행가들, 기업가들과 그들의 용병들이 자신들의 고유한 실천을 생각하는 방식은 그 실천에 대한 어떤 학문적 이론의 형태를 띠지는 않는다. 만약 그렇다면 이론은 그들에게서 행동할 수 있는 모든 수단을 빼앗을 것이다. 왜냐하면 이론은 실천이 어떻게 기능하고, 누구에게 유용하며, 누구를 착취하고 누구를 죽이는지, 누구를 목표로 삼아 속이는지 보여줄 것이기 때문이다. 그렇다면 아무도 그 이론을 더 이상 받아들이지 않을 것이다. 그런데 실제는 그 반대다. 지배계급은 자신이 계속 지배할 수 있도록 자신의 실천에 대해 허위로 말하는 설명을 만들어낸다. 자신의 실천이 국민과 보편성에 복무한다고 정당화하는 것이다. 그것은 논리적이고 자연스러우며 무해할뿐더러 대체 불가능한 행동이라는 식으로 말이다.

지배자들의 이데올로기는 피지배자들만 속이는 게 아니다. 이 이데올로기는 자주 그 이데올로기를 선전하는 이들 또한 기만한다. 실제로 제국주의의 주역들은 자신들의 사명이 선하다고 확고히 믿는 것처럼 보인다. 또한 은행·회사·범대륙 산업 콘체른의 지배자들은 종종 과거의 이데올로기들을 이용한다. 과거의 이데올로기들이 모든 인간들의 머릿속에 교육과 사회화를 보편적 진리로 심어주고, 그 판단기준들을 제공하기 때문이다. 그리하여 지배계급이 진짜로 실천하는 것, 즉 참고 견디기 어려운 세계 질서를 구현하는 활동을 잘못된 전제들에서 유래된 매개변수들을 근거로 좋은 것이라 여기게 된다.

오늘날 범대륙 은행 제국의 총재는 노동자, 청소부, 농민 또는 직원이 보는 것과 같은 텔레비전 방송을 시청한다. 그는 그들과 인식의 범주가 같고, 같은 매체의 영향을 받는다. 오늘날 확인할 수 있는 집단적 의식의 균질화는 오랜 역사의 결과다.

예를 하나 들어보겠다. 프랑스어를 사용하는 스위스의 공영 텔레비전 방송국은 시청자들(스위스에서 프랑스어를 사용하는 모든 지역, 모든 사회계층, 연령집단 등에서 임의로 추출한 1,000명의 개인들)을 상대로 설문조사를 실시했다. 이들은 다음의 질문에 응답해야 했다. 프랑스어 텔레비전 방송국의 정치 방송, 즉 정치적 정보들은 좌편향인가, 아니면 오히려 우편향인가? 그 결과는 이렇다. 12.3퍼센트의 응답자는 "오히려 좌편향"이라고 말했고 12.7퍼센트는 "오히려 우편향"이라고 여겼으며, 75퍼센트는 "좌편향도 우편향도 아니다"라고 생각했다. 이것은 응답한 시청자의 4분의 3이 공영방송이 날마다 세상에 대한 진실을 재현하고 있다고, 즉 사건의 객관적 현실을 보도한다고 생각한다는 것을 의미한다.

결과는 뜻밖이다. 모든 통신기관의 경우와 마찬가지로, 프랑스어 스위스 방송에도 특정한 이데올로기적 전략들이 존재하고 그것이 방송을 지배하고 있다. 그런데 스위스의 프랑스어권 지역에서 의식의 균질화, 즉 물화가 이루어져 이미 75퍼센트의 소비자는 더 이상 비판적인 생각을 제시하지 못하게 되었다.

균질화된 의식의 지배하에서 살아가는 인간은 어떻게 될까? 막스 호르크하이머는 『도구적 이성 비판』에서 이렇게 대답한다.

"비행기가 조종사를 낙하시키고 무턱대고 빠른 속도로 하늘을 날아간다. 이성이 그 완성의 순간에 비이성적이고 어리석게 되었다. 이 시대의 주제는 자기보존인 데 반해, 보존할 자신이 전혀 없다. …… 우리가 역사적 범주로서의 개인에 대해 말한다면, 이것은 인간 종족의 특수한 일원이 시공간적 · 감각적 존재임을 말하는 것만이 아니다. 이를 넘어서서 개인이 자기의 고유한 정체성을 인간이 의식할 수 있는 본질로 깨닫는다는 것을 뜻한다. 자기 정체성을 인식하는 것이 여기에 해당한다."

그는 또 이렇게 말한다.

"개성은 안전, 즉 자기 존재를 물질적·정신적으로 보존하기 위해 직접적인 충족의 자발적 희생을 전제로 한다. 그런 삶으로 나아가는 길이 차단되어 있다면, 누구든 현재의 기쁨을 단념하고 싶은 마음이 별로 없을 것이다. …… 사회적 힘은 오늘날 전보다 한층 더 사물들에 대한 힘을 통해 매개된다. 개인이 사물들에 대한 힘에 관심을 집중할수록 사물들은 개인을 한층 더 제어할 것이고, 개인에게서 정말로 개인적인 특성이 한층 더 결여될 것이며, 개인의 정신은 형식화된 이성의 꼭두각시로 전락할 것이다."[10]

호르크하이머는 다시 한 번 이렇게 말한다.

"모든 남자가 왕일 수 있다면, 왜 모든 아가씨는 그 유일무이성이 전형적인 영화 속 여왕일 수 없겠는가? 개인은 더 이상 사적인 역사를 지니지 못한다. …… '우리는 영원한 순환/불변의 것에서 방황하며 항상 여기에서 지칠 대로 지친다!'"[11]

상품 논리는 지배자들과 마찬가지로 피지배자들의 일상적인 삶의 질을 파괴한다. 대기와 수질 오염은 모두에게 피해를 주고, 모두를 위한 자연경관을 파괴한다. 핵발전소—이와 관련된 기술적 문제들은 완전히 해결되지 않았다—를 통해 극도로 위험하게 에너지를 생산하는 것은 모든 사람의 건강을 위협한다. 도시들의 일상적이고 강력한 소음에는 피고용자들만큼 고용주들도 노출되어 있다. 자동차가 내뿜는 유독한 배기가스는 물론이고 친환경적인 공공 교통수단을 강화하려는 정책이 전반적으로 부족한 탓에 도로 교통도 거의 견딜 수 없는 수준이 된다. 그런데 이것 역시 피지배자들뿐만 아니라 지배자들도 피해를 입기는 마찬가지다. 상품사회의 위력은 오늘날 구조적이고, 역설적으로 모든 계급들은 그 위력 앞에서 무기력하다.

상품사회의 위력은 특히 광고에서 헤르베르트 마르쿠제Herbert Marcuse(1889~1979)가 억압적인 **욕구 충족**repressive Bedürfnisbefriedigun이라고 지칭하는 것을 실제에 적용한다. 이것은 무슨 말인가? 상품 논리가 직접 욕구들을 만들어내고, 이어서 그 욕구들을 과도하게 충족시킨다. 사용가치는 사라지고, 인간은 의미를 추구하지 못하게 된다. 인간은 일차원적이고 획일적인 존재로 여겨진다. 인간의 정체성은 인간이 상품사회의 기능성과 일치하는 데 있다. 마르쿠제는 인간의 존엄을 위한 유일한 은신처는 오늘날 인간의 '불행한 의식das unglückliche Bewusstsein'이라고 말한다. '불행한 의식'은 현재 있는 것이 거짓이라는 것을 안다. 이 의식은 진실한 물질적·지적·정서적·실존적 욕구를 안다. 그러나 이 의식은 동시에 무기력도 지각한다. 이 의식이 자신의 고유한 실존적 욕구들을 자율적이 된 상품 논리 체계에 강요할 수 없음을 정확히 알고 있는 것이다. 서구사회들에는 오늘날 인권을 보호하기 위해 광범위한 제도적 장치가 존재하며, 모든 인간이 자유롭게 발전할 권리가 있다고 선전한다. 이에 대해 마르쿠제는 서구에서 누리는 관용이 억압적이라는 흥미로운 견해를 피력했다. 관용은 상품사회의 경계들에서 끝난다. 항상 뭔가를 요구하는 자 또는 체계의 기능을 문제시하거나 침해하는 자는 즉시 논의에서 배제된다. 그런 사람은 단죄되고 병에 걸린 것으로 여겨지며 주변화된다. 그런 사람은 종종 (정신병원에 보내기, 저항의 불법화 등을 통해) 사회적 억압, 요컨대 고립을 체험한다.

서구인들이 비교적 많이 누리는 인권은 수백만 명의 다른 인간들 및 여성들의 피와 고난을 통해 얻은 것이다. 남반구의 수많은 나라들에서 수억 명에 달하는 사람들이 대량실업, 지속되는 굶주림과 질병으로 고통 받고 있다. 반면 중앙(유럽, 북아메리카)의 범국가적 자본이 아시아, 아프리카, 라틴아메리카 등지의 노동력과 원료에서 이윤의 축적을 가속화하고 있기 때문에, 중앙의 주체들은 상대적으로 더 큰 '자유'를 누릴 수 있다. 중앙에 있는 자유주의 정치 체제는 주변부에 있는 인간의 노동력을 과도하게 착취함으로써 비로소 존재할 수 있다. 또는 레지스 드브레가 표현한 것처럼, "자유로운 인간들은 노예를 필요로 한다."

오늘날 노동운동은 상품사회에서 더 이상 가장 중요한 혁명 세력이 아니다. 왜일까? 막스 호르크하이머는 『도구적 이성 비판Zur Kritik der instrummentellen Vermumft』에서 이렇게 답한다. 노동조합 지도자들이 "대기업 관리자들처럼 원료, 기계 또는 다른 생산 요소들을 통제한다. 노조 지도자들은 노동자계급의 관리자들로서 노동자계급을 조종하고 노동자계급을 위해 선전하며, 노동자계급의 가치를 가능한 한 높게 책정하려고 애쓴다. 또한 개별 노동자의 권력·지위·수입을 훨씬 상회하는 그들 자신의 사회적·경제적 권력, 그들의 지위와 수입 등은 산업체제에 의해 좌우된다."[12]

호르크하이머는 또 이렇게 말한다.

"노동자들, 적어도 파시즘의 지옥을 겪어보지 않은 노동자들은 자본가나 정치가의 온갖 활동에 찬동할 것이다. 이들이 지켜야 할 규칙을 위반하여 비난받는데도 말이다. 그러나 노동자들은 규칙 그 자체를 문제시하지 않는다. 그들은 사회적 불공정과 그들 자신의 집단 내에 있는 불평등조차도 강력한 사실로 받아들이도록, 그리고 강력한 사실들에 대해서라면 반드시 고려하도록 배웠다. 그들의 의식은 근본적으로 다른 세계를 꿈꾸는 것이다. 사실들을 순수하게 분류하는 것이 아니라 이 꿈들을 진짜 실현하고자 하는 개념들만큼이나 폐쇄된 세계를 말이다. 현대의 경제적 상황으로 인해 노동조합의 구성원들뿐만 아니라 지도자들에게도 실증주의적 태도가 생겨나서, 이들은 서로 점점 더 비슷해진다."[13]

선견지명이 있는 이 책은 1944년 미국에서 쓰였다. 미국 노동조합들의 거대한 관료주의 장치가 어떻게 작동하는가에 대한 관찰이 이 책의 근간을 이룬다. 장 뒤비뇨는 마찬가지로 명백히 시사적인 논문에서 유럽의 노동운동에 대해 비슷한 관찰을 시도한다.

"오늘날 서구에서 혁명이라는 개념이 불러일으키는 불충분하고 두서없는 이념들을 다시 한 번 숙고한다면, 혁명이라는 단어는 이제 불가피한 성장을 합리적으로 극복하려는 소망 외에 다른 것이 아니라는 점을 인정해야 한다. 이것은 부서지기 쉬운 안전에 대한 대가다."

뒤비뇨는 또 이렇게 쓴다.

"지난 20세기에 유토피아가 삶에서 얻은 엄청난 좌절감은 점차 약해졌을 수 있다. 아무도 더 이상 혁명을 마음속에 그리지 않는다. 질서를 존중하면서 거기에 전면 대립하는 표리부동한 세계에서 더 이상 아무도 벗어나지 못하기 때문이다. 정치적 적수들은 사회를 보전하고 각각의 적수들을 진정시켜 통합으로 이끌자는 논리를 문제시하지 않는다. …… 혁명의 이념은 분파들의 논쟁에서 소진된다. 인간 존재의 충만함은 위계질서를 전복하는 물질적 방식을 요구한다. 주체가 이 점을 확인한 결과 혁명의 이념이 나왔다. 혁명의 이념은 철학자들의 구체적 세계일 뿐만 아니라, 인간이 세계와 다른 인간들로부터 얻을 수 있는 모든 것에 대한, 늘 충족되지 않는 추구이기도 했다."[14]

오늘날 간과할 수 없는 것이 있다. 자본주의 산업 중심지에서 벌어진 사회주의 운동들, 그리고 사회주의 운동에 복무하는 지식인들은 이데올로기 전쟁에서 당장은 졌거나, 루이 알튀세르가 말하는 것처럼 "이론적인 계급투쟁"에서 패했다. 유럽의 사회주의 운동과 유기적 지식인들은 더 이상 노동하는 사람들에게 세계를 지각하고 분석하며 이해하고 생각하는 데 필요한 관념과 상징을 제공하지 못한다. 전략과 제국주의 기획 속에 유럽 노동자들이 통합되는 것은 모든 이론의 종말이었다. 또한 이것은 제3세계의 억압받는 계급과 실천적으로 연대하는 것의 종말이기도 했다. 남반구의 수많은 나라들에서 사람들이 겪는 굶주림과 멸시, 가정의 붕괴, 고문에 대한 공포는 자본이 행사하는 상징적 폭력에 의해 '자연스러운 것', '정상적이고 불가피한' 것으로 선언되었다. 이른바 '테러리즘에 맞선 전쟁'의 창시자들, 특히 미국 대통령 조지 W. 부시가 폭력의 마지막 수단인 고문을 '정상적인' 것으로 만들었다는 사실을 기억하자.

오래전이지만 마치 어제 있었던 일처럼 1973년 9월의 어느 날을 기억한다. 그날 나는 제네바 코르나뱅Cornavin 역에서 로제 바스티드를 기다렸다. 그는 파리에서 오는 중이었다. 그가 탄 기차가 연착되었다. 개찰구 끝에 스위스 세관이 있었는데 그 옆에 놓인 라디오는 그날의 첫 소식을 전하고 있었다. "칠레에서 쿠테타가 일어났습니다. 피노체트 장군 휘하의 군사정부가 살바도르 아옌데Salvador Allende(1908~1973) 대통령에게서 권력을 이양 받고 있습니다." 두 명의 세관원이 생각에 잠겨 뉴스에 귀를 기울였다. 그런데 그중 내가 소속된 공공서비스 노동조합을 통해 알고 있었던 한 명이 이렇게 말했다.

"그렇게 될 수밖에 없었어! 민중이 더 이상 일하지 않으면, 저런 일이 일어나는 거야."

이 남자는 사회주의 이념에 충실했으며 사람들과 자신이 사는 시대를 이해하기 위해 성실하게 노력하는 사람이었다. 그러나 그는 그 순간 신문, 라디오, 학교, 텔레비전을 통해 올리가르히가 그에게 세계의 진정한 모습이라고 강요하는 관점을 선한 마음으로 재생산했다. 인민전선 정부 치하의 칠레는 스위스가 알지 못하는 경제적 어려움이 있었다는 것이다. 스위스에서는 모두들 일을 많이 하므로, 만일 칠레가 어려움을 겪었다면 그것은 단지 인민연합 좌파 정부의 노동관에 문제가 많았기 때문일 수 있다는 것이다. 칠레 사람들은 노동을 하는 대신 '혁명'을 한 것이므로 이 스위스 세관원의 눈에는 이 정부가 붕괴하는 것이 당연했다.

대단히 많은 여타의 공포가 뒤따른 이날부터 의식의 균질화는 더 심해졌다. 그리고 의식의 균질화는 양극체제가 사라진 이후에 한층 강화되었다. '공산주의적' 대안들은 사라졌고, 오늘날에는 지식인과 좌파 정치 활동가도 그 수가 많지 않다. 이들은 그래도 최소한 통찰력은 있어서, 세계화된 금융자본과 극단적이고 비판적으로 단절할 길을 인식할 수 있는데 말이다.

모든 민주주의 국가 중에서 스위스에만 '국민투표권'과 '의안 제출권'이라는 헌법상의 수단이 있다. 국민투표권 덕분에 5만 명의 시민은 의회가 가결한 모든 법률을 투표를 위해 국민에게 제출하라고 요구할 수 있다. 의안발의권은 10만 명의 시민이 헌법 개정, 즉 헌법 조항을 폐지하거나 변경하게 하고 새로운 조항을 도입하는 것에 대해 국민투표를 강행할 수 있게 해준다. 최근의 국민투표—국민발의에 이은 국민투표—를 보면, 스위스에서 대단히 앞서 나간 집단의식의 균질화에 대한 나의 명제를 확인할 수 있다. 그래서 스위스 국민은 최근에 자발적으로 종업원의 휴가 연장 반대, 단일한 의료보험(이를 통해 가정의 보험료는 많이 인하되었을 텐데 말이다) 반대, 연금 인상 반대, 많은 관리자의 천문학적인 소득의 제한(이른바 1:12 발의는 회사 사장의 최대 월수입은 단순 노동자의 1년 수입과 맞먹어야 한다고 요구했다) 반대, 최저임금의 도입(이것은 2014년 5월 18일 투표자 77퍼센트의 반대로 거부되었다) 반대에 투표했다. 병적인 외국인 배칙 사건에서 스위스 국민은 2014년 2월 9일 유럽연합과 협의된 개인의 자유 이동free movement of persons의 폐지에 찬성 투표했다. 이 결정을 내린 것은 작은 영토(4만 2,000평방킬로미터)에서 수백 년 전부터 네 가지 언어(독일어, 프랑스어, 이탈리아어, 로망슈어—옮긴이)로 생동하는 문화 속에 살고 있는 스위스 국민이다.

스위스인들은 균질화된 의식과 더욱 심해진 소외의 희생자들이기 때문에 자발적이고 습관적으로 자신들의 이해에 반하는 투표를 한다.

세계화된 금융자본은 세계를 자신들의 관념대로 개편했다. 그들은 지구 전체에 자신들의 완전한 지배를 강요했다. 지난 20년 동안 서구 상품사회에서는 물론이고 남반구의 수많은 사회들에서도 종속계급들의 소외는 엄청나게 심화되었다. 스위스에서도 그렇지만 많은 나라들에서 소외는 더욱 심화되었다.

6장

국가의 권력은 어디로 갈까?

국가권력은 국민에게서 나온다.

― 그런데 국가권력은 어디로 갈까?

그래, 국가권력은 어딘가 가겠지.

그 어딘가로 갈 거야!

베르톨트 브레히트, 「제1항Paragraph 1」[1]

1. 국가는 어떻게 생겨나는가?

현대의 서구 국가들은 수백 년에 걸쳐 생겨났다. 그 기간은 지역마다 민족마다 달랐다.

유럽에서 4세기경 고대 사회들, 특히 로마제국의 사회들은 침체기였다. 로마제국은 만연한 내적 위기와 동시에 국가로 조직되지 않은 주변 민족들의 침입에 시달렸다.

로마제국 국경의 단계적 확장, 몇 세기 먼저 이루어지는 행정과 곧 번성하게 되는 관료제의 탄생과 발전, 그리고 마지막으로 '야만인'의 침략 등으로 시골 지역의 인구는 엄청나게 감소했다. 수천 명의 노예들은 영주의 봉토에서 도시로 달아났고, 그곳에서 새로운 주인을 섬겼다. 해방된 노예들은 당시에 중요한 사회적 지위를 획득했고, 심지어 황제까지 된 노예도 몇 명 있었다. 로마에서는 엄청나게 많은 실업자 무리인 하위 프롤레타리아트가 생겨났다. 정치가들은 이 무리 중에서 자기의 추종자들을 모집했다. 책략을 쓸 수 있는 이 프롤레타리아 집단은 부패할 수 있고 변덕스러워서 언제든지 온갖 종류의 모험에 뛰어들 준비가 되어 있었다. 원로원의 여러 분파들, 최고 관직에 오르려는 여러 유력자들, 권력투쟁의 경쟁자들, 그들 모두 이 무리를 이용하여 권력을 획득하기 위한 전략을 실행에 옮겼다. 3세기 말, 그 자신도 주변 지역 달마티아 출신인 디오클레티아누스Diocletianus(245?~316, 재위 284~305) 황제는 제국의 경제적·정치적·사회적 구조를 근본적으로 개혁함으로써 위기를 극복하려 했다. 그는 매우 엄격한 납세 의무를 도입했다. 농민과 노동자들은 경작지와 작업장에 묶이게 되었다. 이와 함께 수천 명의 이주자들이 땅을 소유하게 되었지만, 그들은 더 이상 그 땅을 떠날 수 없었다. 그들이 땅을 팔 때는 또한 자기의 노동력, 자기 자신, 그리고 자기의 가족도 팔았다. 벽돌공장의 노동자는 나중에 자신의 벽돌공장에 매였고, 미장이는 자기 작업장에 매였다. 생산자들이 새로운 경제적 효율성을 갖추고 비교적 잘살 수 있게 된 대가는 영원히 자유를 잃는 것이었다. 디오클레티아누스 치하에서 이주자는 중세에 농노 신분이 된다.

침략의 시대, 즉 대이동의 시대는 4세기부터 10세기까지 걸쳐 있다. 침략은 정복과 약탈〔410년 서고트 왕 알라리크Alarich(재위 370~410)의 로마 점령〕, 제국의 영토에서 대체로 협상을 통해 이루어진 왕국들의 건설, 경제의 지속적인 쇠퇴 등을 수반했고, 결국 로마의 멸망(476년 서로마 마지막 황제의 실각)으로 이어졌다. 4세기에서

6세기 사이에는 주로 훈족, 고트족(서고트와 동고트), 반달족, 프랑크족, 부르군드족, 랑고바르드족, 앵글로족, 색슨족, 주트족, 불가리아족, 슬라브족 등이 로마제국의 여러 지역들에 넘쳐났다. 7세기에는 아라비아족, 9세기와 10세기에는 노르만족(바이킹족)과 헝가리족이 왔다. 터키 정복자들은 이보다 한참 후 유럽으로 몰려왔지만(1453년 콘스탄티노플 점령과 비잔틴 제국의 몰락, 1529년과 1683년 빈의 포위) 합스부르크 군주국의 방어선과 기사단이 만든 국가들, 특히 몰타 때문에 점령에 실패했다.

한편으로는 유럽, 근동, 북아프리카 등에서 로마제국의 내적 질서와 사회가 점차 붕괴하고, 다른 한편으로는 부족 및 씨족 구조를 가진 민족들이 침입함으로써 4세기와 5세기의 정치적 풍경은 급격하게 달라졌다.

이전과는 완전히 다른 복잡한 상황이 생겨났다. 외세의 침입으로 로마제국이 붕괴하고 생겨난 새로운 정치세력들은 옛 권력구조를 모방했다. 로마의 정당성을 마지막으로 이어받은 비잔틴의 로마 황제들은 천 년 내내 옛 로마제국 영토에서 상징적 지배자로만 남았다. 프랑크족 군사령관들이자 오직 부족 내에서만 권력을 갖고 있던 메로빙거왕조(5세기부터 8세기까지 있었던 프랑크 왕국 최초의 왕조—옮긴이) 왕들은 자기 부족의 구성원들뿐만 아니라 마찬가지로 권력을 요구하는 다른 부족 경쟁자들에 대해서도 정당성을 확보하기 위해 로마 집정관의 칭호를 받고, 자신들을 비잔틴의 로마 황제를 대신하는 대리자라고 내세웠다. 불가리아족, 랑고바르드족, 고트족,

슬라브족 등 다른 정복자들이 이들을 모방했다. 로마제국의 권력 상징을 국제화하고 모방한 것이다. 그러나 옛 권력의 상징들은 점차 그 힘을 잃어갔다.

전쟁에서 승리함에 따라 부족연합 내에서 정복자들의 지위는 상승했다. 그들의 지위는 로마 제국을 모방하려는 태도는 물론이고 전략적 이유에서 황제의 상징을 나타내는 특성으로 장식되었다. 그런 그들의 권력 배후에서 새로운 권력이 부상했는데, 이 권력은 생산수단을 소유했느냐에 따라 결정되었다.

봉건제도는 세 개의 상이한 메커니즘을 통해 확립되었다.

첫 번째 메커니즘은 황제 또는 왕의 코미테스comites(지도자들의 가문에 소속되어 거의 직업적으로 전쟁을 벌이는 투사들―옮긴이)다. 코미테스의 주된 임무는 세금 징수였는데, 이들은 지배자들의 정당성을 입증해주는 황제의 상징이 그 의미와 힘을 잃을수록 왕으로부터 이반했다. 코미테스―동료라는 의미의 라틴어 코메스comes는 프랑스어로 콩테comte, 즉 백작이 되었다―는 황제 또는 왕에게 대놓고 대항하며 자신의 이익을 위해 세금을 징수하기 시작했다. 예를 하나 들어보겠다. 위고 카페Hugo Capet(938~996)는 10세기에 일드프랑스Île-de-France와 파리 시의 비옥한 지역을 관할하는 프랑크 왕의 코메스였다. 그러나 그의 가족은 프랑크 왕의 권력에서 점차 벗어났고, 그들이 관리하던 지역들을 실질적으로 지배하게 되었다. 이런 카페왕조 Capétiens(987~1328)의 역사는 실제로 서구 어디에서나 반복되었다. 툴루즈Toulouse의 어떤 지주는 소유지의 경계를 지키고 왕의 병사와 세금징수원의 출입을 불허하기 위해 친척과 동맹자를 충분히 동원할 수 있었는데, 그는 사실상 자기 땅에 대한 자치권을 갖고 있었다. 요컨대 씨를 뿌리거나 뿌리게 하고, 수확물을 지키고 팔며, 판매대금을 거둘 수 있는 사람이 그때부터 실질적인 권력을 갖게 된 것이다. 적대자들이 권력의 근거로 삼는 정당성의 칭호·상징·표시와 무관하게 말이다.

두 번째 메커니즘은 봉건체제가 생성되고 전반적으로 퍼지게 된 것에 대해 설명해주는데, 그것은 10세기에 침략이 막을 내렸다는 사실이다.

세 번째 메커니즘은 10세기에 유럽에서 기후변화를 통해 작동되었다. 그 당시 농업은 계속되는 온난화 때문에 비약적으로 성장했다. 그러나 노예사회는 로마제국과 함께 쇠퇴했으므로 지주는 노예를 부릴 수 없었다. 따라서 노동력을 추가로 구매해야 했는데 그 결과 더 이상 생산성을 높일 수 없었다. 이를 극복하기 위해 지주는 도구를 개선하고, 판매망을 더 확장시켜야 했으며, 원료를 채굴하는 방법을 개선해야 했다. 따라서 (풍차를 이용한) 풍력에너지, (물레방아를 이용한) 수력에너지, 목재, 석탄 등을 새로운 에너지원으로 사용하였다. 원료를 수공업적으로 다루는 방법이 발전하면서 천, 가죽, 목재, 금속을 가공하는 일은 눈에 띄게 호황을 누렸다. 봉건영주들은 자신의 토지와 공장, 돈벌이 구조, 노동자를 지키기 위해, 또 영향력을 확장하고 정치적 힘을 확대하기 위해 (성, 수도원, 대수도원, 도시들 등의) 다른 지배자들과 동맹을 맺었다. 이로써 토지를 소유함으로써 얻는 권리와 의무로 이루어진 대단히 복잡한 체계가 형성되었다.

그런데 12세기와 13세기를 지나면서 사회적, 상징적, 경제적, 정치적으로 다른 변화가 나타났다. 이 변화는 봉건 세력의 쇠퇴와 근대국가의 태동을 예고했는데, 땅을 소유하는 것보다 도구를 소유하는 게 점점 더 중요해졌기 때문이다. 도구의 소유는 새로운 계급인 신생 도시 시민계급에게 새로운 권력 또는 봉건군주에게 대항할 수 있는 권력을 부여했다. 가령 프랑스의 카페왕조, 영국의 플랜태저넷 왕조Plantagenet(1154~1399), 독일의 오토왕조(919~1024)처럼 일부 봉건군주들은 봉건적 가치들과 위계구조를 포기하고, 봉건정치에 맞서는 도시 시민계급과 동맹을 맺어야 하는 역사적 상황에 처했다. 이 봉건군주들이 12세기에 생겨난 최초의 군주제 국가의 기원이었다.

특정한 봉건군주들과 도시 시민계급 간의 동맹에 대해서는 수많은 모순적인 설명들이 있다. 때로는 선견지명이 있는 봉건군주가 시민계급의 대표자들과 가까워지려고 했는데, 그들의 능력을 높이 평가했기 때문이다. 또 때로는 다른 봉건군주들에 대해 자신의 권력을 강화하기를 바라는 소망에서 봉건군주와 시민계급 간의 동맹이 체결되었다. 그리고 또 때로는 지리적 상황 때문에 동맹을 체결해야 하기도 했다. 가령 봉건군주의 성이 산업화 이전에 비약적으로 발전한 도시 안에 있을 경우가 그러했다. 발전을 주도한 세력이 신흥 시민계급이었기 때문이다. 예컨대 프랑스에서 가장 중요한 성은 파리의 일드라시테Île de la Cité에, 산업혁명 이전 시민계급 공동체의 심장부에, 센 강가 제분소들 바로 가까이에 위치했다.

개별 봉건군주들과 도시의 시민계급 상인들이 연합하는 이 정책은 12세기부터 유럽 전체에 퍼졌지만, 몇몇 중요한 예외가 있었다. 예를 들어 이탈리아에서 봉건군주들과 신생 시민계급 간의 연합은 여러 장애물에 부딪쳤다. 도시의 시민계급 공동체들, 즉 산업혁명 초창기의 도구들이 눈에 띄게 발전하고, 교역망이 확장되어 금융자본이 처음으로 축적되기 시작한 도시들은 새로운 시민계급과의 동맹을 일체 거부하는 교회국가 및 봉건국가와 함께 공존했다. 게다가 이탈리아는 지리적으로 일드프랑스, 영국, 라인 강을 따라 늘어선 지역들보다 비잔틴에 훨씬 가까웠다. 그래서 이탈리아의 봉건군주들은 유럽의 다른 지역의 군주들보다 더 오래 비잔틴에 상징적, 물질적으로 지배를 받았다.

근대국가의 첫 구성요소는 12세기 말에 형성되어 18세기와 19세기에 정점에 도달했다. 그러자 시민계급의 권력이 봉건적 권력에 최종적으로 승리를 거두었고 국민이라는 개념이 형성되었다.

수세기에 걸친 역사적 과정의 산물로서 근대국가는 당대의 국민국가를 통해 완성되었다. 이 근대국가는 새로운 지배계급, 특히 장사를 하는 시민계급의 이익에 복무하는 강제 규제 기관이다. 보편적 이데올로기를 갖춘 국가는 특히 시민계급의 권력을 정당화하고 영구화하며 증대하는 데 쓰인다. 국가는 또한 실제적이면서 허구적인 공통 의식을 자기 정당성의 근거로 하는 데 기여한 모든 계급의 모순되는 소망들을 통합한다. 지배계급의 이해라는 이름으로 확립된 근대 국민국가는 이로써 계급을 망라하는 사회적 형성물인 동시에, 특정한 '공동의' 가치, 국가의 영토 또는 공동의 역사적 기획을 수호한다는 이름으로 적대적인 이해당사자들을 동원할 수 있게 된다.

특정한 생산방식에서 생겨난 시민계급의 국민국가는 생산방식이 계속해서 변화함에도 그 지위를 유지했고, 점차 어느 정도 자율적인 존재가 되었다. 오늘날 대부분의 유럽 국가들에서 자본주의 상업에 종사하는 시민계급은 사라지는 중이다. 범대륙 금융 올리가르히들은 남반구 나라에서 종업원과 원료, 시장을 심하게 착취함으로써 영향력을 확대하고, 점점 더 많은 생산시설을 국경 밖으로 옮기면서 경제적·정치적·이데올로기적 권력을 강탈한다. 유럽에서는 자기 이익에 도움이 되는 초국가적 강제 규제 장치를 하나씩 하나씩 설립되도록 했다. 유럽연합이 그 본보기가 되는 사례다. 이렇듯 사회적으로 국민국가를 급격히 약화시키는 근본적인 변화가 일어나고 있지만, 그럼에도 국민국가의 제도, 즉 강제 규제 장치와 이데올로기 장치는 여전히 작동하고 있다.

2. 국가, 권력자들의 무기

벨라민 추기경Cardinal Bellarmine(1543~1621): 그런 세계(세계가 좀 추악하지 않나요?)에 의미를 좀 부여하는 것이 교부들과 그들 이후의 많

은 사람들에게 어떤 폐를 끼쳤는지 잠깐 생각해보세요. 캄파냐 평원의
농민들을 반라 상태로 자기들의 농장으로 채찍질하듯 몰아대는 자들
의 야만과, 그 대가로 그들의 발에 입을 맞추는 이 가난한 자들의 어리
석음을 생각해보세요.

갈릴레이: 몰염치하군요! 여기로 오는 도중에 봤어요.

벨라민 추기경: 우리는 우리가 파악할 수 없는 그런 사건들(삶은
그런 것으로 이루어져요)의 의미에 대한 책임을 더 높은 존재에게 전가
했어요. 어떤 의도를 추구하는 거라고, 그러니까 이 모든 것이 하나의
커다란 계획에 따라 이루어지는 것이라고 말한 셈입니다.

베르톨트 브레히트, 『갈릴레이의 생애』[2]

올리버 크롬웰Oliver Cromwell(1599~1658)은 17세기에 영국의 자본
주의 초기에 도시 시민계급의 가장 중요한 우두머리 중 한 명이었
다. 그는 도시의 신흥 시민계급, 선주, 수공업자, 환전상, 상인 등의
이익을 구현했다. 그들의 이익은 나태하고 타락한 귀족의 이해와는
정반대였다. 귀족은 시민계급에게 갖가지 세금과 높은 관세를 강요
했고, 대부분의 봉록을 독차지했다. 대단히 의지가 강하며 완고했
던 크롬웰은 귀족과 왕에 맞서 무자비한 투쟁을 벌였다. 그는 보통
키에 몸집이 우람했다. 눈은 새까맣고 몸짓은 날렵하고 성급했으
며, 철저한 청교도였고 무서울 정도로 잔인했다. 연설가, 관리자,
군인으로서의 재능 덕분에 그는 직무에 태만한 군주국에 맞서는 국
내의 반대파 대부분을 하나로 모을 수 있었다. 그는 공화파 군대를

이끌고 1645년 찰스 1세의 병력을 궤멸했으며, 재판소를 설치하여 1649년 왕의 목을 베게 했다. 이로써 공화국이 선포되었다. 바로 이어서 크롬웰은 네덜란드에 '항해조례'를 강요하여, 영국 선주들에게 전 세계의 항해에서 패권을 보증했다. 그는 아일랜드를 정복하고 이어서 스코틀랜드를 점령했다. 아일랜드에서는 남녀노소 가릴 것 없이 수많은 사람들의 학살을 지시했다. 이것 때문에 오늘날 영국 교과서에서도 그에게는 '아일랜드인 살육자'라는 별명이 붙는다.

그는 점차 권력의 오만에 사로잡혔다. 처음에 그는 공화주의자이자 민주주의자였지만, 신념이 같은 동지들로부터 점점 멀어졌다. 1653년에는 의회를 해산하고 '호국경Lord Protector'으로서 개인 독재를 시작했다. 사태가 이렇게 진전되면서 잠재적인 정치적 위험에 불안을 느낀 옛 동지에게 크롬웰은 이렇게 대답했다.

"열 명의 시민 중 아홉 명이 나를 미워한다는 게…… 뭐 대수겠소. 열 번째 시민이 나를 좋아하고 무기를 갖고 있다면 말이오."3

카를 마르크스는 일관된 국가 이론을 만들어냈는데, 그 중심에 네 가지 주된 명제가 있다.

첫 번째 명제: 어느 사회든 원래 객관적인 빈곤이 지배한다. 빈곤사회는 노동 분업에 대한 동인을 제공한다.

두 번째 명제: 노동 분업을 통해 서로 투쟁하는 여러 사회계급들이 생겨난다.

세 번째 명제: 국가는 강제 규제 기관, 제도화된 폭력, 즉 승리

한 계급들이 (자국 내에서 또는 타국들에서) 종속계급들에 대한 자신들의 지배를 관철하기 위해 투입하는 무기다.「공산당 선언Manifest der Kommunistischen Partei」(1848)에서 마르크스는 이렇게 썼다.

"원래의 의미에서 정치권력은 한 계급이 다른 계급을 억압하기 위해 조직화된 폭력이다."

네 번째 명제: 어떤 계급이 지배하든 상관없이 어느 국가나 정복되고 극복되고 폐지되도록 정해져 있다.『독일 이데올로기Die deutsche Ideologie』(1845~1847 작성)에서 마르크스와 엥겔스는 국가와 노예제도가 불가분하게 연결되어 있다고 썼다.

국가, 국가의 힘, 국가의 사멸, 국가의 극복 등은 마르크스주의의 핵심 사상이다. 그러나 역설적이게도 마르크스 자신은 국가에 대한 논문을 쓴 적이 없다. 국가에 대한 마르크스의 이론은 그가 쓴 다수의 저작들 곳곳에서 드러난다.

여기에서는 국가에 대한 마르크스주의적 명제를 상술하는 개별 연구들을 살펴보겠다.

엄청난 과학기술 혁명에도 불구하고 19세기 서유럽은 빈곤이 지배했다. 마르크스는 가난한 정치적 망명자로서 빈곤을 면치 못했다. 거의 일생 동안 정기적이고 충분한 소득이 없었기에 가족의 생계를 제대로 꾸리는 것이 늘 골칫거리였다. 그런 점에서 마르크스는 빈곤사회 때문에 고생했다. 외로움과 멸시는 차치하고, 그는 성인이 된 이후 대부분을 19세기 프롤레타리아처럼 고통스럽게 살았다.

산업혁명이 발생한 19세기 내내 특별한 사회적 동요가 일었다. 1882년과 1895년 사이에 독일 노동자계급은 700만 명에서 1,000만 명으로 거의 40퍼센트 증가했다.[4] 1850년부터 1900년까지 프랑스 노동자계급은 130만 명에서 500만 명으로 늘어났다. 이 신흥계급은 곧 강력한 정치적 대변인을 발견했다. 독일 사민당은 1869년 창설되었고, 스위스 사회당은 1882년, 벨기에 사회당은 1885년, 스웨덴 사회딩은 1895년, 프랑스 사회당은 1905년에 설립되었다. 1864년 사회주의 조직들(노동단체, 정당, 학생서클 등)은 1차 국제노동자협회 International Working Men's Association(일명 '인터내셔널')를 세웠고, 이것은 1889년 2차 인터내셔널로 이어졌다.

카를 마르크스가 말했던 것처럼, 자본은 "핏방울과 오물을 뚝뚝 떨어뜨리면서 모든 구멍에서" 세상으로 나온다. 그리고 마르크스는 이것을 《쿼터리 리뷰어Quarterly Reviewer》에 나오는 문장을 인용하여 설명한다.

"자연이 텅 빈 진공을 싫어하듯이 자본은 이윤이 없거나 이윤이 매우 적은 것을 싫어한다. 상당한 이윤만 있다면 자본은 용감해진다. 10퍼센트의 이윤이 확실하면 어디든지 자본을 투자한다. 그 이윤이 20퍼센트라면 자본은 활기를 띠며, 50퍼센트라면 훨씬 대담해지고, 100퍼센트라면 모든 인간의 법을 짓밟으며, 300퍼센트라면 단두대에 오를 위험이 있어도 감히 저지르지 못할 범죄가 없다."[5]

1841년 마르크스는 그리스의 유물론자 데모크리토스와 에피쿠로스의 철학에 관한 논문으로 예나대학교에서 박사학위를 취득했다. 그 뒤를 잇는 첫 저작물들은 이미 상당 부분 국가의 분석에 바쳐졌는데, 「헤겔 국법론 비판Kritik des Hegelschen Staatsrechts」과 그에 대한 「서설Einleitung」이 이에 속한다. 이 분석 글들은 『헤겔 법철학 비판Zur Kritik der Hegelschen Rechtsphilosophie』(1843)이라는 제목으로 함께 출판되었다. 여기에서 마르크스는 노동자 계급과 프롤레타리아트의 개념을 동의어로 사용한다. 1850년 마르크스는 「프랑스에서의 계급투쟁Die Klassenkämpfe in Frankreich」을 썼다. 이 글에서 그는 처음으로 '프롤레타리아 계급'에 대해 말했다. 1850년과 1853년 사이에는 이 개념을 서로 보완하는 여섯 개의 정의를 차례차례 제시했다. 적대계급 antagoniostische Klassen과 계급투쟁Klassenkampf의 개념들은 마르크스에게서 나온 것이 아니다. 그보다는 오히려 백과전서파들encyclopédistes, 특별히 디드로Denis Diderot(1713~1784)에게서, 그다음에는 생시몽Saint-Simon(1760~1825) 그리고 처음으로 계급투쟁에서 사회 발전의 가장 중요한 추동력 중 하나를 인식한 그의 제자들에게서 유래한다. 마르크스주의 국가론의 독창적인 면은 혁명운동이 사회적 메커니즘을 제대로 사용할 때 국가의 사멸로 이어지고, 생산자들의 자유로운 연합이 국가를 대체한다는 사회적 메커니즘이 빛을 발하게 된다는 점에 있다.

1852년 마르크스는 『루이 보나파르트의 브뤼메르 18일Der achtzehnte Brumaire des Louis Bonaparte』을 출판했다. 이 책과 요제프 바이데마이어Joseph Weydemeyer(1818~1866)에게 보낸 편지[6]에서도 마르크스는 정치권력이 한 계급에서 다른 계급에게로 넘어가는 이행과정을 매우 정확하게 묘사했다. 그는 자신이 쿠데타를 일으킴으로써 정치권력이 귀족이라는 개별 계급에서 전 국민에게 넘어간 것이라는 루이 보나파르트, 즉 나폴레옹 3세의 주장을 박살냈다. 보나파르트에 따르면 지금까지 권력이 한 계급의 이름으로 그 계급에 복무하였으나 앞으로는 일반적인 이해에 복무한다. 놀랍게도 서로 적대적인 사회의 계급들이 모두 화해하여 공동의 이해에 복무한다는 것이다.

마르크스는 보나파르트주의 국가론에 맞서 격렬히 투쟁했다. 마르크스가 볼 때 보나파르트주의 국가론은 국가의 기능을 거의 완전히 억압으로 축소시켰다. 마르크스는 군대, 경찰, 종교적 기관들, 지배계급을 (의원, 장관, 정부권력의 주체, 판사 등) 어떻게 부르든 간에, '권력의 대리인들'이 만들어내고 선포하고 사용하는 법률들의 억지 질서를 우선 상세히, 그리고 수많은 세부사항을 열거하며 묘사한다. 그는 국가기관이 계급투쟁의 무기임을 보여준다. 지배계급은 국가기관을 전적으로 자기 계급의 이해에 복무하도록 한다. 부르주아 국가는 (자유주의적 의회 민주주의로서, 파시즘 군사독재로서, 계급제도로서 등) 그 모든 역사적 형태에서 항상 지배계급의 국가일 뿐이다. 즉 국가란 매우 적은 주민이 노동자, 착취당하는 자, 속는 자, 멸시당하는 자 같이 엄청나게 많은 다수를 억압하기 위한 도구인 것이다.

국가의 강압적 권력을 가장 극단적으로 보여주는 것은 사형이다. 수많은 나라들, 그중에서도 두 최강대국인 미국과 중국은 오늘날까지도 자국 시민들의 생사를 결정하고 있다. 2013년 중국은 2,000명이 넘는 남녀와 청소년의 사형을 집행했다.

2014년 5월 31일 토요일 한밤중에 러시아에서 내가 묵고 있는 방에 전화가 울렸다. 전화를 건 사람은 자신이 파리 출신의 베흐자드 나지리Behzad Nazari라고 밝혔다. 그는 미국 인권위원회에 소속된 이란민족저항평의회(NWRI) 대표다. 베흐자드는 이렇게 말했다.

"내일 새벽에 일이 벌어질 모양이에요. 골람 레자 코스라비Gholam-Reza Khosravi가 2007년부터 복역 중인 에빈Evin 교도소 350구역에서 사형을 목전에 둔 사람들의 구역인 카라드슈Karadsch 교도소로 옮겨졌어요. 아마 교수형에 처해질 거예요. 그는 마흔일곱 살 된 용접공으로 아이가 한 명 있어요. 그는 '신의 적'이라고 사형을 선고받았는데, 사실은 국제사면위원회가 보살피는 정치범이에요. 하실 수 있는 일을 해주세요."

10분 후 이메일이 도착했다.

"안녕하세요? 내일 새벽에 그들은 피수감자 골람 레자 코스라비 사바드샤니의 사형을 집행할 거예요. 인도주의 단체들과 반기문 유엔사무총장과 캐서린 마거릿 애슈턴Catherine Margaret Ashton(유럽연합 외교안보정책 고위 대표―옮긴이)에게 편지를 써주세요. 스위스 외무부, 미국 · 프랑스 · 캐나다 외무부에 전화를 걸어 이 문제에 개입하라고 부탁해주세요. 첨부파일에는 이메일 유포자인 국제사면위원회의 자료가 들어 있어요. 감사합니다. 베흐자드."

유엔도 스위스 외무부도 개입하지 않았다. 6월 1일 일요일 오전 6시, 골람 레자 코스라비 사바드샤니는 카라드슈 교도소의 뜰에서 교수형에 처해졌다.

몰디브공화국의 전 외무장관인 이란 담당 유엔 인권위의회 특별보고관 아흐메드 샤히드Ahmed Shaheed의 보고에 따르면, 2013년 이란에서는 687명의 정치범이 사형되었다. 2014년 1월부터 4월까지 사형집행 수는 이미 289건에 달했다. 사형이 집행된 이 사람들 중 어느 누구도 범죄를 저지르지 않았다. 그들은 평화적으로 말이나 글로 정부의 이런저런 결정에 저항했기 때문에 모두 사형을 선고받았다. 모든 사형집행은 모하레베mohareb("신에 대한 적대적 행위, 신에 맞선 전쟁") 혐의로 유죄선고를 받고 행해졌다. 모든 정치범들은 모하레베 혐의로 사형을 선고받았는데, 지금도 이 혐의로 사형이 선고되고 있다.

3. 관료의 기생생활

마르크스는 아주 오래전에 권력의 관료화, 관리들의 공급 과잉, 공무원의 기생생활 등 오늘날 간과할 수 없는 현상에 대해 밝혔다. 그래서 그는 이렇게 썼다.

"프랑스에서 행정권executive power은 50만 명 이상의 많은 공무원 집단을 마음대로 부린다. 그러니까 엄청나게 많은 다수의 이해관계와 생존이 끊임없이 절대적 종속 상태에 있는 것이다. 그곳에서는 국가가 부르주아 사회를 통제하고 처벌하고 감시하며 후견인 역할을 한다. 그곳에서는 이 기생하는 물체가 특별한 집중을 통해 편재성을 획득한다."[7]

근대 산업국가들에서는 괴물 같고 때로는 기생충 같지만 실제로는 늘 제어하기 어려운 관료주의가 사회의 생산자원 대부분을 요구한다. 관료주의는 자기 나름의 법칙에 따라 작동하고 재생산되며 끊임없이 성장한다. 관료주의는 시민을 괴롭힘 당하는 신민으로 만든다. 내가 살고 있는 작은 공화국인 제네바는 오늘날 주민이 47만 512명인데, 이들은 282평방킬로미터의 영토에 살고 있다. 2014년 이 국가의 예산은 천문학적 액수인 79억 스위스프랑(유로로 환산하면 약 6,470억 유로)에 달했다. 왜냐하면 이 작은 국가는 자체 행정기관과 공기업들(운수기업, 공항, 병원, 상수도, 에너지 공급 등)에 3만 6,000명 이상의 공무원을 고용했기 때문에 모든 수입의 절반 이상을 그들의 급료로 지출하기 때문이다.[8] 많은 부문들에서 주민들이 공공연하게 저항하고 있음에도 이렇게 광범위하게 기생생활을 하는 공무원들의 활동은 무엇보다도 해롭다. 예컨대 공무원은 주의도로와 작은 길의 외관을 조직적으로 파괴하고, 커다란 역사적 광장을 콘크리트 황무지로 바꿔버리고, 마을 도로를 고속도로와 비슷한 대로로 넓히며, 자연 풍경을 콘크리트 벽으로 흉하게 만들기 때문이다.

막스 호르크하이머는 '과잉행정'을 근대 민주주의 국가들에 내려진 최악의 재앙이라고 했다. 앞에서 이야기한 제네바는 이에 대한 인상적인 예다.

4. 앙리 르페브르, 권력은 왜 비밀을 만드는가?

1808년 5월 2일 프랑스 혁명군대가 마드리드를 향해 돌진했다. 스페인 군대와 왕실은 황급히 달아났지만, 민중은 저항했고 봉기했다. 푸에르타 델 솔Puerta del Sol에 있는 집 발코니에서 당시 62세의 프란시스코 고야Francisco Jose de Goya(1746~1828)는 마드리드의 노동자들과 수공업자들이 조아생 뮈라Joachim Murat(1767~1815, 나폴레옹전쟁 때 프랑스의 군인이었던 나폴리 왕—옮긴이)의 노예병들에 맞서 어떻게 투쟁하는지 지켜보았다. 봉기는 진압되었고, 살아남은 생존자들은 체포되었다. 붙잡힌 사람들은 5월 3일에서 4일로 넘어가는 밤에 만사나레스Manzanares 강가로 끌려가 떼 지어 총살당했다. 고야는 등불을 든 하인을 대동하고 사형집행을 구경했다.

수천 명의 동향인들과 마찬가지로 고야는 프랑스 병사들을 해방군으로 기대했다. 그러나 그는 권력의 무자비한 논리를 체험했다. 권력에 방해가 되는 자는 제거된다. 권력이 원래 어떤 주장과 어떤 정당화 이론으로 등장했는지는 전혀 상관없다. 〈1808년 5월 3일: 마드리드 수비군의 처형〉이라는 그림에서 고야는 얼굴 없는 프랑스 병사들을 묘사했다. 프랑스 병사들은 회색 제복을 입고 통형 모자를 쓰고 있다. 얼굴 없는 남자들은 조명을 받아 잘 알아볼 수 있는 희생자들 맞은편에 있다.

국가이성은 자신을 관철시키기 위해 폭력을 사용한다. 그 신빙성은 강제와 억압에 근거한다.

미셸 드 몽테뉴Michel Eyquem de Montaigne(1533~1592)는 국가이성에 대해 이렇게 쓴다.

"공익이 사람들에게 배반자가 되라고, 거짓말하고 살인하라고 요구한다고? …… 본래의 자연적이고 보편타당한 법은 각 나라의 사회적 필요에 맞춰진 법률보다 높은 다른 규범을 지닌다."9

국가이성은 역사적 상수가 아니라 사회적·정치적 논쟁에서 생겨나는 불안정하고 우연적인 논리다.

국가이성의 가장 중요한 요소는 안전이다. 국가는 모든 시민의 안전을 보장한다고 주장한다. 이는 터무니없는 주장이다. 오늘날 대부분 국가들이 펼치는 군사정책, 즉 과도한 무장과 그 분야에서 행하는 선동을 생각해보면 잘 알 것이다. 상황은 오히려 정반대다. 국가들은 국가이성을 내세워 불안을 조장하고, 국민을 치명적인 위협 아래 둔다. 그러나 국가이성의 상징적인 힘, 즉 국가이성이 우리에게 강요하는 관념의 힘은 커서, 사람들은 국가가 안전을 제공한다는 보호의 사명을 자연법칙처럼 믿을 정도다.

국가이성의 효율성die Effektivität der Staatsräson은 두 개의 상이한 변수로 측정된다. 하나는 국가이성이 만들어내는 합의와 열의, 연대성이고 다른 하나는 국가이성이 자신의 실질적인 행동을 얼마나 성공적으로 숨기느냐다.

국가이성은 자기의 속셈을 간파할 수 없게 하고, 자기 비밀이 잘 은폐되도록 애쓴다. 국가이성은 자신의 진짜 활동을 숨기는 데 성공할수록 더 강력하고 더 동질적이고 더 논리정연하게 작동한다. 불가해성은 아주 본질적으로 국가이성에 속한다. 국가이성은 현실과 거리를 유지하고 실제 사실들의 모순을 외면할수록 설득력을 발휘하는데, 국가이성이 어떤 모순이든 자기 이름을 더럽히고 스스로를 파괴한다는 것을 아주 정확히 알고 있기 때문이다.

프랑스 철학자 앙리 르페브르Henri Lefebvre(1901~1991)는 이 전략을 다음과 같이 분석한다.

"국가는 특히 사회적 지식을 독점함으로써, 즉 사회적 지식의 생산과 분배를 통제함으로써 자기 자신의 불가해성을 조직한다. 그 결과 인간들은 파편화되고 원자화된 지식에만 접근할 수 있게 된다. 어느 사회에서나 국가기관들을 몇 배로 늘려야 한다는 주장이 나오고, 그것은 권력을 사회 전체로 분배하는 것으로 여겨진다. 국가의 기능들을 확대하는 것이 진정한 사회화라는 식으로 여겨지는 것이다. 권력의 현실과 그것이 가진 진짜 무게를 사회적 상황에서 인식하지 못하도록 국가는 할 수 있는 모든 것을 다 한다. 국가권력은 물 흐르듯 움직이고 우리가 파악할 수 없지만 어디에나 있다는 점에서 위협적인 만큼 비밀스런 존재다. 국가이성은 국가를 관통하고 구조를 갖게 하는 과정들과 마찬가지로 국가와 국가가 작동하는 방식을 은폐한다."

다른 대목에서는 이런 말도 나온다.

"그래서 사람들은 국가적 기관들의 억압적 특성을 부정(국가적 기관들의 기능적 속성을 시인)하다가 국가적 기관들에 있다고 추정되는 전권을 목도하고는 깊은 열등감에 빠질 수 있다. 권력은 영원한 것처럼 보인다. 권력이 사회적 계급들과 맺는 모순적 관계들을 어떻게 진지하게 점검하는지와 상관없이, 권력은 자연적인 것이 되고 그것에 집착하게 되며 조직의 추상적인 필요성과 동일시되기 때문이다. 따라서 국가의 모습을 보여주는 보통 수준의 질, 즉 개인화된 권력의 사이비적인 고상함은 겁을 먹었거나 순종적으로 침묵하는 와중에, 그리고 비굴하게 굴거나 공범자 같은 갈채를 보내는 와중에 드러날 수 있다. 국가는 항상 현재와는 다른 것으로 자칭하는 특성이 있다."[10]

미국의 국가이성에 대한 탁월한 분석가인 아서 슐레진저Arthur E. Schlesinger(1917~2007)는 르페브르와 같은 내용을 보다 무미건조하게 표현했다. 뉴욕대학교의 전 역사학 교수인 그는 1961년부터 1963년까지 존 F. 케네디 대통령의 가장 중요한 정치적 조언자 중 하나였다. 그는 이렇게 말했다.

"국가는 비밀 뒤에 숨는 것을 잘하면 잘할수록, 분수에 맞지 않게 감히 법을 속일 수 있다"[11]

권력 행사와 국가이성을 찬양하는 것에는 쾌감이 있다.

국가는 수많은 강력한 상징적 도구들을 발전시킨다. 국가의 틀에 박힌 상투어, 그 장치, 그 의식과 깃발, 그 호화로운 장관과 번지르르한 장식품 등은 집단적인 표상능력에 깊은 인상을 준다. 정치인들의 모의 싸움은 사회에서 논쟁을 독점한다. 이제는 모든 계층이 권력을 교대한다. 그들의 생활방식, 그들이 거주하는 궁전, 그들이 조직하는 연회, 그들이 꾸미는 여행, 그들의 텔레비전 출연, 이 모든 것은 거의 구별되지 않는다. 국민이 선택했다 하더라도, 권력이 바뀌는 경계에 있는 남자들과 소수의 여성들은 대개 국가, 국가의 기관들, 이것들이 가져오는 엄청난 상징적·물질적 이익 등을 소유물로 갖는 영주처럼 행동한다. 빅토르 골트슈미트Victor Goldschmidt(1888~1947)는 이에 대해 이렇게 말했다.

"프랑스의 현 정치계급은 선출된 귀족처럼 군다."[12]

하나의 예를 살펴보자. 1974년 발레리 지스카르 데스탱Valery Giscard d'Estaing(1926~)과 함께 새로운 현대적 중산층이 권력을 쥐게 되었다고 말할 수 있다. 몇 년 후인 1981년 프랑수아 미테랑François Maurice Marie Mitterrand(1916~1996)이 대통령에 당선되자 이 자리는 '비생산적인' 중산층—교사, 연금생활자, 공무원 등—의 차지가 되었다.[13] 그러나 미테랑의 공식적 행동—부하들, 즉 하위기관들에 대한 태도, 여행 방식, 대통령궁의 운용 방식—은 전임자들과 원칙적으로 다르지 않았다. 또한 자크 시라크Jacques Chirac(1932~)이든 니콜라 사르코지Nicolas Sarkozy(1955~)이든 또는 프랑수아 올랑드François Hollande(1954~)이든, 후임자들의 방식도 그와 다르지 않았다.

권력의 자율성, 권력의 적나라함, 권력의 오만……. 대령들이 지배하던 군사정권 시기의 그리스를 예로 들어보겠다. 1974년 초봄, 그리스의 독재는 가장 어려운 상황에 처해 있었다. 군사정부의 전직 군경찰 수장 디미트리오스 요안니디스Dimítrios Ioannídis(1923~2010)는 정부의 수장 요르요스 파파도풀로스Georgios Papadópoulos(1919~1999)를 실각시켰다. 키프로스섬의 경우, 요안니디스가 키프로스섬을 그리스에 병합시킬 목적으로 니코스 삼프손Nikos Sampsón(1935~2001)을 원격조종하여 파시즘 쿠데타를 일으켰다. 하지만 이것은 터키 군대의 침입을 초래했으며, 그 결과 터키 군대는 오늘날까지 섬의 40퍼센트를 점령하고 있다. 수천 명의 그리스계 키프로스섬 주민들이 목숨을 잃거나 달아났다. 마찬가지로 그리스 대령들의 조종을 받는 마카리오스Makarios 내통령(1913~1977)(키프로스 대주교 마카리오스 3세)을 죽이려는 시도는 실패했다. 에게 해에서는 터키가 레스보스 섬Lesbos, 사모스 섬Samos, 키오스 섬Chios 등을 점령하겠다고 위협했다. 그리스 본토의 사정도 재앙에 가까웠다. 인플레이션은 20퍼센트 이상에 달했고, 빈곤이 만연했다. 농촌 주민은 가장 충실한 동맹자로, 독재의 전통적인 사회적 토대였다. 그런데 수백 개의 마을들에서 불만이 날마다 커져갔다. 요안니디스는 농민들의 환심을 사기로 결심했다. 물론 그에게는 설득할 수 있는 수단이 부족했다. 그때 경찰의 수장이 기막힌 묘안을 냈다. 경찰이 화급히 마을 입구마다 대개 철로 만든 개선문을 세우고, 대문자로 'Zito to kratos(권력 만세)'라는 비문을 장식하겠다는 것이었다. 'Zito to kratos'는 국가이성의 핵심이다. 국가가 국가이성의 이름으로 운영하는 정치는 '현실정치'를 뜻한다.

5. 카를 마르크스, 국가론의 유산

카를 마르크스는 『루이 보나파르트의 브뤼메르 18일』에서 이렇게 쓰고 있다.

"모든 변혁은 기계들을 부수는 대신 그것을 완성했다."

마르크스의 사회에 대한 비전은 철저히 반독재적이고 반국가적이다. 그 비전이 야기하는 혁명은 국가체제만이 아니라, 한 인간이 다른 인간에게 행사하는 모든 형태의 권력도 부술 것이다. 마르크스가 요제프 바이데마이어에게 보낸 1852년 3월 5일자 편지에는 이런 말이 있다.

"내가 새로 하는 것은 계급투쟁이 반드시 프롤레타리아트의 독재로 이어진다는 것, 이 독재 자체가 모든 계급을 지양하고 계급 없는 사회로 이행시킬 것이라는 점을 명확히 알려주는 것이었네."

마르크스에 따르면, 국가라는 장치를 해체할 수 있는 무기는 프롤레타리아트의 독재다.

프롤레타리트의 독재란 무엇인가? 마르크스는 이것이 파리코뮌Paris Commune(1871년 파리 시민과 노동자들의 봉기로 수립된 혁명적 자치

정부—옮긴이)에서 실현되었다고 보았다. 코뮌, 반독재적 사회구조, 산업화 시대의 유럽에서 극히 새로운 것이 1871년 3월 18일 민중봉기로 생겨났다. 이 해 5월 28일 파리코뮌은 아돌프 티에르Louis-Adolphe Thiers(1797~1877) 휘하의 베르사유 정부군에게 진압 당했다.「프랑스 내전The civil war in France. Address of the General Council of the International Working-Men's Association」(1871)에서 마르크스는 코뮌이 프롤레타리아트 독재의 '특정한 형태'라고 썼다.[14]

코뮌은 프로이센 점령군들과 베르사유 정부군에 맞서 싸웠다. 그러나 코뮌은 상비군을 폐지했다. 코뮌의 방위군은 무장한 민중, 즉 남녀노소 모두 어깨를 맞대고 도시를 지킨 민병대였다. 정치권력이 없고 따라서 계급적 권력이 없는 경찰은 공공 서비스 부문이 되어, 시의 여러 구역에서 그 일을 하도록 임명된 주민들이 수행했다. 행정과 관료, 그리고 정부도 해체되었다. 더 이상 장관도 재판관도 사제도 공무원도 없었다. 코뮌의 위임을 받은 대표자들은 보통 선거권에 따라 선출되었고, 명령적 위임imperatives Mandat을 통해 의무가 주어졌으며, 언제든지 소환될 수 있었다. 월급과 기능에서는 더 이상 영속적인 위계가 없었다. 3개월마다 자체 방위위원회, 사법위원회, 보건위원회 등이 열렸다. 전체적으로 볼 때, 코뮌은 위계구조 없이 연합의 원리에 따라 조직되었고 권력이 거의 완전히 분산되었다. 파리코뮌 지지자 외젠 포티에Eugène Pottier(1816~1887)가 썼듯이, 공장과 거주구역 어디에나 "생산자들의 자치"가 생겨났다.[15]

실제로 코뮌은 이념들이 특별히 꽃을 피웠던 짧은 한순간이었고, 완전히 새롭지만 완전히 모순적이기도 한 것이 시도된 사회적 실험장이었다. 코뮌의 역사는 "사회에 의한 국가의 흡수"와 "대중에 의한 찬탈자들의 수용"(마르크스)을 거의 완벽하게 보여준다. 마르크스에 따르면, 파리코뮌에서 프롤레타리아트 독재를 보여주는 모델이 걷어찬 것은 인간들의 정부가 아니라 사물들의 관리였다. 파리코뮌 지지자들이 물론 국가 형태가 아닌 연합, 반독재적 · 자치적 민주주의를 건설하려고 했던 최초의 프랑스 혁명가들은 아니었다. 그들에게는 오늘날 잊힌 선구자들이 있었는데, 그중에는 파리 시장이었던 피에르 쇼메테Pierre Gaspard Chaumette(1763~1794)와 그의 동지 자크-르네 에베르Jacques René Hébert(1757~1794)(그가 창간한 잡지의 제목에 따라 페르 뒤셴Le père Duchesne이라고도 불렀다)가 있다. 그들은 국민공회에 끝끝내 대놓고 대항했다. 1794년 이 그룹은 해체되었고, 에베르는 3월 24일에, 쇼메트는 4월 13일 단두대에서 죽었다.

21세기 초의 우리들에게 있어서 '프롤레타리아트의 독재'라는 개념은 거부감을 자극하는 쓸쓸한 맛이 있다. 우리는 이 말에서 민주주의 상황에 정반대되는 인간 및 정치 상황을 생각한다. 그러나 그 진부한 개념을 거부한다 해도 마르크스가 그 개념에 부여한 의미를 외면해서는 안 된다.

프롤레타리아트 독재는 국가의 극복으로 나아가고, 하나로 뭉치는 생산자들의 자유로운 연합이 국가를 대체해가는 결정적 조치이기도 하다. 이 연합은 새로운 사회조직으로, 여기에서는 인간들이 착취와 위계의 관계를 넘어서, 전적으로 호혜적 · 보완적 · 연대적 관계를 유지한다. 누구나 자기가 필요한 만큼 얻고 자기가 할 수 있는 능력만큼 내놓는다. 각자의 행복과 자유로운 발전이 모두의 발전과 행복을 위한 조건이다.

국제연합 총회가 1948년 12월 10일 파리에서 채택했고 유엔에 가입하려는 모든 국가가 (1945년의 유엔헌장 외에도) 서명해야 하는 인권선언의 제1조는 마르크스의 비전을 거의 완벽하게 표현한다.

"모든 인간은 태어날 때부터 자유롭고, 존엄성과 권리에 있어서 평등하다. 인간은 이성과 양심을 부여받았으므로 서로에게 형제자매의 정신으로 대해야 한다."

마르크스의 대단한 비전은 역사의 지평에 나타나는 인간 해방의 유토피아로서 계속 살아 있다.

마르크스를 사칭하는 나라들

1917년 11월 눈으로 덮인 어느 날 아침, 레닌과 볼셰비키 봉기자들은 페트로그라드Petrograd(상트페테르부르크의 옛 이름—옮긴이)에서 권력을 넘겨받았다. 그들은 프롤레타리아트 독재를 수립했다. 노동자, 농민 등의 자치 '협의회들'의 연합인 소비에트공화국은 곧 잔학한 독재로 변했고, 20세기에 80여 년 동안 유럽과 아시아의 거대한 영역을 지배했다.

오늘날 헌법상 프롤레타리아트 독재를 실현했다고 주장하는 국가는 중화인민공화국 중국과 조선민주주의인민공화국 북한 두 나라다. 두 나라는 합쳐서 14억 명 이상을 지배하는데, 세계 총인구의 7분의 1이 넘는다. 이 두 나라의 지배는 무자비하다. 이 나라들은 최악의 전체주의 국가들로, 마르크스의 비전을 순전히 우롱하는 것이라 하겠다.

6. 국가 없는 사회

독립을 추구하는 모든 민족은 독립으로 나아가는 도중에 불가피한 민족해방전쟁과 국가의 건설을 체험한다. 이것은 왜 불가피할까?

중국의 정치가 저우 언라이周恩來(1898~1976)는 이렇게 말했다.

"우리는 유감스럽게도 국가들의 세계에 살고 있다!"

20세기의 가장 위대한 혁명가 중 한 명이 지구 전체를 흔들어놓은 민족해방전쟁에서 승리하고 세계 인구 7분의 1이 살고 있는 국가를 수립한 직후 한 말이다. 이 문장은 오늘날 독립전쟁이 어떤 필요성의 맥락에서, 어떤 중첩된 결정의 상황에서 발생하는지 명확하게 말해준다.

상업에 종사하는 자본주의 시민계급은 지구 전체에 자신들의 지배를 강요할 때 국가라는 개념과 국가가 적법하게 무력을 행사한다는 개념을 일반화하고 널리 퍼뜨렸다. 하지만 경탄할 만한 정치적 사회들은 국가라는 조직 없이 생겨났고 20세기까지 그 지위를 유지했다. 그것은 식민지 착취자들이 관심을 갖지 않았기 때문에 고유한 생산방식과 영토가 손상되지 않고 보전된 사회들이다. 그 사회들은 광물 지하자원, 석유, 농업 생산물 같은 부가 발견되고 그럼으로써 이익에 눈먼 자본가들이 그것에 관심을 갖게 되었을 때 비로소 자신들이 지배, 대리전쟁, 해방투쟁 등의 문제에 직면하였으며, 그 결과 국가를 건설할 필요가 있음을 알았다.

서사하라의 사라위족 유목민을 예로 들어보겠다. 대서양, 모로코, 알제리, 모리타니 등으로 둘러싸인 서사하라는 1900년, 1904년, 1912년에 식민지 강대국 프랑스와 스페인이 체결한 조약들로 확정된 국경이 약 31만 평방킬로미터에 걸쳐 있다. 스페인이 1958년 모로코의 타르파야·탄탄·구엘밈 주변 지역에서 물러난 이후, 서사하라의 면적은 28만 4,000평방킬로미터로 프랑스의 절반보다 약간 크다.

사라위족은 13세기에 예멘에서 이 지역으로 이주하여, 풍성한 문화를 지닌 매우 복잡한 정치적 사회를 수립했다. 수세기에 걸쳐 그 어떤 종류의 것이든 이런 형태의 국가조직은 존재한 적이 없었다. 그 사회는 부족과 씨족보다 높은 유일한 상위 기관인 이른바 '40인협의회'가 있었다. 사라위족 주민을 구성하는 열여덟 부족들의 우두머리가 모이는 회의는 오늘날까지 그렇게 불린다. 이 회의는 매년 알제리 남서부의 틴두프 고원에서 개최되고, 며칠 동안 계속된다.

이 회의는 완전히 민주적인데, 전통적으로 샘의 이용, 목초지의 분할, 이주, 외부의 적들에 맞선 공동 방어 등에 대해 규정한다.

'40인협의회'는 마찬가지로 국가 없이 정치적 사회들을 발전시켜온 아프리카, 남아시아, 안데스산맥 고원, 아마존 우림 등에 사는 수많은 전통 민족들에게 본보기가 된다. 피에르 클라스트르Pierre Clastres(1934~1977)는 남수단의 딩카족에서부터 킬리만자로 고원지대의 키쿠유족에 이르기까지 이들 사회 전체를 살펴본다.[16]

클라스트르는 생활에 필요한 것만을 생산하는 생업경제를 지닌 비교적 평등한 이 사회들을 '노동을 거부하는 사회들'이라고 명명한다. 그가 보기에 이 사회들에 국가가 없는 이유는 그 사회들이 국가가 무엇인지 몰라서가 아니라 딱히 국가가 필요하지 않도록 설계되었기 때문이다. 왜냐하면 중앙에 집중되는 강력한 독재적 권력, 강제 규제 장치, 평등하지 않은 구조 등을 그 사회들이 원하지 않았기 때문이다.

"역사 없는 민족들의 역사는 그 민족들이 국가에 맞서 벌인 투쟁의 역사다."[17]

그렇지만 1976년 사라위족은 어쩔 수 없이 민족주의 조직인 사하라아랍민주공화국(DARS)을 건설하게 되었다.

틴두프의 하마다(고원)에서 보낸 어느 봄날의 저녁이 생각난다. 붉은 태양이 암벽들 뒤로 가라앉는다. 부드러운 바람에 야자나무 잎들이 흔들린다. 대기는 맑다. 눈길이 닿는 데까지 회색, 갈색, 흰색 천막들이 줄지어 늘어서 있다. 붉은색 또는 밝은 색 긴 옷을 걸친 여자들이 두레우물들에서 물을 긷고 있다. 태고 이래 유목민족들에게서 볼 수 있는 친숙한 풍경이다. 그녀들은 양동이에 물을 채운 뒤 머리에 이고서, 몸을 흔드는 당당한 걸음으로 자신들의 천막으로 되돌아간다. 야자나무 숲 뒤에서는 대량학살을 자행한 무차별 포격에서 기적처럼 살아남은 낙타 한 쌍이 평화롭게 풀을 뜯고 있다. 이 한 쌍의 낙타는 한때 사라위족의 자랑이었던 큰 무리를 대표하는 마지막 존재다. 이 낙타들의 젖은 근처 병원에 있는 어린아이들에게 공급된다. 멀리서 지평선의 아주 작은 얼룩 같은 랜드로버 한 대가 모래바람을 일으킨다. 갈색의 땅 위에서는 하늘이 빛난다.

고향집에서 휴가 중인 해방군 전사인 운전사, 내 친구이고 폴리사리오 전선Polisario, Frent Popular la Liberación de Saguía el Hamra y Río de Oro(서사하라의 독립을 목표로 1976년 결성된 게릴라 조직—옮긴이)의 수장이며 폴리사리오 전선과 DARS의 창설자로 스물여덟 살의 나이로 전사한 알-왈리Al-Wali의 형제이자 제네바 소재 유엔에 파견된 DARS의 첫 대표자 바바Baba의 형제인 정이 깊은 바시르 무스타파 사이드Baschir Mustafa Sayyid, 그들과 함께 우리는 진영으로 들어가는 남쪽 입구 뒤쪽 작은 바위산을 힘겹게 오른다. 그곳에서 우리는 그 사령관이 말하는 것처럼 '우연히' 얼굴이 햇볕과 비바람에 거칠어진 인상 깊은 노인 세 명을 만났다. 그들은 파란색 넓은 부부(아프리카의 소매 없는 긴 옷—옮긴이)를 걸쳤고, 검정 또는 흰색 터번으로 머리와 목을 휘감았다.

며칠 전부터 나는 사라위족 사회의 특별한 응집력을 구성하는 사회조직, 인종, 씨족구조 등이 어떤 성질을 지녔는지 살펴보려 하고 있다. 그러나 그때까지 이와 관련된 나의 질문들은 당황스러워하는 사람들의 침묵으로 멈춰버리기 일쑤였다. 이날 저녁에 나는 드디어 답을 얻었다.

세 명의 부족 지도자―그중 두 명은 스페인 공화주의자들에 맞서 톨레도 근처에서 프랑코의 편에서 싸웠다―는 오랫동안 아무 말도 하지 않는다. 1936년 인근의 카나리아제도의 스페인 지원병들이 그들에게 와서, 무신론자들, 즉 신앙과 예언자들의 적인 '빨갱이들'에 맞서 싸우는 게 중요하다고 말했다. 그들의 선조들은 톨레도의 알카사르alcázar(14~15세기에 축조된 에스파냐의 건축물―옮긴이)를 세웠다. 그들은 이제 지브롤터 해협을 건너 반도를 탈환하고 톨레도를 해방시킬 것이다. 여기 우리 앞에서, 이 언덕에서 노인들은 부끄러워한다. 폴리사리오 전선의 젊은 투사들인 그들의 아들과 손자들, 그들의 조카와 조카의 아들들은 그들에게 프랑코의 기만을 설명했다. 그들은 무신론자들에 맞서 싸운다고 생각한 것과 달리 사실은 파시스트 장군 프랑코에 의해 모집된 것이었다. 프랑코는 종교재판의 후계자들로 계몽에 적대적인 추기경들과 공모했다. 자신들의 압제자에 맞서 싸우는 스페인의 농민들과 노동자들을 톨레도 앞에서 학살하려고 말이다.

마침내 노인들이 침묵을 깼다. 처음에는 끝없는 인사말이 나왔다. 유목민들의 손님에 대한 환대와 인사성은 낯선 사람을 예의 주시하고 통제하고 관찰하는 특별히 효과적인 수단이다.

바시르는 노인들이 감히 금기를 범하도록 자신의 권위를 다 동원해야 했다. 사라위족 사회—침입자와 교전 중인 사회—는 전사들의 인종적 출신에 대한 어떤 언급도 용인하지 않는다. 폴리사리오전선은 부족 구조를 없애고 우두머리의 권력을 부쉈을 뿐만 아니라, 부족들 간의 차이와 연합과 갈등이 있을지라도 이를 언급하는 것을 명확히 금지했다.

그러나 이날 저녁 노인들은 말한다. 나는 거의 믿기지 않는 이야기들을 듣는다. 국가 없는 유목민 사회가 어떻게 몇십 년도 안 돼 현대적인 공화국으로 바뀌었는지에 대해 말이다. 침략자에 맞서 함께 저항하는 이 공화국의 남녀노소는 가장 곤궁한 여건 속에서 날마다 살아남기 위해 싸운다.

1885년 유럽 강대국들 간의 아프리카 분할을 결정한 베를린회의는 서사하라를 스페인의 영토로 선언했다. 서사하라가 카나리아제도를 보호하기 위해 포기할 수 없는 제방이라고 여겨졌기 때문이다. 1967년/1968년 마드리드는 인산염, 철, 석유, 우라늄 등의 매장량이 풍부한 식민지가 경제적으로 얼마나 큰 가치가 있는지 뒤늦게 깨달았다. 스페인 사람들은 탐색하고, 구멍을 뚫고, 몇몇 현지 부족장들을 매수하고, 그들에게는 웃음거리인 지역 의회를 승인하고, 남자들에게 월급을 지불하고, 청년들을 위해 학교를 열었다. 사라위족은 자신들의 적을 점차 알게 되고, 외국과 새로운 관계를 맺고, 국제적·외교적 여론을 발견하고, 다른 민족들의 해방전쟁과 공통성을 확인했다. 1970년 6월 17일의 시위는 정치적 투쟁의 시작이었다. 이에 스페인 외인부대는 진압으로 답했다. 수백 명이 체포되었고,

수십 명이 살해되었으며, 몇몇 사람은 '사라졌다.'

스페인 압제에 대한 저항으로 1973년 5월 10일 폴리사리오 전선이 창설되었다. 라바트 출신의 전 법학생 알-왈리 무스타파 사이드는 서기장으로 선출되었다. 1975년 9월 스페인 정부는 알-왈리와 부대 철수를 놓고 협상했고, 사라위족의 독립을 인정했다. 그러나 10월 라바트에서 열린 아프리카연합 정상회의에서 모로코와 모리타니는 서사하라를 서로 분할하기로 비밀협정을 체결했다. 위독한 독재자 프랑코 치하의 스페인은 사라위족에 대한 책임을 저버리고 분할에 동의했다.

그리하여 1975년 10월 31일, 프랑스와 나중에는 미국에서도 지원을 받는 두 이웃 국가인 모로코와 모리타니에 맞서는 사라위족의 저항전쟁이 시작되었다. 남자들은 무기를 잡았다. 5만 명의 여성과 아이들은 도망쳐서 대탈출의 비극을 겪었다. 남은 사람들은 추방, 경찰의 테러, 구속, 대량 사살 등을 겪었다. 주거지에는 네이팜탄과 인광탄이 투하되어 수천 명이 죽었다. 피난민들의 긴 여정은 거의 여덟 달이나 걸렸다. 알제리 국경에서 궁지에 빠진 그들은 마침내 은신처를 발견했다. 왜냐하면 알제리는 사라위족의 순교자 부족을 무조건 지원하기로 약속했기 때문이다. 1976년 2월 17일 틴두프의 바람이 몰아치는 하마다에서 사하라아랍민주공화국(DARS)이 선포되었다.

오늘날 사라위족은 여전히 싸우고 있다. 그들의 국가는 서구 강대국들과 모로코 식민지 세력으로부터도 인정받지 못하고 있다. 모하메드 압델아지즈Mohamed Abdelaziz 대통령이 이끄는 DARS 정부는 여전히 알제리 영토에 망명 중이고, 사하라아랍민주공화국의 영토 대부분은 무자비한 억압을 일삼는 모로코 군대가 점령 중이다.[18]

수천 년 된 역사를 지닌 또 다른 민족은 식민지 점령 세력에 의해 그 존재가 부인되는데, 바로 팔레스타인 민족이다.

1947년 유엔총회는 1922년 오스만제국이 멸망한 이후 영국에 의해 위임통치령으로 관리되던 팔레스타인을 두 개의 국가로 나누기로 결정했다. 토착민이든 입국한 이주자이든 유대인들의 국가와 팔레스타인 국가로 나눈 것이다. 그 지역의 팔레스타인 사람들과 전체 아랍 국가들은 이 결정에 항의했다. 전쟁이 벌어졌다. 이스라엘 국가가 공포되었다. 거의 100만 명의 팔레스타인 사람들은 자신들이 살고 있는 도시와 마을들에서 쫓겨났는데, 일부는 이스라엘 군대의 테러 때문이지만 아랍 정부들의 명령에 따른 것이기도 했다. 1967년 이스라엘 군대는 6일 전쟁 동안 동예루살렘, 서요르단 지대, 가자, 시나이 반도(1973년 욤-키푸르 전쟁에서 이집트로부터 탈환했다), 골란 고원 등을 점령했다.

그 이후에도 팔레스타인 민족은 저항을 멈추지 않았다. 1987년과 1990년 두 번의 인티파다Intifada(이스라엘 점령 지역에서 팔레스타인에 의한 저항—옮긴이)는 식민지 점령 세력에 의해 잔인하게 진압되었다.

2007년 이스라엘은 대부분 피난민들인 180만 명이 365평방킬로미터의 평지에 몰려드는 가자의 게토에 완전한 봉쇄를 선포했다.

2014년 7월과 8월에 이스라엘의 전투기 조종사, 포병, 해군, 장갑차 조종사, 저격병 등은 이 게토를 이동탄막 사격으로 초토화했다. 이 사격으로 2,000명 이상이 목숨을 잃었고, 1만 명 이상의 팔레스타인 사람들, 주로 민간인, 여성, 아이들이 부상당하고 화상을 입었으며, 불구가 되었거나 실명했다(그에 반해 팔레스타인의 로켓 공격에 죽은 이스라엘의 군인은 64명이고 민간인은 3명뿐이다).

2012년 역사적으로 팔레스티나였던 영토의 41퍼센트에 세워진 팔레스타인 국가는 유엔 옵서버 지위를 얻었다. 이스라엘은 팔레스타인 국가를 인정하기를 거부했다. 이스라엘의 경제 봉쇄는 계속되고 있다. 이스라엘의 국가 테러도 마찬가지다.

7. 하버마스, 약자들에게 소용없는 국가

굶주려 여위고 핏기 없고 넝마를 걸친 지저분한 사람들, 그중에서도 특히 여자들과 아이들이 눈을 깜박거리던 장면을 생각하니 전율이 인다. 그들은 일랴 두 고베르나도르Ilha do Governador 소재 갈레아오 공항을 리우데자네이루의 서쪽 근교와 분리하는 대로의 다리 아래에 정착한 사람들이었다. 그들은 북쪽의 가뭄과 대지주의 잔인함 때문에 도망친 이주자들로, 몹시 괴롭힘을 당한 사람들flagelados 가정이다. 그들은 낮에는 먹을 것도 미래도 체면도 없이 대도시를 헤맨다. 그들의 처지는 마치 쫓기는 짐승 같다. 밤에는 헌병대가 그들을 괴롭히거나 때리고 심지어 죽이기까지 한다.

예컨대 브라질 같은 개발도상국들에서 국가는 때때로 경악할 만큼 사회적으로 무능력하다. 서구 산업사회들의 상황은 더 복잡하다. 국가는 양면성을 가진 사회적 형성물이다. 국가는 자본주의 논리를 구현하는 동시에 그것과 싸우기도 한다.

몇몇 제한된 영역에서 국가는 진보의 힘이다. 국가의 개입이 없었다면, 늙은이 젊은이 할 것 없이 종업원과 노동자는 자본의 광포함에 무방비로 방치되었을 것이다. 국가 덕분에 유럽 어디에나 훌륭한 학교, 대학, 문화시설, 병원, 사회안전망, 노동재판소, 피고용자와 연금 생활자와 실업자 등을 보호하기 위한 다양하고 효과적인 기관들이 존재한다. 국가는 조세제도를 통해 전체 국민소득을 국가 안에서 분배한다. 국가는 최소한 가장 기본적인 사회적 공정함을 보증한다.

국가는 또한 약자들을 위한 보루다. 그러나 오늘날 이 보루는 점차 무너지고 있다.

세계화된 금융자본의 권력 신장, '소수 국가'의 신자유주의 도그마, 세계의 민영화, 이 모든 것은 점차 국가들의 규제력을 약화시킨다. 확장된 금융자본의 힘은 의회와 정부를 짓밟는다. 그것은 대부분의 선거와 거의 모든 국민투표를 무의미하게 만든다. 이것은 공공기관의 규제 능력을 해친다. 그리고 법을 질식시킨다.

프랑스혁명으로부터 물려받은 그대로의 공화국에서 남은 것은 오직 그림자, 텅 빈 껍데기뿐이다.

위르겐 하버마스Jürgen Habermas(1929~)는 이렇게 진단한다.[19]

"영방국가領邦國家, 국민, 국경 내에 구성된 경제 등은 그 당시 민주적 과정이 대체로 설득력 있는 제도적 형태를 취할 수 있게 하는 역사적 상태를 만들었다. …… 오늘날 이런 상태는 그 사이에 '세계화' 라는 이름으로 광범위한 주목을 끄는 발전을 통해 문제시된다. …… 장차 국가정책은 대체로 '입지를 확보' 하고 순응하도록 강제하는 명령을, 머리를 써서 잘 관리하는 것에 국한된다. 이 활기 없는 전망은 정치적 논쟁들에서 마지막 남은 실체를 빼앗는다. …… 마지막으로 의심의 여지가 없는 것은 전자 네트워크로 연결되는 금융시장들에서 자본의 이동이 유례없이 빨라지는 촉진과, 실물경제와 분리된 자체 역학을 전개하는 자금순환의 독자화 경향이다. …… 선견지명이 있는 경제학자들은 이미 200년 전에 자신들이 잘 알고 있는 '국제' 경제 형태와 새로 형성되는 '글로벌' 경제를 구분했다."[20]

새로운 권력은 세계화된 금융자본가들이 민주적으로 구성된 정부, 의회, 법원, 여론 등에 위협을 가할 수 있는 권력을 확립하는 데 관여한다.

하버마스는 이 과정을 이렇게 묘사한다.

"'입지 경쟁' 으로 첨예화된 글로벌 경쟁의 조건하에서 기업들은 노동 생산성을 높이고 노동 과정을 합리화하도록 그 어느 때보다도 많이 강요 받았다. 그리하여 과학기술이 노동력을 방출하는 장기적인 추세가 더 가속화된다. 대량 해고는 주로 앉아서 일하는 노동조합의 지위가 전체적으로 약화되는 것에 비해 움직임이 활발한 기업들의 위협이 커지는 것을 역설적으로 보여준다. 실업이 늘어나고, 대비 시스템이 과도하게 요구되고, 분담금이 감소하는 악순환이 국가의 자금력을 소진하는 이 상황에서, 성장에 고무적인 조치들은 그 가능성이 적을수록 그만큼 더 필요하다. 그 사이에 국제 외환시장이 국가 경제정책의 '평가'를 떠맡았기 때문이다."[21]

하버마스는 또 이렇게 쓴다.

"시장을 통한 정치의 배제는 또한 국민국가가 세금을 회수하고 성장을 고무하며 이로써 그 정당성의 중요한 토대를 다질 수 있는 능력을 점차 잃고 있는데도 이와 같은 기능을 하는 등가물이 생겨나지 않는 데서 드러난다. …… 그러는 대신 국가의 정부는 이미 자본 이전으로 넌지시 위협당하며, 이에 직면하여 비용을 낮추기 위한 규제 완화 경쟁에 연루된다. 그 결과 추잡한 이익과 극심한 소득 차이, 실업이 증가하고, 늘어나는 빈곤 인구는 사회적으로 소외된다. 정치적 참여를 위한 사회적 전제가 파괴됨에 따라, 형식상의 민주적 결정 역시 신빙성을 잃는다."[22]

위르겐 하버마스는 프랑크푸르트학파의 지적·제도적 후계자다. 독일 신마르크스주의자들의 문하생이자 해석자로서 그는 막스 호르크하이머(하버마스는 프랑크푸르트 요한볼프강괴테대학교에서 호르크하이머의 조수였다), 테오도르 W. 아도르노, 헤르베르트 마르쿠제 Herbert Marcuse(1898~1979), 프리드리히 폴록Friedrich Pollock(1894~1970), 에리히 프롬Erich Fromm(1900~1980) 등의 정신적 아들이다. 금융자본의 전지전능한 힘에 대한 하버마스의 종말론적 비전, 공화주의 국가의 저항력에 관한 그의 비관론, 현재 민주주의의 작동에 대한 그의 신랄한 비판 등을 정신적 전통으로 설명할 수 있을까? 프랑크푸르트학파의 심한 문화 염세주의와 유대교-그리스도교 종말론에 대한 잠재의식 속 절망이 통합된 자본주의 시장에 대한 하버마스의 비판에 예기치 않게 다시 나타나는 걸까?

반세기 이상 랄프 다렌도르프Ralf Dahrendorf(1929~2009)는 가장 신랄하게 대립각을 세웠던 위르겐 하버마스의 이론적 적수였다. 하버마스와 다렌도르프는 동시대의 독일 사회학을 대표하는 가장 중요한 이론가다. 나는 연륜이 쌓여 온화한 68세대의 두 지도자가 교대로 집전하는 독일 사회학의 장엄미사인 '사회학자의 날Soziologentage'에 수차례 참석했다.

하버마스는 독일사민당(SPD)에 가깝다. 그 사이에 고인이 된 랄프 다렌도르프는 독일자유민주당(FDP)의 당원이었고, 단기간이었지만 연방정부의 차관도 역임했다. 그런데 다렌도르프는 서구 국가를 위협하는 치명적 위험들에 대해 그의 지적 적수 하버마스와 똑같이 분석하게 되었다. 얼마나 놀라운가!

다렌도르프가 무엇이라고 썼는지 들어보자.

"점점 더 커지는 세계시장에서 경쟁력이 있으려면, (OECD 국가들은) 시민사회의 결속에 돌이킬 수 없는 해를 가하는 조치를 취해야 한다. 따라서 다가오는 10년 후 제1세계의 가장 시급한 과제는 복지, 사회적 결속, 정치적 자유 등으로는 해결할 수 없을 것이다."[23]

임마누엘 칸트는 국가를 "공동의 규칙 아래 합치된 불순한 개별 의지들의 공동체"로 규정했다. 칸트는 "불순한 개별 의지들"을 어떻게 이해하는 걸까? 모든 인간은 가장 나쁜 열정들을 지니고 있는데, 질투, 권력욕, 파괴적 에너지 등이 그것이다. 모든 인간은 통찰을 통해 보편적 의지와 공공의 복지를 위하여 자기 자유의 일부를 넘겨준다. 모든 인간은 자기와 같은 사람들과 함께 '일반 규칙', 국가, 법칙 등을 세운다. 이 같은 행위의 근간이 되는 것은 최대한 큰 자유다. 칸트는 계속해서 이렇게 쓴다.

"그러나 윤리적 목적을 지향한 헌법을 강요를 통해 실현하려는 입법자는 화를 입을지어다! 왜냐하면 그런 자는 이로써 윤리적 〔헌법〕과 정반대되는 것을 야기할 뿐만 아니라 자신의 정치적 헌법도 망치고 위태롭게 만들 것이기 때문이다."[24]

칸트는 불순한 개별 의지들로 연결된 그물망인 공동 규칙이 심각하게 허약하다는 것, 즉 매우 견고해 보이는 제도들 속에 숨어 있는 심연을 누구보다 잘 알고 있었다. 그는 시민의 개별 의지들을 잘못된 길로 유인함으로써 공동 규칙을 약화시키고 왜곡하여 최악의 경우 없애버리게 하는 힘을 "지극히 나쁜 것"이라고 지칭한다.

칸트를 집중적으로 연구한 미리암 르보 달론Myriam Revault d' Allonnes 은 이렇게 쓴다.

"인류의 도덕적 성향을 알려주는 잊을 수 없을 만큼 위대한 역사적 증거가 있다. 그러나 인간 본성에는 지극히 나쁜 성향도 존재한다. 즉 선한 것뿐만 아니라 악한 것에도 향할 수 있는 본원적인 힘이다. 이것은 근절할 수 없는 본성이자 불가해한 심연으로서 존재한다."

또 다른 대목에는 이런 말이 있다.

"인간은 자연에 의해 고정된 목표가 제시되어 있지 않았다는 점에서 가변적이다. 인간이라는 종은 우리가 그 종을 재료로 하여 만들려는 것이다."[25]

대부분 약탈적 자본가들에게는 메피스토(중세 서양의 파우스트 전설에 나오는 악마—옮긴이)가 숨어 있다. 그들은 일부러 국가의 영향력을 박탈하기 위해 노력한다. 그들은 국가의 규제 능력을 비방하고 신용을 떨어뜨리며 정당성을 약화시킨다.[26]

그리고 오늘날 그들은 승리를 축하한다.

대립하는 계급들의 모순적 이해가 충돌하는 계층사회에서 민주적 국가는 지속적으로 그리고 다양한 메커니즘(조세를 통한 재분배, 사회 보장 등)을 통해, 개인들 간의 불균형적인 종속을 점차 약화시키고 사람들이 그것을 견뎌낼 수 있게 하려고 애쓴다. 그리고 시민들은 국가에서 실제로 이득을 보는 한 국가 뒤에, 즉 국가의 규범과 의사 결정 과정 배후에 있다. 시민들에게 안전하다는 느낌을 주지 못하고, 최소한의 사회적 안정과 소득을 보장하지 않으며, 예측 가능한 미래와 시민들의 윤리적 신념과 일치하는 공공질서를 보장하지 못하는 국가, 그런 국가는 멸망할 수밖에 없다.

수많은 서구 국가들에서 공공 교통, 우편, 통신은 이미 민영화되었다. 두 번째 민영화의 물결이 밀어닥칠 준비를 하고 있다. 이것은 초등학교, 중등학교, 대학교, 병원, 교도소는 물론이고 곧 경찰에도 닥칠 것이다.

에릭 홉스봄Eric Hobsbawm(1917~2012)은 자발적으로 가장 중요한 공공 서비스 부문들을 축소하고, 일반적 이해관계에서 생기는 과제를 사적 영역으로 옮김으로써 이윤의 최대화라는 법칙에 굴복하는 국가를 파탄 국가failed state, 즉 실패한 국가이자 죄를 짓는 국가로 명명했다.

그런 국가에 사는 시민의 눈에는 국가의 가치가 거의 제로에 가깝다.

개인 간 경쟁을 최대화하는(그리고 찬양하는) 경제, 즉 위태로운 노동 상황, 불안정한 생활조건, 성과에 따른 수입 등은 사람들을 불안에 떨게 한다. 장자크 루소의 글에 이런 문장이 나온다.

"약자와 강자 사이에 있는 것은 억압하는 자유와 해방시키는 법칙이다."

커다란 사회적 위험에 무방비로 노출되어 있는 시민은 자신을 더 이상 국민이라고 여기지 않는다. 자기의 일자리, 소득, 권리 등을 잃을까 계속 두려워하는 인간은 더 이상 자유로운 인간이 아니다.

국가의 민영화는 인간의 자유를 파괴한다. 민영화는 국적을 지워버린다.

스위스 그라우뷘덴Graubünden 주 란트바서탈Landwassertal 끝쪽에 있는 소도시 중심의 다보스Davos에서 1996년 2월 세계경제포럼(저명한 기업인, 경제학자, 저널리스트, 정치인 등이 모여 세계 경제에 대해 토론하

고 연구하는 국제민간회의—옮긴이)이 개최되었는데, 여기에서 기억할
만한 사건이 일어났다. 그것은 모반의 순간으로, 새로운 세계가 본
모습을 드러낸 예였다. 당시 독일연방은행 총재였던 한스 티트마이
어Hans Tietmeyer가 무거운 걸음으로 마이크 앞으로 다가갔다. 밖에서는
눈송이들이 소요를 막으려는 경찰관들의 투구 위로, 가시철조망 차
단목과 전자 울타리 위로 조용히 내렸다. 은빛 하늘 앞에서는 스위
스군의 회색 헬리콥터들이 끊임없이 순찰을 돌았다.

그 안에 세계에서 가장 강력한 1,000명의 올리가르히, 수십 개
국에서 온 국가원수, 수상, 장관 등이 모였다. 티트마이어는 참석한
국가원수들에게 결론적으로 이런 경고의 말을 전한다.

"이제부터는 금융시장의 통제를 받게 됩니다!"[27]

오랫동안 박수갈채가 이어졌다. 국가원수, 수상, 장관, 사회민주
당과 사회당의 많은 당원은 국민주권이 상품 합리성과 세계화된 금
융자본의 투기 논리에 굴복하는 것을 자명한 사실로 받아들인다.

다보스 세계경제포럼의 참가자들은 티트마이어가 무엇을 말하
려는 건지 잘 알고 있었다. 왜냐하면 모든 국가원수 및 정부수장, 모
든 장관은 날마다 사적으로 이 '통제'를 체험하기 때문이다. 어떤
정부가 세금을 올리기로 결정한다고? 금융자본은 (외국자본이든 국
내자본이든) 당장 자금을 회수하고 이웃 국가에서 더 유리하게 부를
축적할 조건을 찾을 것이다. 투자자본에 대한 한정 조건, 관세, 다국
적기업의 이익을 본국으로 되돌리는 것에 관한 규정 등이 달라졌다
고? 금융자본은 이런 식으로 '죄를 지은' 정부를 지체 없이 처벌할

것이다.

회의실에 있는 많은 고위층 인사들은 다자간투자협정(MAI)을 둘러싼 논쟁을 기억하고 있었다. MAI는 다국적 거대 콘체른의 지시에 따른 것이었다. 이것은 특히 다국적 콘체른이 어떤 주권국가의 결정 때문에 경제적 손해를 입는다면, 국제 중재재판소에 손해배상 청구 소송을 제기할 수 있다고 규정했다. 이 투자협정은 처음에 최대 산업국들의 상부조직인 경제협력개발기구(OECD)에서 극비리에 진행되었다. 모든 정부가 굴복했다. 서명하는 일만 남았을 뿐이다.

그때 유럽 시민사회에서, 특히 프랑스에서 여태 없었던 소동이 일었다. 몇 분 안 남은 마지막 순간에 당시 프랑스 수상 리오넬 조스팽Lionel Jospin(1937~)은 서명을 거부해야 했다. 투자협정은 효력을 발휘할 수 없었다.

"강자가 지닌 아무도 범할 수 없는 불가침의 권리, 이 경우에는 다국적 회사들의 권리와 사람들에게 부과되는 엄격한 의무가 다자간투자협정(MAI)에서처럼 대단히 전제적으로 오만하게 규정되었다는 것을 알려면 최악의 식민지 조약까지 되돌아가야 한다."[28]

오늘날 투자 보호는 범대서양무역투자동반자협정TTIP, Transatlantic Trade and Investment Partnership에 관한 유럽연합과 미국 간의 협상에서 중요한 주제다. 대서양 건너편에서는 미국이 캐나다 그리고 멕시코와 체결한 미주자유무역지대FTAA, Free Trade Area of the America에 관한 협정에 MAI의 결정이 같이 수용되도록 관철시켰다. 정부·의회·언론·직업 단체의 일원인 금융자본의 용병들과 공모하여 미국은 이 규제들을 라틴아메리카와 카리브 해 지역의 모든 나라들에 강요하려고 한다. 그러나 브라질의 무토지 농민운동MST, Movimento dos Trabalhadores Rurais Sem Terra(토지가 없는 농민들이 농지분배를 요구하며 농장 등 타인의 사유지 등을 점거하는 운동―옮긴이), 에콰도르 원주민 연합CONAIE, Confederatción de Nacionalidades Indígenas des Ecuador 또는 비아 캄페시나La Via Campesina('농민의 길'이라는 뜻을 지닌 국제 농민운동 조직―옮긴이) 같은 강력한 사회운동들은 '제약 없는 덤핑free dumping'이라는 살인적 정책에 맞서 적절하게 저항을 조직한다.

범국가적 올리가르히들의 새로운 부의 축적 및 착취 전략은 국민 경제를 끔찍하게 황폐화시킨다. 가장 강력한 국가들조차 자국의 영토에서 펼치는 재정 및 경제 정책에서 범대륙적 금융 및 생산 기업들의 강제적 규정에 굴복할 수밖에 없었다. 만약 거부한다면, 국가들은 즉시 국제적 투자의 철회와 자금 도피라는 벌을 받게 될 것이다.

특히 이런 이유로 프랑수아 올랑드 정부는 수백만 프랑스 가정이 고초를 겪는 사회적 파국을 제어할 수 없다.

연초에 불어나는 시냇물처럼 범대륙 금융자본은 자신의 특별한 힘으로 모든 장벽들을 침수시키고, 모든 국가의 강제력을 쓸어가고, 잘 손질된 자연경관을 황폐하게 만든다. 장차 모든 정부들에게, 또한 가장 부유한 강대국의 정부들에게도 남는 것은, 하버마스가 '세계내정치Weltinnenpolitik'[29]로 칭하는 것에 참여하는 것뿐이다. 그리고 그것은 모든 정부가 범대륙적 자본의 군주들이 내리는 지시에 굴복해야만 한다는 것을 의미한다.

세계은행연감에 따르면 2013년 경제부문에서 가장 강력한 다국적 콘체른 500개가 전 세계의 국민총생산, 즉 지구에서 1년 동안 생산되는 자본, 상품, 서비스, 특허와 같은 전체 부의 52.8퍼센트를 통제했다. 노암 촘스키Noam Chomsky(1928~)가 부르는 것처럼 이 거대한 불멸의 인간들gigantic immortal persons은 각각의 개별 국가, 초국가, 노동조합 및 그 밖의 통제에서 벗어난다. 그들은 재정적인 부를, 즉 인류의 역사에서 어떤 왕, 어떤 황제, 어떤 교황도 소유하지 못한 만큼의 경제적 · 정치적 · 문화적 권력을 축적한다.

그들은 가능한 한 짧은 시간 내에 이윤의 최대화라는 유일한 원칙에 따라 작동하는데, 이것은 아주 정상이다.

독일 정치가들은 '만성적 실업'이라는 끔찍한 개념을 자주 사용한다. 유럽연합의 28개 회원국에는 2014년 총 3,020만 명의 장기 실업자들이 있다. 적어도 22개월 전부터 일자리가 없는 개인들이 있는 것이다. 그중 38퍼센트는 25세 이하의 젊은 사람들로, 중등학교나 대학교를 졸업한 후 여태까지 일해본 적이 없다. 대부분은 평생 노동 과정에서 배제된다. 일이 없는 이 인간들, 즉 이 배제된 사람들은 오늘날 보통 현상으로 받아들여지고, 유럽 노동시장의 추종자들이 주장하는 것처럼 그냥 유럽 노동시장의 '본질'에 속한다. 메르켈 총리는 한 가지 문제만 보고 있다. 어떻게 하면 공공연한 봉기가 일어나지 않도록 그들에게 생존하기에 족한 최저 생계비를 줄 수 있을까?

규범을 설정하는 데 효과적인 힘이 있는 주권국가는 한때 최후의 보루, 즉 '자연화된' 자본주의 시장이 휘두르는 채찍에 맞서는 최후의 방어선을 형성했다. 그것은 니카라과 산디니스타Sandinist(1979년 소모사Somoza 정권을 타도한 니카라과의 민족해방전선의 일원—옮긴이) 게릴라 전사들이 말한 것처럼 최후의 참호였다. 이 보루는 오늘날 부서지고 있다.

2014년 5월 유럽연합 28개 회원국들에서 유럽의회를 위한 선거가 실시되었다. 선거전의 중심에는 미국과의 범대서양 무역투자동반자협정(TTIP)이 있었다. 유럽연합 위원장과 미국 대통령 버락 오바마 사이의 협상은 2013년 초에 시작되었다. 이 협상은 완전히 비밀리에 흘러가고 있어서, 유럽연합 회원국들은 비준할 때에야 비로소 발언권을 신청할 수 있다.

범대서양 자유무역지대를 마련하는 것에 관한 이야기들이 공식적으로 나오고 있다. 이것은 지금까지 있었던 것 중에 가장 큰 자유무역지대다. 실제로 그것은 보다 원칙적인 것이고 훨씬 위협적인 것이다. TTIP가 성립되면 국가들의 경제·금융 정책은 결국 다국적 민간 콘체른이라는 냉혹한 괴물에게 내맡겨질 것이다.

이 협정의 결정적 조건은 중재재판소를 마련하는 것과 관련된 것이다. 협정이 언젠가 서명되면 유럽의회는 동의할 것이고, 28개 회원국의 국회는 그것을 비준할 것이다. 그러면 협정의 효력이 발생할 것이고, 각각의 다국적 민간기업은 자기의 이익과 바람에 저촉되는 결정을 내리는 각국을 고소할 것이다.

　해당 기업은 결정을 취소하라 하거나 손해배상을 요구할 수 있다. 그리고 더 중요한 것은 갈등이 관련국의 법원이 아니라 TTIP를 근거로 자체 마련된 중재당국에 의해 해결될 것이라는 점이다. TTIP가 성공적으로 협의되고 비준된다면, 궁극적으로 콘체른의 전능함이 실현되는 것이다.

7장
국민이야말로 문명의 증거

1. 국민, 발미의 포격과 함께 역사에 등장하다

국민은 프랑스혁명의 산물이다. 국민은 발미Valmy의 포격과 함께 역사의 무대에 등장한다.

1792년 9월 20일 동틀 무렵, 마른Marne 강 계곡에 위치한 작은 마을 발미 근처의 들과 언덕이 비에 흠뻑 젖은 가운데 혁명군은 뒤무리에Dumouriez 장군과 켈러만Kellermann 장군의 이중 지휘를 받으며, 브라운슈바이크Braunschweig 공작 휘하의 무장이 훨씬 잘 된 군대의 조밀한 대오를 주시했다. 반공화주의적인 봉건 유럽은 망명 중인 프랑스 귀족들의 도와달라는 요청을 받고, 프로이센군과 오스트리아군 장군들의 인솔 아래 프랑스 침략을 준비했다. 군주제가 무너진 1792년 8월 10일의 모욕에 대해 복수하고, 대서양부터 헝가리의 광활한 평야에 이르기까지 억압당한 민중들의 모든 희망이 달려 있는 혁명을 타도하기 위해서였을 것이다.

포격, 우르릉 탕탕 울리는 포탄의 굉음 …, 수만 명이 한목소리로 외치는 "국민 만세!Vive la nation!" 이날 아침, 뒤무리에와 켈러만의 병사들은 닳아 해진 군복을 입고 손에 닿는 대로 아무 무기나 들고서 봉건 유럽이 품은 보복에 대한 열망을 밟고 개선했다.

프로이센 전선 뒤쪽의 언덕에서 43세의 한 남자가 이 사건을 관찰한다. 그 남자는 바이마르Weimar 공작의 궁정에서 근무하는 장관으로, 이름은 요한 볼프강 폰 괴테Johann Wolfgang von Goethe(1749~1832)였다. 그는 무슨 일이 벌어지는지 매우 명확히 인식한다. 그 사건에 깊은 감명을 받은 그는 전투 다음 날 저녁에 어느 장교들 모임에서 이렇게 말했다.

"오늘 여기에서 세계사의 새로운 시대가 시작됩니다."

혁명의 이념이 유럽 전체를 사로잡은 순간에 국민은 어떻게 정의되었을까? 볼테르는 이렇게 썼다.

"국민은 특정한 영토에서 정치적 공동체를 형성하고, 통합된 의식과 함께 살고자 하는 의지에 대한 의식이 강한 인간집단이다."[1]

볼테르는 또 이렇게 말한다.

"국민은 하나의 국가를 이루는 개인들 전체에 의해 형성되는 법률상의 인격인 법인法人이지만, 국가와 주권이라는 주관적 권리의 주체와도 다르다."

유럽과 특히 프랑스에서 국민은 혁명을 통해 봉건사회와 단절됨으로써 생겨났다. 국민은 상품경제의 확립과 함께 태동했다. 즉 상업에 종사하는 새로운 시민계급이 봉건군주들과 왕에 맞서 투쟁을 벌였고 그 결과 권력을 얻게 되었는데, 이 투쟁에서 국민이 생겨난 것이다. 시민계급은 자본이 토지를 대신하여 가장 중요한 생산력이 될 때, 사회에 자기의 법칙을 강요하는 데 착수한 새로운 생산력의 '표현'이었다. 새로운 계급은 (식민지의 이윤으로 살아가는 상층 시민계급, 도시의 산업 및 상업 시민계급, 지방의 중소 시민계급 등) 매우 이질적이었지만, 귀족들과 왕에 맞서는 봉기에서 온갖 이익을 얻어냈다. 그럼에도 바스티유 감옥으로 돌격한 것은 시민계급이 아니었다. 시민계급은 또한 봉건체제에 맞서 폭력적 투쟁을 시작하지도 않았고 그 투쟁을 계승하지도 않았다. 끝까지 싸운 것은 오히려 가장 가난한 계급들이었다. 시민계급은 혁명이 이미 한창 진행 중일 때 혁명의 고삐를 움켜쥐었고, 혁명의 의미를 어느 정도 자기 자신에게 유리하게 새롭게 해석했다. 국민국가 즉, 자기의 정당성을 오직 시민들의 보편적 의지에서 도출하는 국가는 이런 과정의 절정이다. 1793년 1월 21일 왕이 처형된 것이다.[2]

자크 베르크Jacques Berque(1910~1995)는 프랑스 국민이 18세기 말 생겨난 국민국가보다 먼저 생겼고, 적어도 이미 1,000년 이상 존재했다는 견해를 대표한다.[3] 그러나 이것은 결국 의미론적인 논쟁일 뿐이다. 중세에 국민은 "출신이 같은 인간들의 집단"을 의미했다. 즉 혈통만이 중요했던 것이다. 이 개념에는 정치적 함의가 없었다. 정치는 당시 전적으로 왕과 제후와 성직자들만의 일이었다. 신민들은 정치적 권리가 아예 없거나 아주 조금만 있었을 뿐이다. 이 단어

의 현대적 의미―특정한 영토에서 출신과 무관하게 살고 하나의 정
치적 공동체를 형성하는 인간들의 집단으로서의 국민―에서 국민
적 정당성은 1789년 8월 4일에서 5일로 넘어가는 밤에 처음으로 생
겨났다. 이날 밤에 권력은 사회를 초월하고 신으로부터 기원한 것이
라는 점이 철저히 부정되었다. 제3신분은 국민의회Assemblée nationale로
성립되었고 봉건제도를 폐지했다. 새로운 권력이 무대에 등장했다.
그것은 바로 시민들의 사회계약에서, 즉 대의원을 통해 모든 권력을
행사하는 인간들의 보편적 의지에서 생긴 권력이었다. 이 점은 중요
한데, 국민이 메타 사회적 논거를 용인하지 않기 때문이다. 국민은
볼테르가 표현하는 것처럼 "주관적 주권의 소유자"다. 달리 말하면,
국민은 국민이 대의원들에게 양도하고 국민의 이름으로 행사되는
모든 권력의 정당성이 나오는 유일한 원천이다. 1789년 8월 4일 이
전에 프랑스는 아주 서서히 국민이 태동할 수 있는 여건이 발전했던
중앙집권 국가 형태를 가진 강력한 역사적 공동체였지만, 아직 국민
은 없었다.

프랑스 국민은 1789년부터 1792년까지 그 시작을 보면, 로베스
피에르가 말하는 대로의 모습이었다. 즉 "위대한 국민", 요컨대 자
유, 평등, 박애 같은 보편적 가치들을 제시한 이원적 의미의 국민이
었다. 이원적 의미를 갖게 된 이유는 프랑스 국민이 범국가적 목표
도 지녔기 때문이다. 프랑스 국민은 프랑스에서 쟁취한 자유의 축복
을 세계의 모든 민족들에게 전해주려 했던 것이다.

예를 하나 들어보자. 1801년부터 1803년까지 솔리몽에스Solimões

와 아마존 강가의 (브라질) 벨렘Belém 만에, 피투성이 발에 누더기를 걸친 기진맥진한 사람들의 기이한 행렬이 삼림지대에서 나타났다. 그들은 프랑스령 앤틸리스제도Antilles에서 일어난 노예 봉기의 생존자들이었다. 1795년 파리에서 놀라운 소식이 카리브 해 지역에 도착했다. 노예제도가 폐지되었고, 모든 인간이 평등하다고 선포되었으며, 군주들이 단두대에서 목숨을 잃었다는 소식이었다. 도주 중인 노예들은 프랑스혁명과 인권, 노예제도 폐지에 대한 소식을 아마존 강의 외진 지역까지 전해주었다.

흐름을 거스르고자 하는 세력이 위협적으로 다가오는 상황에서 신생 프랑스공화국은 방어를 위해 불가피한 조처를 취했다. 그러나 승리한 시민계급, 즉 민중에게 자유를 줄 것을 요구하여 로베스피에르의 찬사를 받은 이 '보편적' 계급은 금세 진짜 얼굴을 드러냈다. 갓 쟁취한 특권들을 지키고 유럽 시장에서 자기의 자리를 얻어내는 데 있어서 무척 단호하며 이기적인, 지배계급의 본모습을 보여준 것이다. 무엇보다도 주목할 만한 결과는 1803년 대포를 동원하여 노예제도를 다시 도입했다는 점이다.

이러한 본모습을 대놓고 비난한 사람이 있는데, 바로 그라쿠스 바뵈프Gracchus Babeuf(1760~1797)였다. 이 혁명가는 1786년 처음으로 목소리를 내기 시작했다. 11년 후인 1797년, 새로 권력을 장악한 자들은 그를 체포하여 유죄판결을 내리고 목을 베게 했다. 시민계급이 또한 점령지역들에서 자유 · 평등 · 박애라는 지배 이데올로기의 이

름으로 정교분리적인 민주주의 공화국의 건설에 기여했다 하더라
도, 집정내각과 나폴레옹의 정복전쟁은 새로운 국민적 시민계급의
이익에만 유용했다.

유럽의 국민은 세 가지 주된 특징이 있다.

역사의 특정한 비전

"함께 살고자 하는 바람", 즉 "통합의 의식"(볼테르)의 근저에는
국민 구성원 다수가 공유하는 역사에 대한 공동의 비전이 있다. 독
립 · 자유 · 정의에 대한 약속은 모든 주민 계층에서 공동으로 하나
의 국민을 형성하고 싶은 바람이 생겨나게 한다. 공동의 역사적 기
획, 즉 존재 · 체험한 과거 · 미래의 삶에 대해 모두가 공유하는 관점
이 생겨나는 것이다. 이 관점은 사회의 모든 계층을 하나로 통일한
다. 이런 의미에서 국민 프로젝트는 계층을 망라하고, 인종적 · 지역
적 장벽을 넘어서서 자리 잡는다.

그럼에도 계급투쟁은 계속된다. 지배계급은 혁명과정을 자신
에게 유리하게 장악하는 동시에 장차 국민을 조종하기 위한 토대를
공고하게 다질 것이다. 이를 위해 지배계급은 자기 자신의 계급 이
데올로기를 국민 이데올로기와 융합시켜야 한다. 달리 말하면, 지
배계급은 국민이 된 피지배계급들에게 자기 자신의 계급 이데올로기를
국민 이데올로기라고 강요하면서, 본래 모든 계급들에게 가치 있다
고 여겨진 가치들을 그 안에 통합해야 한다. 이로써 이 가치들은 시
민계급이 행하는 권력 행사의 모토가 된다. 학교와 시청의 입구들

위에는 오늘날까지 자유Liberté, 평등Égalité, 우애Fraternité라는 표어가 붙어 있다.[4]

"국민이 된 피지배계급"이라는 표현은 이중적 의미를 갖는다. 예컨대 노동계급은 주권, 독립, 국민의 자치권을 다른 계급보다 힘 있게 비타협적으로 지킨다는 점에서 국민 계급이다. 그래서 나치스가 점령한 동안 프랑스 노동계급은 저항을 위해 엄청난 희생을 치렀다. 노동자들 상당수가 항독 유격대FTP, Francs-Tireurs et Partisans의 레지스탕스 투사로 나섰다. 그러나 "국민이 된"이라는 명칭은 또한 제한적 의미를 갖는다. 유럽의 노동자 대부분이 점차 라틴아메리카 · 아프리카 · 아시아의 노동자들, 유럽의 다국적 금융자본이 착취하는 모든 사람들과 국제주의적인 반제국주의 연대의 필요성을 잃어버릴 때, "국민이 된 노동계급"이라는 개념은 아주 명백히 후퇴한다. 즉 그 의식이 축소되는 것이다.

게다가 19세기와 20세기 유럽의 여러 국민들의 시민계급은 국민 이데올로기의 특성을 보이며 서로 싸웠다. 그다음에는 한 국민의 의식이 정당화되어서, 지배계급에게는 다른 국민들이 가진 의식을 철저히 배제하는 것이 중요해질 정도였다.

그때부터 역사에 대한 공동의 관점은 종속계급들에게 폭력적으로 강요되는 부르주아의 관점으로 바뀐다.

그런데 국민의 구성과 유지에 꼭 필요한, 계급을 망라하는 역사적 관점은 자본주의 생산방식이 발전하는 여러 단계를 거친다는 특성이 있다. 1792년 이래로 자본주의 생산방식은 근본적으로 변화했다. 투기에 맞춰진 국민적 시민계급이 도입한 부르주아 자본주의에 뒤이어 나타난 식민자본주의는 신속하면서 과도한 축적, 그리고 외국의 시장과 원료가 풍부한 지역들을 군사적으로 지배하는 특징이 있다. 20세기 중반에 프랑스 자본주의는 (다른 곳에서처럼) 세 번째 결정적인 변화를 겪었다. 금융자본이 그 사이에 범국가적으로 되어 권력을 넘겨받았고, 다국적 콘체른들이 모습을 드러냈으며, 부르주아 자본주의 국가는 영향력을 잃었다. 그와 함께 국민적 시민계급도 중요성을 잃었다. 시민계급은 점차 극소수이지만 매우 강력한 올리가르히로 교체되었다. 올리가르히는 제국주의적으로 이윤을 축적함으로써 초국가적·초국민적 권력을 얻는다.

국민은 이처럼 여러 단계가 진행되는 동안 계층을 망라하는 불변하고 고귀한 것처럼 보인다. 국민 사회의 모든 계층이 변함없이 국민에게서 자신들의 이익이 실현된다고 보았다는 점에서 그렇다. 모든 계층이 국민을 지배함으로써 그렇게 되었든, 모든 계층에게 국민이 곧 영토를 나타냈든 상관없이 말이다. 영토의 해방은 중요했는데, 이는 당장 실제로 획득해야 하는 주권의 요구였다.[5]

영토

영토는 정해져 있다. 국민의 지리적 경계는 역사적 발전의 결과다. 이로부터 국민들 간에 영토를 둘러싸고 끊임없이 이해관계가 충돌한다. 이 갈등들이 국민적 감정을 자극하는 방식은, 국민이라는 집단적 초자아에서 영토에 대한 관념이 어떤 의미를 지니는가를 알 수 있는 척도다. 영토는 민족주의 이데올로기적 사유 형태의 중심에 놓인다. 영토는 영토의 지평선, 기후, 다양한 자연 산물과 함께, 그 건축물과 기념물, 그 기념 장소 등과 함께 국민적 정체성의 느낌을 물질적 · 감각적으로 구체화한다. 신화들은 영토를 정당화했고, 국민의 기원은 신화상의 근거를 갖고 있다. 영토는 국민의 기억을 보존하고 상기시키고 찬미한다. 따라서 누구나 자기 나라의 자연경관을 사랑하고, 고향을 자랑스러워한다.

국가國歌는 나라를 노래로 찬미하고, 애국적인 시들은 나라에 대한 마음을 불러일으킨다. 그것은 아주 단순하게 말하면, 사회 내에서 서로 싸우는 모든 계급의 의식에 담겨 있기 때문에 계급을 망라하는 의식이다. 프랑스의 아름다움에 대한 찬가인 〈라 콜린 앙스피레La Colline inspirée〉는 극우파 신봉자 모리스 바레Maurice Barrès(1862~1923)의 작품이다.6 공산주의 음유시인 장 페라Jean Ferrat(1930~2010)는 〈나의 프랑스〉(1969)라는 제목의 연애시에서 똑같은 나라, 똑같은 풍경을 노래로 찬미한다. 그리고 샤를 트르네Charles Trenet(1913~2001)는 나치스의 점령 기간 동안 파리의 폴리 베르제르Folies Bergères에서 〈정겨운 프랑스Douce France〉(1941)를 노래했고, 홀에 있던 모든 사람들이 후렴을 함께 불러 화답했다. 달리 말하면, 프랑스 영토는 계급과 세대를 초월한 모든 프랑스인들의 집단적 관념 세계를 만든다. 영토는 아마도 국민의식을 형성하는 모든 것들 중에서 통합적이면서 가장 강력한 힘을 지닐 것이다.

언어

언어는 국민이 자신의 새로운 의식을 관철시키는 공인된 도구다. 영토처럼 언어는 이미 국민 이전에 존재하지만, 영토처럼 확정되어 있지는 않다. 대립적인 역사적 공동체에서 생겨난 지배계급들 간의 투쟁이 끝난 후, 승리한 공동체의 언어는 모든 공동체를 넘어 지배적인 언어가 되었다. 그러나 우선 국민은 국어national language를 관철시킨다. 국어는 국민저 통합, 즉 국민을 지배하는 계급의 강요로 조종되는 역사적 과정의 결과로 널리 퍼진다.

국어는 국민의 집단적 초자아, 즉 그 신화와 법률, 교육학, 경제적·과학적·문화적 교류의 효율성에 대한 바람에서 생겨나는 상징적 폭력으로 관철된다. 국어는 표준화되었고, 대학과 사전, 그 감시인과 검열관 등을 갖고 있다. 국어는 특수한 지위를 근거로 국민적 언어로 선언된다. 국어는 권력의 산물이다. 예컨대 프랑스에서 중앙집권적 군주제는 루아르Loire 지역의 말투를 여러 지역으로 확대했고 나라 전체로 전파했다. 그러나 우선 국민은 종종 강제적으로 프랑스어를 사회의 모든 계층들에게 공동의 언어로 관철시켰다. 강압적인 언어의 통일은 1789년 이후 중앙집권적 국민국가라는 장치를 위해서는 국민교육, 즉 모두를 위한 학교의 필수적인 수단이었다. 그리고 그것은 여전히 유효하다. 비록 중앙집권적 권력에 저항하는 지역들에서 자율과 자유에 대한 요구가 프랑스 지방들의 옛 언어를 이용하여 제기된다 하더라도 말이다. 브르타뉴의 브르타뉴(켈트) 말, 프로방스의 프로방스 말, 프랑스 남서부의 오크 말, 알사스의 알사스 말

등은 현재 국어를 해치지 않으면서 한창 부흥기를 맞고 있다.

　모든 국민은 이주 · 발견 · 정복, 온갖 종류의 교류 · 결혼 등 역사의 부침 때문에 당연히 다인종적이고 정교분리적이며, 여러 계급들로 이루어진다. 여기에 가장 위험한 적은 인종주의자, 반유대주의자, 외국인 혐오자, 종교적 근본주의자 등이다.

2. 인종주의, 문명을 위협하다

　한 세대 전부터 유럽에서 이데올로기의 풍경은 극단적으로 바뀌었다. 인종주의와 외국인 혐오가 다시 등장한 것이다. 다수의 사람들은 인종주의적 '견해'를 표명하는 것이 다른 견해들과 마찬가지로 정당하다고 여긴다. 오늘날 유럽 대륙 어디에서나 외국인에 적대적인 정당과 운동이 자유롭고 민주적인 선거와 국민투표에서 점점 더 많은 표를 얻고 있다. 프랑스에서는 극우민족주의 정당인 국민전선Front National이 대단한 성과를 올려 가장 강력한 정치적 세력이 되었다. 이탈리아에서는 북부동맹Lega Nord[7]이 베네토와 롬바르디아, 그리고 피에몽 일부 지역에서 거의 압도적이었다. 플람스 벨랑Vlaams Belang(플랑드르의 이익Flemish Interest), 즉 예전의 플람스 블록Vlaams Blok은 안트베르펜 같은 대도시와 인근의 부유한 지역들에서 우세하다. 스위스에서는 스위스국민당(SVP)이 연방의회에서 최대 분파를 차지한다. 2014년 2월, 유럽연합과 스위스 간의 자유로운 여객 운송에 반대하여 스위스국민당이 제출한 발의는 국민투표에서 다수표를 얻었다.[8] 네덜란드, 불가리아, 슬로바키아, 덴마크, 영국 등에서 극우파들의 운동은 비약적으로 증가하는 추세다. 헝가리는 빅토르 오르반Viktor Orbán(1963~)이 이끄는 극우정당들의 연합이 통치하고 있다.

세 개의 일신론 종교(그리스도교, 유대교, 이슬람교)와 신앙공동체들에서 해가 갈수록 근본주의적 경향이 강해지고 있다.

유럽의 민주적 사회들에서 발생하는 정치적 돌발 상황과 극우적, 외국인 혐오적, 인종주의적, 분리주의적, 정교분리적 또는 종교적 운동들에 대한 원인은 다양하고 다층적이다.

가장 중요한 원인들 중 하나는 심리적 성격을 띤 게 확실하다. 세계화된 금융자본의 전 세계적인 독재, 자신의 법칙이 '자연법'이라고 우기며 그것만 따르는 세계시장, 인간들 사이에서 그리고 국민들 사이에서 도그마가 되다시피 한 경쟁, 공적 담론, 즉 연대성 · 공익 · 공공서비스 · 사회적 정의 같은 가치들의 사실상의 실종, 또한 개인적 실존의 구체적 불안 등. 이 모든 것은 개인적 불안감, 즉 자본주의 상품사회에서 남녀를 불문하고 나타나는 지속적이고 깊은 무력감을 유발한다. 클로드 레비스트로스는 이런 반응을 새로운 세기병mal du siècle이라 불렀다.

"수백 년 된 관습의 붕괴, 생활방식의 소멸, 예로부터 내려온 소속감의 파괴, 이 모든 것은 흔히 정체성의 위기와 연결된다."[9]

극우파들이 벌이는 온갖 외국인 배척 운동은 그들의 지리적, 역사적 기원과 상관없이 한 가지 공통점이 있다. 그들이 희생양을 찾는다는 사실이다. 그들은 분석적 이성을 무시하고, '타인들', 즉 '이방인들'에게 사회에서 생겨나는 모든 교란, 트라우마, 불안 등에 대한 책임을 떠넘긴다. 아민 말루프Amin Maalouf(1949~)는 고국 레바논에서 벌어진 내전의 고통스런 경험을 배경으로 이에 대해 다음과 같이 썼다.

"우리 모두를 엄습하여 현기증을 일으킬 정도로 변동이 심한 세계화 시대에 정체성에 대하여 새롭게 이해할 필요가 있다. 우리는 무력한 수십억 명의 사람들에게 자신들의 정체성을 극단적인 방식으로 고수하든지 아니면 각자의 정체성을 잃어버리든지 하나만 선택하라고 하는 것으로 만족할 수 없다. 그러니까 그들에게 근본주의와 전통 상실 중 하나만 택하게 할 수 없는 것이다."[10]

인종주의는 무조건 범죄이고 증오의 최고 형태이며, 국민을 형성하는 것을 최종적으로 거부하는 것이다. 단지 흑인, 아랍인, 유대인이라는 이유로 증오의 대상이 된다면, 흑인, 아랍인, 유대인은 증오에서 벗어날 수 없다. 인종주의자들뿐만 아니라 그들 스스로 볼 때에도 자신이 흑인, 아랍인, 유대인이라는 사실은 달라질 수 없기 때문이다. 인종주의에 대해 일반적으로 인정되는 정의는 유네스코가 클로드 레비스트로스로부터 차용한 설명과 같다.

"인종주의는 (이 복합체를 늘 정의하는 것처럼) 개인들의 복합체에 있다고 여겨지는 지적, 도덕적 특질들에서 공동의 유전적 유산이 미치는 불가피한 영향을 찾을 수 있다고 주장하는 교의다."[11]

이것은 나치스, 반유대주의자, 남아프리카의 보어인Boer(남아프리카 공화국의 네덜란드계 백인—옮긴이), KKK단, 사라지지 않는 파시스트의 인종주의다. 그리고 인종주의에 대한 완벽한 해독제는 국민의식이다.

루소가 말하는 의미에서 사회계약[12]에 가입하고 공화국의 법률을 존중하는 사람은 국민의 일원이다.

유럽 국민들이 지닌 놀랍도록 풍성한 문명에서 하나의 개념을 끄집어내볼까? 이 개념은 끊임없는 이주의 결과로서 수천 가지 문화의 영향을 받아 생겨났다. 이것은 역사적·언어적·문학적·예술적 유산 전체, 교류, 혼합 등과 마찬가지로 갈등을 겪는 문화접변acculturation에 근거하는 개념이다.

로제 바스티드는 인간들이 여러 경험들, 문화들, 기억들과 이색적으로 만남으로써 매개되는 흥미로운 지식savoir savoureux에 대해 말한다. 고도의 문명과 나란히, 그리고 고도의 문명 속에 땅속을 흐르는 강력한 강물처럼 민속문화가 존재한다. 민속문화는 혼합mixing을 통해, 민중들의 혼합을 통해, 예기치 않고 예측할 수 없는 우연적인 교류를 통해, 각자의 즉흥적인 지각을 통해 생겨난다. 민속문화는 국민적 의식에 내재해 있고, 그 의식을 더 넓혀준다.

어느 사회에서 유일무이한 문화적 소속들이 많아지고 모두가 다양한 소속을 가진다면 국민들의 구성은 풍성해진다. 이것은 그 사회가 위대한 문화를 지녔음을 나타내는 표시가 된다. 한 가지 정체성만 아는 인종주의 정당들과 운동들이 퍼뜨리는 테러는 문명화의

표시인 이런 풍성함을 위협한다.[13]

지중해 지역의 독창적인 연대기 저자 페르낭 브로델Fernand Braudel(1902~1985)이 문화에 대해 말했던 것을 국민에 적용해볼 수 있다.

"활발하다는 것은 문화의 경우, 줄 수 있고 받을 수 있으며 차용할 수도 있다는 것을 뜻한다. 그렇지만 문화가 넘겨받기를 거부하는 것, 즉 문화가 적응하려 하지 않는 것에서도 훌륭한 문화는 똑같이 잘 알아볼 수 있다. 또 외국의 영향들을 받았다는 이유로 선택하는 것에서도 마찬가지인데, 한 문화가 경계심이 없거나 기질과 구미가 대충 맞으면 외국의 영향을 강요받기 쉽다."[14]

실제로는 한 국민 내에서 교류와 저항의 여러 형태가 배제된다. 극우파 정당들이 하는 것처럼 이것을 갖고 대립을 만들어낸다면, 그것은 몰락, 즉 불모의 상태로 이어질 것이다. 각 국민의 특수성은 어떤 경계를 설정함으로써 생겨나지만, 교류하지 않는다면 그리고 수준을 높이기 위해 다른 국민들에게서 받아들이는 것이 없다면 그 국민은 경직되고 몰락한다.

나는 세계화의 무자비한 강요에 맞서 인간이 궐기한다고 말한 바 있다. 인간은 전자로 유통되는 간단한 정보와 동일시되기를 거부한다. 인간은 저항하고 거부한다. 오래된 종교적 믿음, 기억, 현재의 바람, 역사 등에서 인간에게 남아 있는 잔해들을 이용해 인간은 자기의 정체성을 조립하듯 만들고 있다. 그 정체성에서 은신처를 찾고 완전한 파괴를 막으려 한다. 때로는 인종적으로 규정되고 또 때로는 종교적이지만 대체로 인종주의적 특성을 띠는 소집단의 균질한 정체성은 그런 은신처 중 하나다. 이런 식의 '뜯어맞추기bricolage'는 어찌할 바 모르는 당혹감의 결과이고 정치적 조작을 조장한다. 인종주의는 자기방어권을 구실로 내세워 폭력을 정당화한다.

단일한 정체성mono-identity은 국민, 민주주의 사회, 발전할 능력이 있는 활발한 사회와는 정반대인데, 활발한 사회는 여러 문화에 소속된 것들과 자발적으로 넘겨받은 문화적 유산들을 활용함으로써 생겨난다.

신자유주의 이데올로기와 세계의 민영화에 방치된 국민은 소멸할 우려가 있다. 알랭 투렌은 이에 대한 인상적인 광경을 찾아냈다.

"세계화된 전 세계시장과 그 주변에서 벌어지는 무수한 근본주의 운동들 사이에 커다란 블랙홀이 있다. 이 블랙홀에서 공익, 정치적 국가, 가치, 공중도덕, 인간들 간의 관계 등이 무너질 우려가 있다. 요컨대 국민을 형성하는 모든 것이 침몰할 수 있는 것이다."[15]

3. 실패한 탈식민화, 원민족의 비극

몽 레포Mon Repos에 있는 제네바 공원은 아주 오래된 실측백나무로 뒤덮인 공영 정원으로, 제네바 호수의 만 좌측 가장자리를 따라서 펼쳐진다. 인접한 레 파퀴Les Pâquis 구의 주민들은 매우 신기한 광경을 자주 목격하고 놀라움을 금치 못한다. 몸집이 크고 뚱뚱하며 눈빛이 슬픈 흑인 남자가 반은 걷고 반은 뛰면서 호숫가 산책길을 숨을 헐떡이며 운동하고, 그 뒤를 4명의 젊은 제네바 주 경찰과 흑인 경호원들 일행, 또 마찬가지로 숨을 헐떡이는 흑인 외교관 몇 명이 따라간다. 이것은 카메룬공화국의 현 대통령 폴 비야Paul Biya(1933~)가 아침에 달리기를 하는 광경이다. 비야는 아프리카 대륙의 가장 애매한 권력 대리자 사트랍satrap(고대 페르시아의 태수—옮긴이) 중 한 명이고, 특히 프랑스 콘체른에 영합하는 용병이다.

무려 30년 이상 프랑스 첩보기관은 자신들에게 유리한 방향으로 선거가 진행되도록 유도했다. 1984년 폴 비야는 처음으로 99퍼센트의 득표율로 "선출되었다." 마뉴엘 발스Manuel Valls(1962~, 2014년 3월부터 프랑스 총리다)의 친구이자 정치적 동지인 스테판 푸크Stéphane Fouks는 오늘날 비야가 국제적으로 보여지는 모습을 관리한다. 유엔개발계획(UNDP)의 목록에서 카메룬은 131번째 자리를 차지한다. 남녀를 합쳐 평균 기대수명은 (프랑스의 80세에 비해) 52세에 불과하다. 통상적으로 깨끗한 식수를 얻을 수 있는 사람은 인구의 30퍼센트가 채 안 된다. 인구의 36.8퍼센트는 지속적이고 심각한 영양실조에 시달린다.

다른 한편으로 카메룬은 석유, 광석, 농산물이 매우 풍부하다.

비야와 그 일당은 제네바를 좋아한다. 비야는 1년에 수차례 제네바에 체류하고, 오직 그를 위해 예약된 특급호텔 인터콘티넨탈Intercontinental의 두 개 층을 차지해서 44일 동안 거주한다. 44일은 카메룬 헌법에 따르면 대통령이 자리를 비워도 되는 최대 기간이다. 대통령 전용기가 제네바 국제공항 비행장에 있어도 되는 기간이 경과하여 지불하는 요금은 하루 11,000유로에 달한다.

유럽 밖의 국민들, 특히 아프리카에서 국민이 사회적으로 발생하는 양상은 유럽 국민들과 완전히 다르다.

실제로 오늘날 특히 사하라 남쪽에서 실질적으로 집단생활을 하는 아프리키의 종족은 극소수에 불과하다. 오늘날 사하라 사막 이남 아프리카에서 우세한 사회적 형태는 원原민족proto-nation이다. 그리스어 protos(첫 번째)는 발아 상태에 발육 부진이고 미완성이며 연약하다는 것을 의미한다. 원민족은 국민이 생성되는 노정의 단계가 아니고, 또한 완성된 국민이 발전하다가 막힌 잘못된 형태도 아니다. 원민족은 독특한 사회적 형성물이다. 그것은 순전히 제국주의의 산물이다.

아프리카의 원민족들을 더 상세히 들여다보기 전에, 식민지 제국들이 왜, 어떻게 붕괴했는지 먼저 살펴보자.

아프리카 종족들의 탈식민화는 50년 이상 전부터 시작되어 오늘날까지 끝나지 않은 과정이다. 서아프리카의 사라위족 같은 특정한 아프리카 종족들은 이미 살펴보았듯이 여전히 식민지 점령 아래 살고 있다. 그 이유를 알려면 식민지 제국들의 해체 과정을 더욱 상세히 들여다봐야 한다.

첫 번째 원인은 식민지 통치자에 대항하는 투쟁의 조건, 그리고 이 투쟁에 대한 국제공산당the Communist International(1919년 창립된 전 세계

노동자들의 국제적 조직 코민테른—옮긴이)의 무관심이다. 1928년 모스크바에서 열린 코민테른 6차 대회에서 그 당시 해방에 대한 모든 희망이 지향한 소비에트연방은 대단히 교조적인 강령이 채택되도록 했다. 소비에트 국가의 건설, 즉 전 세계를 엄습할 혁명의 국민적 보루로서 "일국사회주의socialism in one country"에 대한 강령은 절대적으로 우선시되어야 했다. 식민지주의와 제국주의는 자본주의 사회가 거치는 불가피한 발전단계이기 때문에, 자본주의 사회가 붕괴되면 문제는 해결될 것이라고 했다. 서유럽 사회에서 프롤레타리아 혁명이 승리하면, 필연적으로 아프리카, 아시아, 라틴아메리카에서 식민지 지배가 끝난다는 것이다.

코민테른 내에는 아프리카와 디아스포라 흑인들의 혁명적 과업을 조정하도록 위임을 받은 위원회 흑인사무국negro office이 있었다. 최고의 아프리카 활동가들은 소비에트 공산당의 당원이 되었다. 1935년 제3인터내셔널과 최종적으로 단절할 때까지 그들은 반제국주의 동맹, 흑인 인종을 옹호하는 동맹, 동양의 해방을 위한 동맹 같은 조직들에서 일했는데, 그 혁명적인 영향이 카리브 해 지역과 미국에까지 미쳤다.

두 가지 예를 들어보겠다. 영국령 앤틸리스 제도의 활동가 조지 패드모어George Padmore(1903~1959)는 중국에서 코민테른의 대표가 되었다. 아프리카 출신의 모든 혁명투사들처럼 그는 1935년 코민테른과 단절했다.

1945년 맨체스터에서 열린 제5차 범아프리카회의에서 그는 자기의 경험과 지성을 콰메 은크루마Kwame Nkrumah(1909~1972)의 재량에 맡겼다. 그 뒤에 그는 가나 독립투쟁의 조직과 아프리카 최초의 국민국가인 가나가 건설되는 데 결정적인 역할을 했다. 가나의 독립은 1957년 공포되었다.[16] 세네갈 보병으로서 1차 세계대전에 참전한 카올라크Kaolack 출신의 라미네 생고르Lamine Senghor(1889~1927)는 1924년 파리 13구에서 의원 선거에 공산당 후보로 나섰다. 그는 흑인옹호위원회 의장이 되었다. 그의 일지 『흑인의 목소리La Voix des nègres』는 반식민주의 투사 세대 전체에 큰 영향을 미쳤다. 그는 세상을 떠나던 해인 1927년에 막심 고리키Maxim Gorki(1868~1936), 자와할랄 네루Jawaharlal Nehru(1889~1964), 메살리 하지Messali Hadj(1898~1974), 앙리 바르뷔스Henri Barbusse(1873~1935), 알베르트 아인슈타인Albert Einstein(1879~1955) 등과 함께 브뤼셀회의에서 선출되어 반제국주의 동맹 사무국에 파견되었다.[17]

1945년에는 민족해방전쟁이 재개될 수 있는 여건이 드디어 마련되었다. 프랑스어를 사용하는 아프리카의 나라들에서 파견한 독립운동 대표들이 민주아프리카연합RDA, Rassemblement démocratique africain의 창립총회를 위해 말리의 수도 바마코Bamako에서 만났다. 이 총회에서 그 대표들은 아프리카 대륙 전체의 통일적인 해방전선을 위한 초석을 놓았다. 영어권 아프리카 나라들 출신의 활동가들은 같은 해에 맨체스터에서 열린 5차 범아프리카회의에 다시 모였다. 조모 케냐타Jomo Kenyatta(1894~1978)를 의장으로 하여 콰메 은크루마의 지원을 받아서 그들은 범아프리카 해방전쟁이 어떻게 진행되어야 하는가에 대한 상세한 프로그램을 만들어냈다. 그러나 독립전쟁이 진행되면서, 민주아프리카연합의 (코트디부아르, 기니, 말리 등의) 지부들이 전부 다 '국민적' 정당이 되었다. 이처럼 범아프리카연합에서 자국의 정당으로 축소되는 원인을 따져볼 때에는 각국의 권력 중심지인 수도들에서 오는 압박을 분명히 고려해야 한다. 그래서 예를 들면 1956년 당시 프랑스 정부의 해외 영토 담당 장관이었던 가스통 데페르Gaston Defferre(1910~1986)는 식민지 지역들에 자치를 허용하는 원칙법原則法("데페르 기본법loi-cadre Defferre")을 통과시켰다. 각각의 지역은 의회와 자체 정부를 갖게 되었다. 실제로 1957년부터 적용된 이 '선진적' 조치는 바마코 프로젝트를 무산시켰고, 아프리카 전 대륙에 걸친 민주아프리카연합의 반식민주의 전선을 약화시켰다. 이와 관련하여 민주아프리카연합의 의장 펠릭스 우푸에부아니Félix Houphouët-Boigny(1905~1993)의 배신도 언급해야 한다. 그는 체이크 안타 디오프Cheikh Anta Diop(1923~1986)가 이끄는 민주아프리카연합 내의 대학생조합에 저항했고, 독립에 대한 모든 요구를 완강히 거부했다.

오늘날 아프리카는 54개국으로 이루어져 지구에서 가장 산산조각 난 대륙이다. 바마코와 맨체스터의 프로젝트, 아프리카 대륙의 해방에 대한 꿈, 범아프리카 봉기 등은 수포로 돌아갔다. 그리고 아프리카 국가들 중 4분의 3은 오늘날 진정한 의미의 주권을 갖고 있지 않다.

식민지 제국들의 몰락과 아프리카 민족들의 탈식민지화에서 두 번째 원인은 그 시작을 2차 세계대전 와중에서 찾을 수 있는데, 그

연원은 프랭클린 D. 루스벨트와 윈스턴 처칠의 발의다.

1941년 8월 14일 영국수상 처칠과 미국 대통령 루스벨트가 뉴펀들랜드 앞을 가로지르는 전함 오거스타 호USS Augusta에서 만났다. 루스벨트가 제안한 만남이었다. 1941년 1월 6일 워싱턴 의회에서 행한 "네 가지 자유에 관한 연설"에서, 그는 전 세계적으로 관철시키고 싶었던 자유를 열거했다. 그것은 언론과 의사표현의 자유, 신앙의 자유, 결핍으로부터의 자유, 공포로부터의 자유다.

"네 가지 자유"는 1941년 8월 14일 오거스타 호에서 결의된 대서양헌장의 토대를 마련했다. 새로운 국제 질서가 탄생하는 순간이었다. 대서양헌장의 조항을 다시 한 번 살펴보자.

1. 양국은 영토의 확장을 추구하지 않는다.

2. 양국은 관련 국민들이 완전히 자유롭게 표현한 의사와 부합하지 않는 어떠한 영토변경도 없기를 바란다.

3. 양국은 모든 국민들이 그들을 통치할 정부의 형태를 선택할 권리를 존중하며, 또 주권과 자치권을 강제적으로 박탈당한 국민들에게 주권과 자치권이 회복되기를 바란다.

4. 양국은 기존 의무를 존중하면서 강대국이나 약소국, 승전국이나 패전국에 상관없이 모든 국가가 동등한 조건으로 무역 및 경제 번영에 필요한 세계 원자재에 접근할 수 있는 권리를 향유할 수 있게 노력한다.

5. 양국은 모든 국가를 위한 근로기준 개선, 경제 발전 및 사회보

장 확보를 위해 경제 분야에서 모든 국가가 최대한 협력하기를 바란다.

6. 양국은 나치스 정권이 완전히 붕괴한 후에 모든 국가에게 자국 국경 내에서 안전하게 살 수 있는 수단을 주고, 전 세계 모든 국민들을 공포와 빈곤으로부터의 자유 속에 일생을 살 수 있게 해줄 평화가 확립되기를 바란다.

7. 이 같은 평화는 모든 사람이 어떤 방해도 받지 않고 공해와 대양을 항해할 수 있도록 해야 한다.

8. 양국은 세계의 모든 국가들이 정신적 이유뿐 아니라 현실적 이유 때문에 무력 사용을 포기해야 한다고 믿는다. 만일 자국 국경 밖에서 침략을 자행하거나 자행할지도 모를 국가들이 육·해·공군의 군비 증강을 계속할 경우 미래의 평화는 유지될 수 없기 때문에, 양국은 보다 광범위하고 영구적인 전반적 안보체제가 확립될 때까지 그 같은 국가들의 군축은 필수적이라고 믿는다. 양국은 이와 마찬가지로 평화를 사랑하는 모든 국민들의 군비 부담을 경감시킬 기타 모든 실천 가능한 조치들을 지원하고 장려할 것이다.

세상을 떠나기 몇 달 전 루스벨트는 처칠과 함께 내린 결정을 다음과 같은 인상적인 말로 강조하며 확인했다.

"경제적 안정과 독립 없이는 개인의 진정한 자유란 있을 수 없습니다. 필요의 노예와 같은 인간은 자유로운 인간이 아닙니다. 굶주리고 일자리가 없는 민족들은 독재가 생겨나는 바탕이 됩니다. 오늘날 이 진실은 자명하게 받아들여집니다. 우리는 계급, 인종, 신앙과 상관없이 모두를 위한 안전과 번영에 새로운 토대를 마련해줄 제2의 인권선언이 필요합니다."[18]

1941년의 대서양헌장은 명백하게 아프리카와 세계 곳곳에서 벌어지는 모든 형태의 식민지 지배에 유죄판결을 내렸다. 윈스턴 처칠은 미국의 동맹자 루스벨트에게 의존했기 때문에 영국 세계제국에 대한 사망증명서나 다름없는 이 판결에 어쩔 수 없이 서명해야 했다.

대서양헌장에서는 또한 세계의 모든 국가들의 통합이 처음으로 언급되었다. 국제연합United Nations이라는 인상적인 이름을 가진 세계 조직은 공상가 루스벨트가 죽은 후 1954년 7월 샌프란시스코에서 창설되었다. 처음부터 가장 활동적이고 영향력 있었던 국제연합 기관 중 하나는 신탁통치이사회Trusteeship Council다. 이것은 식민지 제국의 해체와 식민지 국민들이 독립으로 나아가는 길—어느 정도는 식민지 통치자들 자신에 의한 탈식민화—을 조정하도록 위임 받은 기관이다.

세 번째 원인은 2차 세계대전 때 서구의 전쟁 당사국들이 해외에서 온 수십만 명의 병사들을 투입했다는 사실과 명백히 관련이 있다. 베트남 · 캄보디아 · 인도 출신의 병사들, 또한 특히 세네갈 보병(이 명칭은 사하라 사막 이남 아프리카 출신의 모든 병사들에 대한 상위 개념이 되었다), 모로코 토착민 병사, 그리고 대체로 용맹하게 싸웠고 엄청난 손실을 입은 여타 병사들은 상황의 부조리성을 갑자기 깨달았다. 그들은 나치스가 퍼뜨린 전염병으로부터 유럽을 구하기 위해 끔찍한 고통을 참고 견뎠는데, 이제 식민지의 질곡 속에 있는 고향으로 돌아가게 된 것이다! 이 전사들 대부분은 새로운 식민지 봉기의 전위부대를 조직했다. 전우들과 함께 1954년 모든 성인 대축일(11월 1일)에 봉기를 조직하고, 1962년 해방된 알제리의 초대 대통령이 된 아메드 벤 벨라Ahmed Ben Bella(1918~2012)는 1944년 이탈리아 몬테카시노Monte Cassino 전투의 영웅이었다. 이 전투에서 주앵Juin 장군의 부대는 나폴리 북쪽의 독일 전선을 뚫고 로마로 전진했다. 드골de Gaulle(1890~1970) 장군은 적 앞에서 용맹했던 벤 벨라에게 친히 표창했다.

식민지 제국의 붕괴에 대한 네 번째 원인은 마지막으로 유럽의 나라들에서 국가사회주의자들의 침략이 야기했던 끔찍한 황폐화—굶주림, 물질적 파괴, 인명 손실, 경제적 폐허—와 관계가 있다. 2차 세계대전의 살육이 끝났을 때는 프랑스도 벨기에도 영국도—식민지 강대국인 이 세 나라만 거론하자면—자기들의 제국을 공고히 할 힘이 없었다. 1947년 인도 아대륙이 독립했다. 프랑스 식민지 군대는 1954년 베트남의 디엔비엔푸Điên Biên Phu 분지에서 섬멸 당했다. 아프리카에서는 봉기한 알제리 민중이 승리함으로써 모든 프랑스어권 국가들의 해방을 위한 길을 열었다. 영국 병사들은 킬리만자로와 케냐 산 사이의 케냐 고원지대에서 (특히 포로들의 조직적인 거세와 같은) 대단히 끔찍한 범죄에도 불구하고, 마우마우Mau Mau(영국의 식민

통치에서 벗어나기 위해 독립운동을 벌인 케냐의 무장투쟁단체—옮긴이)
전사들에게 연달아 패배를 당했다.

4. 엘리트는 마리오네트

이제 사하라 사막 이남 아프리카에서 탈식민화가 전반적으로
왜 실패했는가, 그리고 소수의 예외를 제외하고 왜 국민이 아니라
원민족들만 생겨났는가라는 질문으로 들어가보자.

남대서양의 눈부시게 아름다운 만에 위치한 앙골라의 수도 루
안다Luanda에는 헤아리기 어려운 빈곤과 요란한 사치가 나란히 공존
한다. 장군, 장관, 왕실 가족의 궁전들은 무케케mukeke라 불리는 빈민
구역의 골함석 오두막들이 넘쳐나는 절망의 바다 한가운데에 솟아
있다. 오염된 물과 영양실조와 전염병 때문에 앙골라에서는 매년 수
만 명의 사람들이 죽는다. 앙골라는 사하라 남쪽에서 나이지리아 다
음으로 두 번째로 큰 산유국이다. 대부분 국영인 10개의 광산은 다
이아몬드의 76퍼센트를 채굴한다. 1960년대와 1970년대에 포르투
갈에 맞서 독립을 쟁취하고 1975년 11월 루안다 앞에서 쿠바 병사
들의 지원 덕분에 남아프리카 원정 부대를 격퇴한 앙골라해방인민
운동(MPLA)의 해방군과 저항 전선은 오늘날 부패한 패거리들이다.
위대한 창설자들 아고스티노 네토Agostino Neto, 시인 마리우 데 안드라

데Mario de Andrade(1893~1945), 루치오 라라Lucio Lara는 이미 오래전에 죽었거나 추방당했다(루치오 라라). 러시아에서 교육받고 러시아 여성과 결혼한 엔지니어 에두아르도 도스 산토스Eduardo dos Santos(1942~)와 그의 친척들이 무제한적인 절대권력을 30년 이상 쥐고 있다.

불투명한 점조직을 이용한 국외 회사들의 도둑질도 자행되고 있다. 2013년 국제통화기금은 신용 대출되어 앙골라에 도착한 후 어디로 사라졌는지 오리무중인 340억 4,000만 달러의 행방에 대해 정보를 요구했다. 다이아몬드는 대개 광산에서 직접 약탈하거나, 불법 다이아몬드 채굴자인 가림페이루garimpeiro가 강탈한다.

다이아몬드는 수출 증명서를 통해 합법적으로 인정된 것만 국제적으로 거래될 수 있다. 앙골라의 왕실과 그 공모자들은 스위스 세관과 함께 효과적인 합의점을 찾았다. 약탈한 다이아몬드를 제네바의 거대한 세관 보세창고에 인도한다는 것이었다. 그다음에 이 다이아몬드는 위장회사나 허수아비 대리인에게 넘겨져 시장에 유통된다. 그리하여 지금까지 다이아몬드가 단 한 번도 발견된 적이 없는 제네바공화국은 세계에서 가장 큰 '다이아몬드 생산자'인 셈이다.

식민지 점령자, 다국적 금융자본, 정치적·경제적·군사적 침략은 자본주의 이전의 생산방식을 파괴하고, 여러 인종들의 정치적 질서를 뒤죽박죽으로 만든다. 또한 사회적 차별을 심화시키고, 서구 열강들이 아프리카를 분할하던 1885년 베를린회의에서 그어진 경계선에 따라 '국가적' 경계를 정하게 했다. 탈식민화에서 형성된 아프리카 매판자본가comprador bourgeoisie[19]는 식민지 협정과 오직 콘체른에 의존함으로써 존재한다. 유럽의 부르주아지와 달리 이 매판자본가는 국내의 봉건계급에 맞선 투쟁을 통해 생겨난 게 아니고, 봉건계급과 대립된다고 정의되지도 않는다. 또한 원민족은 범대륙 금융자본의 상징적 폭력 체계와 단절하는 대안적인 의식에 토대를 두지도 않는다. 오히려 원민족의 부르주아지는 모방, 식민지 대도시들에서 유래하는 소비습관의 재생산, 이국적 표준을 답습하려는 경향이 상당히다. 그렇지만 원민족들의 정치적 지도자들이 전 세계적인 제국주의 체제에 이미 통합되어 자국의 금융적 · 경제적 착취를 허용한다 할지라도, 그들은 제국주의 조직 속에서 자기 자리를 찾으려 애쓴다.

자아상을 만들 때 그들은 가능한 명확하지 않고 혼란스런 이론들을 이용한다. 이 자아상과 상징체계는 조제프 데지레 모부투 장군의 '진정성authenticity' 이론에서부터 우간다 사람 조셉 코니Joseph Kony의 '신의 저항군Lord's Resistance Army'에 이르기까지 다양하다.

원민족은 제국주의 역사에서 특수한 변화의 결과다. 2차 세계대전이 끝났을 때 제국주의 체계가 방향을 전환하여 재구조화하고 새로이 균형을 잡으면서 원민족이 생겨났다. 그 당시 제국주의 열강들은 자신들이 만들어냈고 또 항상 상징적 폭력으로 지배하는 '토착민' 계급에게 정식으로 권력을 넘겨주기로 결정했다.

'공동의 안전'에 관한 복잡하게 뒤얽힌 조약들이 해당 국가들의 '독립' 때 취임한 정권을 존속시키고 있다.

구체적으로 이것은 식민지 통치자들에게서 공식적인 권력을 넘겨받은 매판 시민계급이 중앙아프리카공화국의 수도 방기Bangui에서 카메룬의 항구도시 두알라Douala에 이르기까지, 케냐의 수도 나이로비에서 우간다의 수도 캄팔라Kampala에 이르기까지 어디에서나 본질적으로 같다는 것을 의미한다. 프란츠 파농Frantz Fanon(1925~1961)은 이렇게 말한다.

"그럼에도 불구하고 '국민적' 부르주아지도 경제와 무역의 국영화를 요구한다. 하지만 그들에게 국영화란, 전체 경제를 민중에게 도움이 되게 하고 국민의 모든 필요를 충족시키며 국가를 새로운 사회적 관계에 맞추어 발전을 촉진한다는 것을 뜻하지 않는다. 국영화는 그들에게 그저 식민지 시대에 생긴 특전을 토착민에게 넘겨주는 양도를 의미할 뿐이다."[20]

프란츠 파농의 말이 옳았다. 과거에 식민지 통치자에 의해 임명되었고 오늘날 범대륙 자본의 올리가르히에게 이용당하는 '엘리트들'의 권력 행사는 개인적 이익과 공익이 계속해서 뒤섞여 있다는 특징이 있다. 아프리카 대륙의 대부분 나라들에서 '국민적인' 정치 지도자들에 대한 관념이 이런 혼합에 근거함으로써 그들은 확실히 개인적으로 부유해질 수 있게 된다. 한 세대 이상 콩고 브라자빌Congo-Brazzaville(콩고공화국, 콩고민주공화국은 콩고 킨샤샤 부른다—옮긴이)의 대통령으로 재임 중인 드니 사수 응게소Denis Sassou Nguesso(1943~)는 프랑스 다국적 석유회사 ELF가 푸앵트누아르Pointe-Noire 앞 바다에 매장된 석유를 채굴하는 대가로 지불하는 세금을 마치 개인 수입이

자 자기 가족의 수입인 양 쓴다. 이를 파헤친 유명한 잡지가 두 개 있는데, 미국의 《포브스Forbes》와 나이지리아의 《벤처Venture》다. 2014년 1월 아프리카 대륙에는 억만장자가 55명 있는 반면, 주민의 35.2퍼센트는 심각한 만성적 영양실조에 시달린다. 대부분 억만장자는 국가의 수장과 긴밀한 관계를 맺고 있다. 억만장자 목록의 가장 위에는 국가원수의 친척이나 긴밀한 주변인물인 3명의 여성이 있다. 앙골라대통령 호세 에두아르도 도스 산토스의 맏딸 이사벨 도스 산토스Isabel dos Santos(1973~)는 35억 달러의 재산을 갖고 있다. 케냐의 국부 조모 케냐타Jomo Kenyatta(1894~1978)의 미망인이자 현직 케냐 대통령 우루루 케냐타Uhruru Kenyatta의 어머니인 응기나 케냐타Ngina Kenyatta는 재산이 54억 달러에 달한다. 그리고 《벤처》에 따르면, 전직 나이지리아 대통령 이브라힘 바반기다Ibrahim Babangida(1941~)의 아주 가까운 여성동료 폴로룬쇼 알라키자Folorunsho Alakija는 개인 재산이 73억 달러에 달한다.

원민족은 오늘날 아프리카에 가장 많이 퍼져 있는 사회형태다. 원민족은 제국주의의 산물이다. 제국주의는 위기에 처해 있었으므로 방향을 전환할 필요가 있었다. 자기 세력을 새로 모아 더 효율적이고 유연하며 합리적인 지배형태를 확립해야 했다. 예전보다 비용은 적게 들면서도 더욱 안전한 지배형태를 모색했던 것이다. 원민족은 새로운 지배전략의 결과였다. 원민족은 주변 나라들의 천연자원과 노동력, 전략적으로 중요한 영토에 범대륙 금융자본이 직접적으로 접근하는 것을 정당화한다.

그들의 접근은 감탄할 정도로 잘 은폐되어 있다. 외형상으로는 하나의 '독립적인' 정부가 나라를 다스린다. 토착민 국가는 자체의 경찰, 군대, 노동법 등을 갖고 봉기에 가까운 모든 변화와 착취에 맞서는 모든 저항을 억누른다. 맹수 같은 외국 자본가들과 긴밀히 연결된 현지 시민계급은 제국주의의 약탈이 이루어질 때 떨어지는 부스러기를 먹고 살며 국가를 관리한다. 물론 이 현지 시민계급은 '민족주의적인' 언사를 사용하고, '독립'과 요구들을 말하며, 심지어 '혁명적' 이념을 발설하기도 한다. 하지만 그 말들에는 어떤 행위도 따르지 않기 때문에 그것은 그저 연막일 뿐이다. 이 시민계급은 억압당하는 민중들 자신과 마찬가지로 전 세계적인 여론을 속인다. 이 연막 뒤에서 범대륙 금융자본은 차분하고 조직적으로 약탈해간다.

이와 관련한 예는 무수히 많다. 원래 프랑스의 다국적 알루미늄 회사 페시네Pechiney의 주도로 모인 서구 회사들의 컨소시엄인 프리아Fria는 무려 50년 이상이나 기니 코나크리Guinea-Conakry의 알루미늄 원광 보크사이트 매장량을 자기가 직접 정한 매우 유리한 조건으로 채굴했다. 기니는 전 세계 보크사이트 매장량의 3분의 1을 갖고 있다. 이 국가는 (노동자용 주택, 바다의 항구시설로 이어지는 철도 노선 등) 기반시설 대부분의 비용을 직간접적으로 지불해야 했다. 또한 심하게 착취당한 민중을 굴복시키고 엄격한 질서를 강요해야 했다. 보크사이트 컨소시엄은 오늘날까지 코나크리의 정부가 정치적 · 경제적 · 사회적 결정을 내릴 때마다 아주 사소한 데까지 영향을 미치고 있다.[21]

또 다른 예를 들어보겠다. 프랑스 다국적기업 아레바Areva는 니제르의 우라늄을 40년 이상 채굴하고 있다. 니제르는 세계에서 두 번째로 많은 우라늄 매장량을 갖고 있다. 매년 유엔개발계획(HNDP 인간개발지수)이 작성하는 세계 최빈국 목록에 따르면 니제르는 세계에서 두 번째로 가난한 나라다. 천만 명의 주민들이 언제나 가뭄과 끔찍한 기근으로 고통받는다. 그러나 그들의 정부는 관개 프로그램을 실행하거나 식량을 사들이고 비축하는 데 단 한 푼도 지출할 수 없다. 그린피스는 법률적 방법을 비롯하여 온갖 노력을 했음에도 그 일을 해내지 못했고, 그 결과 니제르를 아레바에 묶어두는 착취에 가까운 부당 계약이 공포되었다.

이런 원민족들에서 새로운 지배계급은 무엇일까? 국민적 시민계급일까? 이 시민계급은 사하라 사막 이남 아프리카에는 실제로 존재하지 않는다. 매판자본가일까? 매판자본가는 원민족들에서 진짜 지배계급이다. 매판자본가는 '국가적 부가가치'라고 일컬어지는 것을 건져낸다. 이 부르주아지는 사치스럽게 소비한다. 나라의 부를 축적하는 것에는 별로 신경 쓰지 않는다. 또 나라에 실질적으로 필요한 것이 아니라 자신의 소비 습관에 따라 나라의 수입품을 조정한다.

세네갈의 농부들이 생산한 땅콩은 세계시장 평균 가격의 8분의 1을 받는다. 세네갈의 국영기관들은 땅콩을 사들이고 부가가치를 착복한다. 부가가치는 대부분 국가 부르주아지에게, 즉 고위 당국자와 정치가에게 돌아간다. 그들의 월급은 일반인의 평균소득과는 비교가 되지 않을 정도로 많다. 종종 기생생활을 하는 이 많은 국가 부르주아지는 수많은 특권을 누린다. 호화로운 관용차 외에도 막대한 건축비 대출도 받는다. 국가 부르주아지는 세금으로 세워진 고급 저택을 소유하고, 그것을 천문학적 가격으로 외국인에게 임대한다. 요컨대 대부분 원민족들에서는 국가 부르주아지가 국민의 진짜 재앙이다. 이 국가 부르주아지는 다국적 금융자본의 상징적 폭력에 완전히 지배당하고 있다.

물론 아프리카 원민족들의 현 사트랍(대리 통치자)들인 수단 대통령 우마르 알-바시르Umar al-Baschir, 콩고민주공화국 대통령 조제프 카빌라Joseph Kabila, 짐바브웨 대통령 로버트 무가베Robert Mugabe, 차드공화국 대통령 이드리스 데비 이트노Idriss Déby Itno, 카메룬 대통령 폴 비야Paul Biya, 콩고공화국 대통령 드니 사수응게소Denis Sassou-Nguesso, 가봉 대통령 알리 봉고 온딤바Ali Bongo Ondimba, 앙골라 대통령 호세 에두아르도 도스 산토스José Edoardo Dos Santos, 잠비아 대통령 마이클 사타Michael Sata, 나미비아 대통령 히피케푸니에 포함바Hifikepunye Pohamba 같은 이들은 '민족의식'과 '독립'에 대해 자주 말한다. 그들은 각종 회의에 나타나고, 국제적인 정치 무대 맨 앞에서 움직이고, 외국 방문을 위해 열심히 여행하며 매번 '자유'와 '평화'에 대해 엄숙하게 신념을 고백한다. 그러나 아프리카 대륙의 민중이 해방을 위해 투쟁하면, 그들은 그 즉시 이런저런 제국주의 열강의 군대에 도움을 요청한다.

5. 학살 캠페인, 유럽 첩보기관이 바빠진 이유

수많은 아프리카 나라들에서 왜 그렇게 비극적으로 국민을 형성
하는 데 실패했는가라는 질문에 대해서는 다른 설명이 있다.

전 세계 여론, 유엔 정기총회, 아프리카 자체의 봉기 같은 압박
으로 프랑스는 1958년과 1965년 사이에 18개의 아프리카 식민지들
에 '독립'을 허용해야 했다. 같은 시기에 벨기에와 영국도 아프리카
에 있는 식민지들을 '독립'시켰다. 얼마 후 포르투갈과 스페인이 그
뒤를 따랐다.

그렇지만 이 국가들이 압박을 받고 강제적으로 주권을 예전의
피지배자들에게 넘겨주기 전에, 이 국가들의 첩보기관들은 대규모
숙청을 실행하고, 민족주의 운동의 가장 중요한 지도자들을 줄지어
살해했다.

이런 식의 폭력은 2차 세계대전이 끝날 때부터 모습을 드러냈
다. 알제리에서는 프랑스 군대가 1945년 이후 세티프Sétif에서 일어
난 독립 시위에서 4만 명의 사상자를 냈다. 마다가스카르에서는
1947년 프랑스인들이 봉기를 진압할 때 8만 명 이상의 사망자가 나
왔다.

1959년에는 중앙아프리카 민족주의자 바르텔레미 보간다
Barthélemy Boganda(1910~1959)와 그의 수행원들이 비행기 폭발로 사망
했다. 프랑스 첩보부가 연루된 테러행위였다. 1961년 1월 17일, 콩
고의 수상이자 콩고 민족해방운동(MNC)의 수장인 파트리스 루뭄바

Patrice Lumumba(1925~1961)는 루붐바시Lubumbashi 근처에서 살해되었다. 그는 카탕가 주 집행 명령에 따라 기관총으로 총살당했다. 벨기에 용병들이 루뭄바와 그의 두 수행원의 시체를 황산으로 해체하여 없앴다. 범아프리카운동을 기획한 장본인이고 사하라 사막 이남 아프리카에서 독립을 달성할 수 있었던 최초의 민족주의 지도자인 가나의 콰메 은크루마는 1966년 영국 첩보기관이 배후에서 조종한 쿠데타로 실각했다. 그는 망명 중에 루마니아 병원에서 알 수 없는 병으로 죽었다. 1973년 1월 20일에는 기니비사우의 해방군 사령관이자 PAIGC(기니비사우 카보베르데 독립아프리카당)의 창설자인 아밀카르 카브랄Amílcar Cabral이 포르투갈 비밀첩보기관(PIDE) 대원에게 살해되었는데, 그의 조국이 독립을 얻기 14개월 전이었다.

국가의 테러는 무자비했다. 어떤 희생을 치를지라도 진정한 민족주의 지도자를 제거하는 것이 중요했다. 그렇게 해야 식민지 통치자들이 높은 자리에 올려놓고 통제할 수 있는 '엘리트들'에게 권력을 넘겨줄 수 있기 때문이다.

카메룬의 사례는 그 전형적인 예다. 차드의 사바나에서부터 대서양의 해안가까지 펼쳐져 있는 눈부시게 아름다운 이 나라에서 프랑스의 정치적·경제적·재정적 이해관계들은 오늘날까지 결정적인 역할을 하고 있다. 파리는 권력을 북부 출신의 전통적인 무슬림 군주 아마도우 아히죠Amadou Ahidjo에게 넘겨주었다. 아히죠는 전직 내각 수장이자 현직 대통령 폴 비아에 의해 교체될 때까지 23년간 카메룬 수도 야운데Yaoundé의 대통령궁에 거주했다. 아히죠는 마지막까지 프랑스 신식민주의 정책의 앞잡이였다. 그렇지만 카메룬에는 수천 년 된 전통을 가지고 독립을 간절히 소망하며 영토를 회복하고자 하는 용감한 민중이 많다. 가령 카메룬인민연맹(UPC)은 프랑스의 가식에 저항했다. 그러자 UPC의 적대자들이 무기를 잡았다.

억압은 잔혹했다.

1970년 1월 15일, 카메룬 서쪽의 바푸삼Bafoussam 중앙 광장에서 벌어진 일이었다. 카메룬 군대의 집행 명령을 받은 병사들이 떠오르는 해를 등지고 도열한다. 제복을 입은 프랑스 장교 집단과 흰 셔츠와 아마바지를 걸친 민간인 차림의 몇몇 유럽 사람들이 그 광경을 전부 감독한다. 바밀레케Bamileke 종족의 농민들과 그 처자식들이 말 없이 광장 가장자리에 모인다. 밀폐된 트럭들과 다른 차량들의 행렬이 또 다른 병사들, 검사, 군사재판관, 법의학자, 그리고 마지막으로 유죄선고를 받은 사람을 실어온다. 짙은 구름이 도시 위에 걸려 있지만, 그럼에도 아침은 날이 맑다. 번쩍번쩍 빛나는 햇살이 두꺼운 구름을 뚫고, 광장은 밝은 빛에 잠긴다. 심문, 기진맥진, 구타 등의 흔적이 역력한 얼굴을 한 쉰 살의 에르네스트 콴디에Ernest Quandié가 헌병들에 의해 트럭에서 질질 끌려나온다. 그는 무척 수척하고 나이보다 더 늙어 보였으며, 머리칼은 백발이다. 그의 눈길은 지친 기색이 역력하다. 그는 수갑을 찬 채 처형대 앞으로 밀쳐진다. 병사들이 발사하는 순간, 그는 '카메룬 만세!'를 외치고 얼굴이 먼저 바닥으로 거꾸러진다. 구경꾼들 가운데서 프랑스 장교 한 명이 나오더니 죽어가는 사람에게 다가가 권총을 잡고 몸을 아래로 숙이고는 그의

관자놀이에 총을 두 번 발사한다. 카메룬 해방전선의 가장 중요한 지도자는 이렇게 살해되었다.[22]

카메룬 출신의 민족주의 지도자들은 모두 예외 없이 하나씩 살해되었다. 루벤 움 니오베Ruben Um Nyobe는 이미 1955년에, 그의 후계자들인 이삭 니오베 판죠크Isaac Nyobe Pandjok, 다비드 미통David Mitton, 탕케 노에Tankeu Noé는 나중에 살해되었다.

1960년 젊은 의사이자 카메룬인민연맹 의장인 펠릭스 롤랑 무미에Félix-Roland Moumié는 제네바로 가서 외교적 지원을 받으려고 애썼다. 유엔에 정식 파견된 한 프랑스 '기자'가 그를 시내의 술집으로 초대했다. 저녁에 그는 심한 복통을 느꼈다. 그는 병원에 옮겨졌고, 그곳에서 밤중에 죽었다. 그 '기자'의 신분이 곧 들통났는데, 그는 프랑스 국외 정보 방첩부 SDECE의 장교인 육군대령 윌리엄 벡텔William Bechtel이었다. 벡텔은 화급히 여행을 떠났지만 그에게는 국제 체포 영장이 발부되었다. 그로부터 20년 후인 1980년 12월 8일, 해당 제네바 법원의 검사부는 그에 대한 고소를 취하했다. 제네바 사법부는 웃음거리가 되는 것에 아랑곳하지 않았다. 고소 취하 결정은 프랑스에서 육군대령 르 로이 팽빌Le Roy-Finville의 회상록이 출간되고 일주일 후에 내려졌다. 이 사람은 벡텔의 상관이었다. 그는 자신의 책에서 제네바 소재 SDECE 주재원에 의한 무미에의 살해에 대해 상세히 묘사했다.[23]

프랑스에서 교육받은 경제학자이자 우수한 두뇌의 소유자이며 식민지 지배에 저항한 투사인 카스토르 오센데 아파나Castor Osende Afana

는 1966년 적도의 정글에서 쫓기다가 콩고와 가봉과 카메룬의 국경 근처에서 살해당했다.

　　카메룬공화국은 훌륭한 문화와 용감한 종족들의 고향이다. 그러나 예전에 자행된 프랑스의 대학살은 이 나라의 부패와 약탈, 그리고 주민 대부분을 괴롭히는 극심한 궁핍 그 모든 것에도 불구하고 어떤 저항운동도 조직되지 않을 정도로 엄청난 트라우마를 남겨놓았다.

6. 비스마르크, 독일을 위해 아프리카를 분할하다

　　국민의 형성이 아프리카의 그렇게 많은 나라들에서 왜 실패했는지에 대한 마지막 이유는 1885년 베를린회의와 관련이 있다.

　　한 비범한 유럽 정치인이 그 당시 막 생겨나는 식민지 세계의 질서에서 결정적 역할을 했는데, 독일 제국수상 오토 폰 비스마르크 Otto von Bismarck(1815~1898) 후작이었다. 비스마르크는 중요한 사실을 파악했다. 1815년 프랑스혁명과 나폴레옹 제국에 승리함으로써 반동세력들은 신성동맹Holy Alliance을 맺었는데, 여러 유럽 국가들이 식민지 정복 원정을 무법적으로 전개하면 이 동맹이 위태로워진다는 것이었다. 상인, 군인, 금융자본가 등의 탐욕과 많은 선교사들의 열정으로 유럽의 평화와 열강들의 균형이 흔들릴 지경이었다. 오늘날의 베냉인 오다호메이Haut-Dahomey에서, 수단의 국경에서, 나이지리아의 화산이 많은 고원 가장자리에서 프랑스군 병력이 영국 침입자들과 대립하고 있었다. 프랑스공화국의 장교들은 영국 여왕 폐하의 사절단에게 욕설을 퍼부었다. 아프리카에서 유럽 각국이 미치는 세력권의 경계를 정하거나 규준할 수 있는 법적 기준도, 관습법도 실제로 없었다. 식민지 병력의 공격, 정복욕, 명성의 유혹 등은 물론이고 중요한 경제적 이해와 (종교적인 것이든 세속적인 것이든 마찬가지로) 이데올로기적 사명감 역시 유럽인들의 아프리카 원정을 진짜 영웅 서사시로 만들었다. 여기에서는 '국민적 자부심', 국가의 '위신', 정부의 '신빙성' 등이 중요했다. 사헬지대의 외진 구석이나 벵겔라Benguela의 산들에서 영국 병력과 프랑스 병력, 포르투갈 상인이나 독일 탐험가 사이에 아주 사소한 충돌만 있어도 피할 수 없는 큰 갈등으로 번질 우려가 있었다.

비스마르크는 이 위험을 그 어떤 사람보다도 분명히 간파했다. 그 당시 그의 정신을 온통 사로잡은 것은 유럽 노동자계급과 그 조직들의 성장이었다. 노동자 연대는 빠르게 발전했다. 유럽에서 가장 잘 조직된 경찰의 우두머리인 비스마르크는 산업화의 길에 접어든 유럽의 모든 나라들에서 노동운동의 영향력이 커지고 있음을 아주 정확히 파악했다. 독일 사회주의자 아우구스트 베벨August Bebel(1840~1913)과 빌헬름 리프크네히트Wilhelm Liebknecht(1826~1900), 프랑스 사회주의자 쥘 게드Jules Guesde(1845~1922), 이탈리아 아나키스트 에리코 말라테스타Errico Malatesta(1853~1932) 같은 이들이 그를 잠 못 이루게 했다(비스마르크는 매우 고통스럽고 심한 신경통으로 고생했다). 그는 악몽에도 등장하는 이들을 "천한 패거리"라고 일컬었다. 또한 그는 특히 1875년 고타Gotha 합동대회 이후 독일 전역에서 그의 권력에 문제를 제기하는 노동당 간부들도 그렇게 불렀다. 유럽의 신성동맹이 깨지면 사회주의 혁명가들이 베를린, 파리, 런던, 로마, 마드리드 등에서 권력을 잡을 우려가 있었다.

비스마르크는 당대의 다른 정치가들과는 달리 식민지를 정복하는 데 몰두하지 않았다. 그가 계속해서 유일하게 거정했던 것은 자신이 1871년 드디어 이뤄냈지만 여전히 깨지기 쉬운 독일 통일을 공고히 하고 독일제국의 강력함과 명성을 공고히 하는 데 있었다. 선견지명이 있던 그는 유럽 열강들이 아프리카를 무법적으로 점령하여 발생하는 일상적 갈등들이 유럽 국가들 간의 정교하고 복잡한 동맹체계를 위태롭게 한다는 것을 알아차렸다. 그가 이 동맹을 통해 독일제국의 존속과 위대함을 확보하려 했는데 말이다. 요컨대 비스마르크는 죽기 전까지도 식민지를 점령할 때 영토와 정당성을 배정할 규칙을 관철시키려 했다. 그래서 그는 1885년 베를린회의를 소집했다.

2월 26일 개회식의 참가자 명단은 사실상 당대의 모든 크고 작은 군사적 · 경제적 · 재정적 열강들에 속한 식민지 통치자들의 조합이라는 인상을 준다. 그곳에 모인 사람들은 독일 황제, 영국 여왕, 오스만제국 군주, 미국 대통령, 제정러시아 황제, 스페인 왕, 포르투갈 왕, 오스트리아-헝가리제국 황제, 이탈리아 왕, 벨기에 왕, 스웨덴-노르웨이 왕, 네덜란드 왕, 프랑스공화국 대통령 등이었다.

크고 작은 식민지 열강들은 임의로 아프리카를 차지했다. 열강들은 아프리카 대륙을 잘게 자르고, 자기들의 점령지를 잘라내고, 아프리카 민족들을 분산시키고, 그들의 문화와 전통적인 집단적 정체성을 파괴했다. 열강들은 또 자신들의 이기적인 이익 때문에 닥치는 대로 약탈하고, 불 지른다고 위협하여 강탈하고, 성폭행하고, 많은 땅과 숲을 빼앗고 많은 사람들을 잡아갔다. 베를린회의는 그런 무법상태를 끝내야 했다.

베를린회의의 목표는 세계, 특히 아프리카의 식민지 질서에 정당성과 합법성을 부여하는 것이었다. 이 회의는 "제멋대로의" 점령을 끝내고, 유럽의 경쟁국들 간에는 "최초 정복자"의 권리가 유효하다는 점을 확정하려 했다. 또한 선박의 국제적 운항을 위해 큰 강들을 개방하고, 노예무역을 방지하고, 토착민 노동력의 사용을 통제하려고 했다. 약간의 국제적 권리도 도입되었다. 유럽 어느 나라의 국기가 펄럭이는 곳이면, 그 영토는 해당국가의 적법한 점유지로 간주한다는 것이었다. 유럽의 경쟁국 한 나라가 마찬가지로 그 영토에 대한 권리를 주장할 때에는, 중재기관에서 (예컨대 원주민 추장과의 보호협정, 매매계약 등을 통해) 자기 나라의 점령 권리가 더 크다는 것을 입증해야 했다.[24]

베를린회의를 통해 점령과 행동에 대한 자체 규칙, 중재기관, 점령을 정당화하는 이데올로기와 자체의 법규를 갖는 확실한 세계체계가 생겨났다. 장차 일어날 해방운동은 이처럼 구조를 갖추고 일관성 있는 균질화된 식민지 체계와 관계가 있었다.

베를린회의는 살아 있는 몸을 잘게 써는 식인종처럼 아프리카를 난도질했다.

식민지 통치자들의 이익과 판단에 따라 정해진 국경은 위대한 전통을 가진 사회들과 그 문화와 문명을 박살냈다. 이렇게 인위적으로 해당 종족들 각각의 유일무이한 역사와 전혀 관계가 없는 국경 안에 갇힌 채, 제멋대로 잘라내진 영토 내에서 절단되었지만 그래도 살아 남은 문화의 부분들은 오늘날까지 극도의 긴장을 야기한다.

요컨대 비스마르크는 아주 잠시 유럽을 평화롭게 만들었지만, 아프리카를 절단 내고 말았다.

1963년 5월 23일 에티오피아 수도 아디스아바바에서 오늘날 아프리카연합(AU)의 전신인 아프리카통일기구(OAU, 아프리카 여러 나라의 독립과 주권을 수호하고 비동맹 노선 아래에서 상호 협력을 목적으로 결성된 세계 최대 지역 기구—옮긴이)의 창립회의가 열렸다. 가나 대통령 콰메 은크루마의 지휘하에 통합된 하나의 아프리카 대륙을 꿈꾸는 추종자들은 세네갈 대통령 레오폴 세다르 상고르Léopold Sédar Senghor를 중심으로 '국가들의 아프리카Africa of States' 대표자들에게 저항했다. 그러나 이 대표자들의 뜻이 관철되었다. 결국 독립된 아프리카에서 동족상잔을 막기 위해 OAU 헌장은 식민지 국경을 범하면 안 된다고 결정했다. 이로써 전통적인 집단적 정체성과 전승되던 위대한 문화의 단절이 성문화되었다.

미래의 아프리카 국민을 위해 생각할 수 있는 문화적 방향은 이로써 처음부터 잘려나갔다. 민족의식이 싹트는 대신 많은 지역들에서는 부족주의tribalism가 지배했다. 현재의 모든 인종주의 형태 중에서 부족주의는 가장 무자비하고 가장 파괴적인 것 중 하나다. 부족주의는 원민족들의 집단적 의식을 황폐하게 만든다. 그리고 그곳을 다스리는 인종집단들은 권력의 독점을 주장하며 독재 정부를 세우고는 자기들 각각의 부족 정체성의 이름으로 다른 인종집단들을 차별한다.

7. 남수단의 지옥

부족주의의 드라마를 현재 가장 인상적으로 보여주는 사례는 유엔의 195개 회원국 중 가장 늦게 탄생한 남수단공화국이다.

여러 닐로트 종족Nilot(나일 강 상류 수단 남부에서 우간다, 케냐, 탄자니아 등에 분포된 여러 종족—옮긴이) 문화에 속하는 남수단의 1,200만 명의 주민들, 아잔데족, 누에르족, 딩카족, 마살리트족, 실루크족 등은 90만 평방킬로미터 이상의 평지를 가진 대단히 아름다운 땅에 살고 있다. 이 땅은 사람의 손길이 닿지 않은 삼림지대, 특이한 동물군, 비옥한 평야, 물고기가 많은 강 등으로 이루어져 있다.

남수단공화국은 아프리카의 모든 나라들 중에서 가장 오랜 민족 해방 투쟁을 거쳤다. 수단은 1899년부터 영국과 이집트가 공동 통치하는 식민지였다. 가말 압델 나세르Gamal Abdel Nasser(1918~1970)와 그가 창설했고 1952년부터 카이로에서 권력을 쥐고 있었던 자유장교단Free Officers' Organization의 압박으로, 두 나라의 공동 통치는 1956년 폐지되었다. 그러자 영국 식민지 세력이 수단에 사는 그리스도교 닐로트 종족들에게서 소집했던 부대인 에콰토리아 군단Equatoria Corps이 혁명을 일으켰다. 그리고 하르툼Khartum의 무슬림 정권에 맞서는 긴 전쟁이 시작되었다. 그때까지는 고도로 발달한 찬란한 문화와 풍성하고 생생한 우주 창조설을 가진 두 개의 대규모 종족, 즉 딩카족과 누에르족이 남수단해방군(SSLA)을 지배했다. 그들 각각의 집단적 기억, 그들의 상징적 상부구조, 그들의 사회적 (국가 형태가 아닌) 조직 등에 인류학자들은 매료되었는데, 그중에는 특히 에드워드 E. 에반스 프리처드Edward E. Evans-Pritchard(1902~1973)가 있다.[25]

반세기를 조금 넘는 시간 동안 젊은 누에르족과 딩카족 전 세대가 백나일 강white nile의 늪지대와 정글과 사바나에서 투쟁 중에 죽고, 산 채로 화형당하고, 무슬림 군대의 포격과 폭탄에 부상당했다. 수단 출신의 수만 명의 여성과 아이들은 북쪽에서 날아오는 공군의 엄청난 폭격으로 처참하게 살해되었다. 남수단해방군에 대한 명령권은 누에르족과 딩카족 장교들이 나누어 갖고 있었다.〔마지막 남은 최고 명령권자였던 존 가랑John Garang(1945~2005)과 살바 키르 마야르디트Salva Kiir Mayardit(1951~)는 둘 다 딩카족이었다. 가랑은 비행기 폭발로 사망했다.〕

고층건물과 인구 과밀 빈민가가 즐비한 괴물 같은 대도시인 주바Juba를 잠깐 방문했던 일이 생각난다. 수단이 독립하기 전에 주바는 우선 군대가 주둔하는 위수 도시로, 무척 가난했고 불안으로 활기가 없었다. 온통 녹이 슨 지붕들 사이 여기저기에 벽이 갈라진 높다랗고 노란 집들이 솟아 있었다. 우기의 홍수와 백나일 강인 바르 알 드샤발Bahr al-Dschabal에서 계속 올라오는 습기가 그 집들의 테라스를 망가뜨렸다. 특히 전 영국 철도호텔이 기억에 남아 있다. 황갈색 벽돌로 지어진 가늘고 긴 우아한 이층 건물이었다. 그곳 베란다에는 수양버들로 엮은 안락의자와 탁자가 나란히 늘어선 아치가 있었는데, 이 아치가 1층의 큰 식당을 더위로부터 가려주었다. 바르 알 드샤발이라는 말의 뜻은 '하얀 바다'다. 왜냐하면 나일 강이 주바에서 강을 거슬러 올라가 마치 마법처럼 수백 만 송이의 수련들 속으로 사라지기 때문이다.

2011년 1월 15일 남수단의 자치에 대한 국민투표가 실시되었고, 7월 9일 독립이 공포되었다. 딩카족의 살바 키르가 대통령이 되고 누에르족의 리에크 마차르Riek Machar(1953~)가 부통령이 되어 국가권력을 함께 넘겨받았다.

그러나 독립한 지 겨우 2년 남짓한 2013년 7월에 인종적으로 다수인 딩카족이 단독 권력을 요구했다. 살바 키르는 부통령이었던 리에크 마차르를 비롯해 누에르족의 모든 장관과 장군을 해임했다. 누에르족 가족들은 수천 명씩 수도 주바에서 달아났다.

키르는 입가에 친절한 미소를 띤 키가 190센티미터나 되는 기운 센 딩카족 남자다. 그는 항상 챙이 넓은 검정색 모자를 쓰고 있다. 반면에 마차르는 전형적인 누에르 남자로 몸이 후리후리하고 민첩하다. 그는 손에 긴 막대기를 잡고 한쪽 다리로 선 채, 강물이 유입되는 백나일 강의 지류에서 매우 인상적인 하프 모양의 흰 뿔피리를 들고 들소 무리를 지키는 부족의 목자를 연상시킨다. 마차르는 지식인이고, 하르툼대학교의 전직 철학 교수였다. 키르는 마차르를 기소하고, 누에르족을 탄압하기 시작했다. 마차르의 대리인이 2015년 대통령 선거에서 키르에 맞서 후보로 나설 계획을 세웠고, 따라서 모반의 죄를 지었다는 혐의였다.

무자비한 무슬림-아랍인이라는 공동의 적에 맞서 수단의 종족들은 인종적 갈등이 있음에도 언제나 비범한 용기를 갖고 대단히 결연하게 저항했고, 자신들의 정체성과 종교, 나라를 지켰다. 이 투쟁은 종족이 다른 세대들이 주도했고, 끔찍한 고통을 겪었다. 그런데 이 투쟁을 통해서는 어떤 조직적인 공동 의식도 생겨나지 않았다. 즉 인종적인 소속을 뛰어넘은 민족의식이 태동하지 않은 것이다. 부족의 정체성은 예나 지금이나 최종 판단의 기준이고, 남수단의 민족들에게 있어서 최후의 피난처다. 그리고 자기방어를 위해 50년간 전쟁한 후에도 부족주의와 자민족 중심주의ethnocentrism는 여전히 여러 번 분열된 집단적 의식을 조직하는 요소들이다.

누에르족, 딩카족, 아잔데족, 마살리트족, 실루크족 같은 닐로트 종족의 아주 오래된 선진 문화는 이미 말했듯이 지구에서 고도로 발전한 가장 복잡하고 내용이 풍부한 문화다. 그들의 우주 창조설들은 세계와 인간들의 운명에 대해 보편적으로 설명해낸다. 그들의 동족 체계와 성인식은 사회의 지식을 세대에서 세대로 전해주는 데 도움이 된다. 남녀, 여러 연령층, 씨족들 사이의 상보성과 호혜성을 통해 두드러지는 명령과 순종의 위계적 질서, 생명을 보전하는 것, 불멸성, 고인들이 계속 사회에 함께하도록 보장하는 매장 의식, 이 모든 것은 강력한 구조를 갖춘 사회적 토대, 즉 견고한 집단적 정체성을 만들어낸다.

하르툼의 연이은 아랍 무슬림 통치자들이 나일 강 종족들을 괴롭히고 그들을 굴복시키려 하고 또 때때로 없애려 하는 동안, 나일 강 종족들은 공동의 저항전선을 형성했다.

그렇지만 승리를 쟁취하여 억압의 사슬을 끊고 외부의 압력이 더 이상 없어지자, 공동의 전선은 해체되었다. 또 여러 인종집단들은 다시 각각의 집단적 의식을 조직할 수 있는 독점권을 넘겨받았다. 나일 강 종족들의 선진문화는 아민 말루프Amin Maalouf의 개념을 빌려 말하자면 서로에게 "흉악한 정체성"이 되었다.

2014년 여름까지 어느 인종을 막론하고 이미 수만 명의 남녀와 어린이가 이 새로운 전쟁에서 죽었다. 수백만 명이 특히 최악의 전투가 벌어진 남수단의 벤티우Bentiu, 보르Bor, 리어Leer, 주바 등의 도시를 떠나 숲으로 달아났다.

빼어나게 아름답지만 어마어마한 규모의 땅 구석구석을 연결해주는 가장 중요한 소통수단인 현지 라디오 방송국은 자기 종족이 아닌 여자들을 성폭행하라고 선동했다.[26] 누에르족이 사는 그 땅의 동쪽 리어에서 국경없는 의사회는 병원을 포기해야 했다. 수백 명의 부상자와 환자들은 몇 달 동안 늪지대에 숨어 있었다. 2014년 4월 마차르의 앞잡이들은 딩카족 수천 가정이 피신처를 구했던 벤티우에서 대량학살을 자행했다.

　이리하여 원민족 남수단은 생겨나자마자 다시 붕괴했다. 부족주의의 회귀 외에도 비참한 사회적 상황, 기근, 전염병 등이 현재 벌어지는 혼돈의 원인이다. 3년 전 남수단 국가가 공포된 이래, 우간다, 콩고, 에티오피아 등에서 온 250만 명의 난민들이 그곳으로 다시 유입되었다. 수단의 유전 85퍼센트가 남쪽에 있긴 하지만, 석유를 수단항과 홍해의 항구들로 이송하는 파이프라인은 북쪽이 관리한다.

　원민족들을 안정시키고 허구적인 주권을 갖는 국가들이 혼돈에 빠지는 것을 방지하기 위해, 특히 자기의 영향력을 확보하기 위해, 예전의 식민지 열강은 독립 후 권력을 넘겨받은 정부와 이른바 '공동의 안전'에 대한 협정을 체결했다. 코트디부아르의 수도 아비장Abidjan과 세네갈의 수도 다카르Dakar, 그리고 다른 나라의 수도에서 프랑스 군대는 위수지를 유지하고 있다. 왜냐하면 합법적인 야당이 박해받는 나라들에서는 주민들의 불만과 절망과 고통이 종종 비합법적인 저항운동으로 표현될 수 있기 때문이다.

　아프리카 대륙에서 인구가 가장 많고 세계에서 여덟 번째로 큰 산유국인 나이지리아에는 부패와 족벌주의nepotism(권력자가 자기의 친족에게 관직, 지위 따위를 주는 일—옮긴이), 투표조작 등이 비일비재하다. 텍사코Texaco, 엑슨모빌ExxonMobil, BPBritish Petroleum, 셸Shell 등은 이 나라를 착취하고, 아부자Abuja의 통치자와 비열한 짓을 벌인다. 삼각주에서는 영토회복운동이 벌어지고, 북쪽에서는 보코하람Boko Haram(2002년 결성된 나이지리아의 이슬람 극단주의 테러 조직—옮긴이)의 테러리스트들이 행패를 부리고 있다.

이슬람 성전주의자 지하디스트들은 사헬 지역을 유린했다. 그러나 니제르의 니아메Niamey, 세네갈의 다카르, 모리타니의 누악쇼트 Nouakchott, 말리의 바마코 등에 있는 프랑스 위수지들은, 아레바와 다른 프랑스 기업들이 약탈에 가까운 조건으로 니제르의 우라늄과 말리의 금광을 채굴하고 세네갈 강이 구부러지는 곳의 비옥한 땅을 이용하는 한 무용지물이다. 신식민지의 지배 엘리트들을 보호할 '공동의 안전'에 관한 협정들은 결국 효과가 없는 것으로 드러난다. 원민족들은 내부에서 무너진다.

8. 우리의 자유와 당신들의 자유를 위해

역사의 어느 순간에, 그리고 세계의 어느 곳에서 국민이 나타나든, 그 국가는 항상 보편적 가치들을 간직하고 있다.

예를 하나 들어보겠다. 막시밀리앙 로베스피에르는 발미 전투 직전에 파리에서 다음과 같은 연설을 했다.

"프랑스인들이여, 불멸의 명예가 그대들을 기다리고 있지만, 그대들은 엄청난 노력으로 그 명예를 쟁취해야 한다. 그대들에겐 치욕적인 노예와 완전한 자유 사이의 선택만 있을 뿐이다. 왕들이 굴복하느냐, 아니면 프랑스인들이 굴복하느냐의 선택뿐이다. 모든 국민의 운명은 우리의 운명과 연결되어 있다. 프랑스 민족은 세계의 무게를 짊어져야 한다. …… 파리에서 울리는 경종이 모든 민족들에게 들리도록."[27]

예를 하나 더 들어보자. 러시아 점령군에 맞선 폴란드 민족주의자들의 봉기는 패배와 유혈 참극으로 끝났다. 그럼에도 형성되고 있던 폴란드 국민은 로베스피에르처럼 평등한 보편성을 요구했다. 1831년 9월의 어느 날 밤, 폴란드를 괴롭히는 러시아 장군 파스키에비치Paskievich 원수의 숙소 창문 바로 앞을 비롯한 바르샤바의 담들에 벽보가 나붙었다. 라틴어와 키릴문자(그리스의 선교사 키릴로스가 만든 글라골Glagol 문자를 바탕으로 9세기 말 무렵에 불가리아에서 만들어진 문자―옮긴이)로 된 벽보에서는 "우리의 자유를 위해, 그리고 당신들의 자유를 위해"라는 글을 읽을 수 있었다. 벽보의 내용을 이해한 것은 러시아 점령군의 병사 몇 명뿐이었다. 봉기는 진압되었다. 폴란드인들은 1989년 자유노조 솔리다르노시치(연대)가 평화적으로 승리할 때까지, 러시아 식민지 통치자들의 장악력이 느슨해지고 폴란드 국민이 잿더미에서 부활할 수 있기를 기다려야 했다.

마지막 예를 보겠다. 1942년 8월 미사크 마누키앙Missak Manouchian은 보리스 홀반Boris Holan에게서 게릴라조직 MOI(이주 노동자 운동)의 지휘권을 넘겨받았다. 나치스 점령군들은 파리에서 이 그룹의 특정한 조직원들의 얼굴과 이름이 나오는 수천 장의 빨간색 벽보를 내걸었다. 전부 다 외국 이름, 주로 아르메니아와 폴란드 식 이름이었기 때문에, 나치스는 무장 투쟁과 그 '테러'가 외국인들의 짓이라는 인상을 불러일으키려고 했다. 11월에 이 그룹은 밀고를 받아 게슈타포에 발각되었다. 마누키앙과 60명 이상의 남녀 동지들—그중에 빨간색 벽보에 수배되었던 23명—이 체포되었다. 그들은 끔찍한 고문을 당한 후 2월 21일 어둑한 새벽에 몽 발레리앙Mont Valérien에서 모두 총살당했다. 그들은 나라와 문화, 민족이 다 달랐지만 총알에 맞아 죽기 전에 거의 모두가 "프랑스 만세!"를 외쳤다.

모든 인간은 장수, 건강, 교육, 지식, 안전한 생활, 안정된 일자리, 정기적인 수입 등을 얻고자 노력한다. 인간은 자기 가족들이 멸시당하지 않게 지키고, 전횡에 방치되지 않고 정치적 · 국민적 권리를 충분히 행사할 수 있으며, 자신의 존엄을 훼손하는 불행으로부터 자신을 지키기를 원한다.

발미에서 생겨난 국민은 자유롭게 살기로 결심한 가난한 사람들의 국민이다. 이 국민은 오늘날 대부분의 민중운동, 즉 볼리비아, 베네수엘라, 에콰도르, 쿠바, 바레인, 네팔, 그리고 세계의 다른 많은 곳들에서 일어나는 혁명에 대한 본보기다.

서구의 나라들(유럽과 북아메리카 나라들)은 2010년 유엔인권이사회 내에 비공식적이지만 영향력 있는 조직인 동호회like minded group를 만들어 정기적으로 만나고 자국들의 투표 행태를 조정하고 있다. 이 모임은 민주주의, 인권, 자유권 등을 함께 생각해야 한다고 주장하는 나라들로 구성된다.

그렇지만 더 자세히 들여다보면, 이 나라들이 분열된 의식을 갖고 살고 있음을 깨닫게 된다. 기본 가치들은 그 나라들에서 대체로 존중되고, 각 국가의 영토에서 유효하다. 그러나 그 가치들이 그 나라를 벗어나면 무용해진다.

세계 최대 군사기지 형무소인 아프가니스탄의 바그람Bagram과 쿠바 남동쪽 미해군 기지의 수감 시설 관타나모에서 미국은 앞에서 보았듯이 지구 곳곳에서 온 정치범들에게 조직적인 고문을 행하고 온갖 비인간적인 처우를 일삼았다. 예멘과 파키스탄에서는 매달 미국의 무인항공기들이 테러 활동과 전혀 관련 없는 수십 명의 남녀와 어린이를 죽이고 있다.

유럽연합은 사하라 사막 이남 아프리카에서 덤핑을 행하고 있다. 즉 유럽연합의 농산물을 현지 상품보다 싸게 팔면서, 의도적으로 현지 농업을 파괴하는 것이다. 유럽연합 국경관리청Frontex은 매년 수천 명의 난민을 바다로 돌려보낸다. 그들은 대서양이나 지중해를 건너 유럽이라는 요새에, 즉 카나리아 제도와 몰타 또는 이탈리아 해안에 도착하려고 사력을 다했던 이들이다. 유엔난민고등판무관실(UNHCR)의 통계 보고에 따르면 2001년부터 2013년까지 3만 1,000명이 바다를 건너다 익사했다.

2006년 워싱턴에서 설립되어 부패, 밀수, 조직화된 범죄, 탈세

등을 주로 다루는 비정부단체 세계재정건전성Global Financial Integrity이 발표한 조사에 따르면, "익명의 위장회사, 불투명한 조세회피처tax heaven(조세부담을 경감할 수 있거나 조세부과를 피할 수 있는 국가나 지역—옮긴이), 상업적인 돈세탁 등을 통해 2011년 세계 최빈국들에서 거의 1조 달러가 흘러나갔다." 이 나라들에서 불법적으로 빠져나간 천문학적 금액은 해마다 커지고 있다.

"그 금액의 증가는 2010년 대비 13.7퍼센트, 2002년 대비 250퍼센트에 달했다. 2002년부터 2011년까지 개발도상국들에서는 연구에 따르면 전체적으로 5조 9,000억 달러가 사라졌다. …… 2011년 자금 도피의 양은 같은 해에 150개국이 받은 순 개발원조development aid보다 10배나 많았다. 이것은 한 나라가 개발원조 1달러를 받을 때 10달러가 불법적으로 그 나라에서 새어나간다는 것을 의미한다."[28]

또 이런 말도 나온다.

"자금 도피가 매년 국내총생산(GDP)의 5.7퍼센트 이상에 달하는 사하라 사막 이남 아프리카는 국민경제적 관점에서 보면 이런 추세에서 가장 고통 받는 지역이다. 지난 10년 동안 이 땅에서 불법 유출된 금액의 상승률은 국내총생산의 성장률을 훨씬 상회했다."[29]

2014년 스위스 외무부는 베른대학교의 연구팀에게, 아프리카에서 불법 유출되어 스위스 은행들의 금고로 흘러들어간 자금의 흐름 조사를 의뢰했다. 그 조사의 결과는 이러했다. 남반구의 83개국은 스위스의 개발원조와 인도주의적 지원을 받았다. 2013년 스위스는 이를 위해 22억 달러를 지출했다. 그러나 같은 기간 동안 이 나라들을 통치하는 '엘리트들'은 여러 스위스 은행들에 있는 그들 개인 계좌에 전체적으로 합산하면 75억 달러를 예치했다. 이것은 세금으로 자금을 조달한 개발원조의 3배에 해당하는 금액이다.

스위스와 유럽의 은행들이 돕는 조직적인 자금 도피는 어디에서나 파국을 야기한다.

제네바대학교에서 내가 가르친 가장 총명한 제자 중 한 명은 서아프리카의 작은 나라 기니비사우 출신의 카를로스 로페즈Carlos Lopes였다. 알제리 근처의 지중해 해안가에 위치한 대리석을 입힌 '국민궁palace of the nation'에서 나는 그를 다시 만났다. 그곳에서 2014년 5월 28일 아침에 제17차 비동맹국 장관회의가 열렸다. 내가 '외국인 참관인'으로 초대받은 것은 나와 친분이 있는 압델아지즈 부테플리카 Abdel-Aziz Bouteflika 덕분이다. 카를로스 로페즈는 오늘날 유엔 부사무총장이자, 에티오피아의 수도 아디스아바바에 소재한 유엔 아프리카 경제위원회(UNECA)의 사무총장이다. 그의 강연은 5월 29일 늦은 저녁에 있었다. 카를로스 로페즈는 서구의 약탈 전략을 상세히 비난하고 불법적인 자금 흐름을 세세히 설명한 뒤, 급격히 증가하는 자금 도피가 아프리카 대륙의 민중들에게 야기하는 치명적인 위험을 분석했다. 참석한 장관들은 충격을 받았고, 말문이 막혔다. 아프리카의 수많은 나라들에서 기반시설은 금방이라도 붕괴될 듯하고, 병원과 학교는 문을 닫아야 하며, 영양실조와 실업은 나라를 끔찍하게 황폐화시켰다. 이 나라들은 돈을 다 써버렸다. 아프리카 서부에 있는 공화국 부르키나파소에서는 여섯 명의 어린이 중 한 명이 열 살이 되기 전에 죽는다. 만성적인 영양실조 때문에 말리에서는 여성들중 25퍼센트만 갓난아기에게 젖을 먹일 수 있다.

범대륙 금융 올리가르히들을 위해 헌신하는 어떤 이론가들은 아프리카의 나라들 대부분이 눈부신 경제발전을 했다고 주장했다. 이건 무슨 말일까?

IMF는 5년(2004~2008)에 걸쳐 아프리카 54개국 중 30개국의 국내총생산(GDP)을 조사했다. 이들 나라는 아프리카 대륙 인구의 86퍼센트와 생산의 91퍼센트를 차지한다. 그리고 이 나라들에서 국내총생산의 평균 성장률은 2005년에 5퍼센트, 2006년에 5.8퍼센트, 2007년에 5.5퍼센트, 2008년에 6퍼센트였다.

이런 '성공'을 어떻게 설명할 수 있을까? 특히 외국의 다국적기업들이 지하자원을 집약적으로 채굴한다는 것, 그리고 광석, 가스, 석유 같은 원료의 가격이 상승했다는 사실을 통해 설명할 수 있다. 예를 들어 나이지리아는 세계에서 여덟 번째로 큰 산유국이다. 많은 아프리카 국민경제는 특히 아시아를 비롯한 외국의 수요를 통해 성장의 열기를 고조시키는 지대추구형 경제rentier economy(사회 구성원 다수가 임대료·이자수익 등 불로소득으로 생계를 잇는 경제—옮긴이)다.

성장의 이면에는 수많은 민중이 겪는 엄청나게 비참한 상황이 있다. 인구를 놓고 평가할 때, 아프리카는 오늘날 세계에서 기근의 비율이 가장 높다. 아프리카 인구의 35.2퍼센트는 극심한 만성 영양실조에 고통받는다. 아프리카는 황금 산에 앉아 있는 거지다.

나는 최근에 콩고공화국의 고마Goma에 갔다. 고마는 동아프리카 열곡(육지에서 관찰되는, 두 개의 평행한 단층애로 둘러싸인 좁고 긴 골짜기―옮긴이)의 비룽가Virunga 화산 기슭에 위치한 북키부North Kivu 주의 한때 위풍당당했던 중심지다. 그곳에서 나는 대수롭지 않은 전염병이 치명적일 수 있음을 체험했다. 또 병원들에 항생제가 없고, 다른 의약품들도 빠듯하다는 것을 알게 되었다. 콩고에서는 의학이 오래전 이미 정복한 질병들 때문에 매년 수십만 명이 희생된다. 의학적인 1차 진료는 국가의 투자 부족으로 사실상 붕괴되었다.

아프리카는 인구가 많이 증가할 수 있는 활력을 반기는 기색이다. 2014년 아프리카 인구의 65퍼센트는 30세 미만이었는데, 그에 반해 유럽은 29퍼센트에 불과했다. 2005년 아프리카인은 세계 인구의 12퍼센트를 차지했는데, 2050년에는 22퍼센트에 이를 것으로 전망한다. 2007년 아프리카는 인구수가 9억 6,000만 명이었는데, 2025년에는 14억이 되고 2050년에는 20억이 될 것이다. 하지만 미래의 아프리카 후손들은 국가부채의 압박을 짊어져야 한다. 특히 외국 투자자들이 야기한 부패, 그리고 기반 시설과 마찬가지로 현지 기업들, 공중위생과 교육에 대한 불충분한 투자의 결과를 감당해야 한다. 그들은 자신들의 지하자원이 다국적기업들에게 약탈당하고 대량실업이 많아지는 것을 목격하게 될 것이다.

그렇지만 알다시피 다국적 민간 콘체른들은 그들 조국의 정부와 완전히 한목소리로 행동하고, 심지어 이들 정부의 적극적인 지원을 받기도 한다.

이리하여 유엔인권이사회 내의 동호회 회원국들은 남반구의 빈국들에 대해 강자의 정책인 정글의 법칙을 실행한다. 그 회원국들은 자기들의 국경 내에서 선포하고 존중하는 가치들을 부인한다. 소르본대학교의 헌법 교수이자 《르몽드》의 칼럼니스트인 모리스 뒤베르제Maurice Duverger(1917~)는 베트남 전쟁 시기에 이러한 행태를 "외적 파시즘"이라고 지칭했다.[30]

사람들은 콩고 동쪽의 마니에마Maniema, 키부와 카탕가Katanga에서, 잠비아와 모잠비크의 잠베지Sambesi 강 계곡들에서, 또는 앙골라의 벵겔라Benguela에서도 글렌코어Glencore, 애너콘다 코퍼Anaconda Copper 또는 리오 틴토Rio Tinto 같은 다국적기업들이 광산 노동자들을 위해 세운 빈민촌들을 분명히 보았을 것이다. 이 빈민촌들은 완전 무장한 사병들에 의해 감시된다. 아동노동은 다반사다. 노동자들—광부, 돌 깨는 인부, 운송 노동자 등—의 착취는 바풀레로족Bafulero, 바시족Bashi, 바테케족Bateke 같은 종족 전체를 노예로 만든다. 나는 겁먹은 눈길, 사병들에게 계속 위협 당하며 키부의 콜탄Coltan 광산에서 박봉으로 중노동하는 젊은 남자들의 수척한 몸을 결코 잊지 못할 것이다. 전자부품[31], 핸드폰과 비행기 등을 생산하기 위해 없어서는 안 되는 전략적으로 중요한 이 광석의 전 세계 매장량 중 60퍼센트 내지 80퍼센트가 키부 지역에 있다.

국민은 인간의 문명이 쟁취한 가장 놀라운 성과 중 하나다. 사회학은 종파적인 일탈, 근본주의, 인종주의 경향 등과 싸우는 데 중요한 기여를 할 수 있다. 사회학은 또한 대단히 많은 서구 나라들이 남반구의 민족들에게 저지르는 '외적 파시즘'에 대항하는 투쟁에서도 결정적인 역할을 한다.

8장
사회는 어떻게 생겨나고 발전하는가?

역사적 인식의 주체는 투쟁하는 피억압 계급 자체다. 마르크스에게서 이 계급은 마지막 피압박 계급, 패배자 세대의 이름으로 해방의 작업을 해내는 복수하는 계급으로 등장한다.

발터 벤야민, 『역사의 개념에 관하여 über den Begriff der Geschichte』 (1940)[1]

1. 역사에도 법칙이 있을까?

두 그룹의 학자들이 사회적 현실의 발생을 특별히 예리하게 관찰했다. 그 하나는 프랑크푸르트학파의 사회학자들로, 독일 학자들인 막스 호르크하이머, 테오도르 W. 아도르노, 헤르베르트 마르쿠제, 발터 벤야민, 에리히 프롬 등과 그들의 친구들이자 때로는 동지들인 헝가리 사람 죄르지 루카치와 독일 사람 에른스트 블로흐 등을 말한다. 프랑크푸르트학파에는 마르크스주의 지향적인 독일 사회학자들이 있다. 1924년 그들은 프랑크푸르트 암 마인Frankfurt am Main에 (한 개인 후원자가 자금을 댄) 사회연구소Institut für Sozialforschung를 세우고, 전설적인 잡지 《사회연구지Zeitschrift für Sozialforschung》를 발행했다. 1933년 야만적인 나치스가 권력을 잡았을 때 이 그룹은 해체되고, 그 구성원들은 제네바, 파리, 옥스퍼드 등으로 이주했다. 나중에는 미국으로 이주하여 뉴욕 컬럼비아대학교에 터전을 잡았다.

빠진 사람은 단 한 명 발터 벤야민뿐이었다. 1940년 6월 벤야민은 느베르Nevers 근처의 베르누셰Vernuche 수용소에 감금되었다가 나중에 친구들의 도움을 받아 석방되었다. 독일군이 파리에 입성하기 전날 저녁에 벤야민은 스페인 방향으로 피난길을 떠났다. 포르트보우Portbou에서 벤야민은 스페인 정부의 새로운 지령에 따라 피난민들을 프랑스로 돌려보낼 거라는 소식을 듣고, 1940년 9월 26일 자살했다.

2차 세계대전이 끝난 후 이 그룹은 붕괴했다. 호르크하이머와 아도르노는 독일로 돌아가 프랑크푸르트 요한볼프강괴테대학교에서 가르쳤다. 호르크하이머는 이 대학교의 총장이 되었다. 반면에 프롬과 마르쿠제는 독일이 민주주의 국가가 될 수 있다고 생각하지 않았다. 그들이 볼 때 파시즘은 그들의 조국에서 여전히 살아 있었다. 그래서 그들은 독일로 돌아가기를 거부했다. 마르쿠제는 호르크하이머가 돌아가자고 재촉하자 브레히트를 인용하며 이렇게 답했다.

"그것이 기어 나오는 품은 여전히 비옥하다."

마르쿠제는 매사추세츠대학교 교수가 되었고, 퇴직 후에는 캘리포니아 샌디에이고대학교에서 가르쳤다. 그는 1979년 81세의 나이로 서독에서 강연 여행 중에 뮌헨 근교에서 숨을 거두었다. 오랫동안 멕시코에서 살았던 에리히 프롬은 말년을 스위스 테신Tessin에서 보냈고, 그곳에서 1980년 세상을 떠났다.

죄르지 루카치와 에른스트 블로흐는 프랑크푸르트학파에 속하지 않았다. 그들은 호르크하이머와 그의 친구들과는 달리, 공산당에 가입(루카치)했거나, 공산당에 가까웠다(블로흐). 그러나 루카치와 블로흐는 프랑크푸르트학파의 사회학자들과 약간의 공통점이 있었다. 프랑크푸르트학파의 사회학자들처럼 그들은 동시대 사회학을 엄격한 유물론과 변증법의 토대 위에 올려놓으려 했다.

기억을 되살려보자면, 부다페스트에서 태어난 루카치는 1919년 벨라 쿤 소비에트 정부에서 문화부 인민위원이 되었다.[2] 그는 반혁명 동안 대량학살 직전에 도망쳐서 처음에는 독일에, 그다음에는 모스크바에서 살았다. 2차 세계대전 후 루카치는 부다페스트로 돌아갔다. 비타협적인 에른스트 블로흐는 독일제국(1871~1918) 황제의 군인이 되기를 거부했고, 1차 세계대전 중에 스위스로 이주했다. 국가사회주의 시기에는 미국의 필라델피아에서 망명 생활을 했다. 2차 세계대전 후 그는 라이프치히로 돌아가 그곳의 카를마르크스대학교 교수가 되었다. 그러나 곧 동독 정부와 갈등에 빠졌다. 그는 라이프치히를 떠나 튀빙겐으로 이주했고, 그곳에서 1977년 세상을 떠났다.

이 첫 번째 그룹을 지칭하기 위해 나는 "독일 신마르크스주의자"라는 개념을 사용하겠다. 이 중 루카치는 헝가리인이었지만, 독일어에 유창했고 독일 문화와 함께 성장했으며, 대부분의 저서를 독일어로 썼다.

독일 신마르크스주의자들은 마르크스와 헤겔을 계승하고, 혁명운동의 유산을 계속 짊어지고 있다. 그들은 산업사회에서 생산조건과 노동자들의 해방으로 이어지는 길을 탐구하면서 동시에 마르크스주의 철학과 사회학 그리고 심리분석의 도구들을 조합한다. 프랑스에서는 최근에 앙리 르페브르, 피에르 나빌Pierre Naville, 피에르 푸제이롤라Pierre Fougeyrollas, 알랭 투렌 같은 사회학자들이 비슷한 분야를 탐색했다.

여기에서 다루는 질문 중 몇 가지, 특히 인간 사회의 역사적 기원에 관한 질문에 대해 포괄적 답변을 시도한 사회학자와 인류학자의 두 번째 그룹은 출신이 서로 다른 학자들로 이루어져 있다. 나를 가만있지 못하게 만드는 몇몇 질문, 특히 공격성, 즉 각각의 인간과 각각의 사회에 내재하는 폭력에 관한 질문에 내가 개인적으로 결정적인 답변을 할 수 있던 것은 그들 덕분이다. 이 연구자들 중 몇 명은 독일 출신이고, 다른 사람들은 폴란드나 헝가리 출신이다. 또 다른 사람들은 영국, 오스트레일리아 또는 미국 출신이다. 이들을 연결하는 요소는 그들 모두—많은 사람들은 잠시 동안만, 다른 사람들은 활동한 내내—영국에서 살았다는 점이다. 이 그룹의 가장 중요한 대표자는 브로니슬라브 말리노프스키Bronislaw Malinowski, 멜빌 허스코비츠Melville Herskovits, 졸리 주커만Solly Zuckerman, 게자 로하임Géza Róheim 등이다. 이들을 '앵글로색슨 문화인류학자'라고 부르겠다.

이 두 번째 그룹은 실증주의적으로 다윈 진화론을 분석하면서 생겨났고,[3] 첫 번째 선사시대 역사가들의 실증적 연구를 통해 모였다. 이 분야에서는 다수의 프랑스와 벨기에 인류학자들과 선사시대 역사가들, 특히 클로드 레비스트로스, 마르셀 모스Marcel Mauss, 앙드레

272

르루와 구르앙André Leroi-Gourhan, 뤽 드 외슈Luc de Heusch, 장 클로트Jean Clottes, 이브 코팡Yves Coppens 등이 중요한 기여를 했다.

　이 장에서는 우선 독일 신마르크스주의자들이 사회의 태동에 대해 어떻게 말했는지 살펴보고, 그다음으로 앵글로색슨 문화 인류학자들의 설명을 살펴보겠다.

　신마르크스주의자들의 세계관에는 무無, 즉 불가해한 것을 위한 자리는 없다. 인간이 알지 못하고, 통제하거나 제어하지 못하는 것은 그냥 '아직' 잘 알지 못하거나 '아직' 제어되지 않은 것이다. 인간의 실천, 인간의 노동, 블로흐가 말한 것처럼 "그 무엇도 아직 개입하지 않은" 자연의 항상 새로운 영역들을 사회적 현실로 바꿀 수 있는 인간의 능력에는 어떤 최종적인 '자연적' 한계가 존재하지 않는다. 블로흐, 호르크하이머, 루카치 등은 자신들의 사회학에서 세계의 가능한 한 대부분을 '의식'으로 변화시키겠다는 목표를 추구한다. 인간들―항상 계급에 매인 인간들―의 실천은 역사의 유일한 주제다. 인간들은 글자 그대로 모든 것을 할 수 있다. 심지어 블로흐는 자연과학적 인식이 지속적으로 발전하는 데 '자연적' 한계가 있음을 증명할 수 없기 때문에 어느 날 죽음도 정복될 수 있다고 주장한다. 이들은 계급 종속적인 집단적 실천이 발전하면서 객관적 이성이 드러난다고 한다. 그 객관적 이성은 어떻게 파악할 수 있을까?

　독일 신마르크스주의자들은 16세기에서 20세기에 이르기까지 유럽에서 발생한 사회혁명의 역사를 다루는 것에서 시작하여, 사회의 운명을 결정하는 객관적 이성에 관한 자신들의 이론을 구성했다. 이 이론은 일련의 문제들을 제기하고 있다.

　승리한 혁명이 갑자기 분석적 이성, 즉 혁명가들을 움직이는 정치적 이론을 증명하는, 드물긴 하지만 명백한 사례가 있다. 주창자의 주관적 이성, 그리고 그 주관적 이성이 복무하겠다고 주장하는 객관적 이성은 동시에 발생한다. 동시적으로 같은 순간에 유일무이한 사건으로 드러나는 것이다. 그래서 레닌은 1917년 10월 동지들과 함께, 러시아 사회를 갈기갈기 찢어놓고 마비시킨 모순들을 분석했다. 레닌의 주관적, 분석적, 예견적 이성은 이 모순들이 곪을 대로 곪은 상태이므로 기존의 제도적 외피, 즉 케렌스키Aleksandr Kerenski(1881~1970)가 2월부터 이끈 의회적이면서 반쯤은 민주적인 새로운 부르주아 국가로는 그것을 극복할 수 없다고 상정했다. 그렇기 때문에 혁명이라는 집단적 권력 행위가 낡은 사회구조 전체를 무너뜨리고 새로운 사회, 그러니까 새로운 생산관계와 새로운 세계관을 생성할 때가 되었다고 보았다. 그래서 레닌은 상트페테르부르크의 겨울궁전으로 돌격하라는 명령을 내렸다. 차르의 러시아는 무너졌다. 나짐 히크메트의 시 한 편이 내가 하고 싶은 말을 대신 해준다.

　　겨울궁전에는 케렌스키가,

　　스몰리Smoly(러시아 상트페테르부르크에 있는 대성당과 수도원—옮긴이)에는 소비에트와 레닌이,

　　거리에는 어둠이,

눈이,

바람이,

그리고 그들이.

그리고 그들은 그가 말한 것을 알고 있다.

"어제는 너무 이르고, 내일은 너무 늦다.

유일한 순간은 오늘이다."

그리고 그들은 말했다. "알았어요. 우리는 그걸 알고 있어요."

그런데 그들은 결코 몰랐다.

그렇게 무자비하고

완벽한 지식을 지닌 어떤 것을.[4]

그러나 대부분 사태는 끝도 없이 훨씬 복잡하다. 의식, 인간들의 주관적 이성, 인간의 분석적 지각에서는 객관적 이성이 대부분 '거짓된 필연성falsche Zwangsläufigkeit' (루카치의 개념)[5]처럼 보인다. 객관적 이성은 길게 이어지는 모순적인 사건들이 일어난 후, 그것을 회고할 때에만 사건들에 진정한 의미를 부여할 수 있다. 루카치는 이러한 거짓된 필연성에 대해, 프랑스의 혁명 과정에서 그라쿠스 바뵈프와 그의 친구들 그리고 막시밀리앙 로베스피에르 사이에서 생겨난 갈등을 예로 든다.

여러 역사가들은 프랑스의 혁명 과정에서 '재봉건화refeudalization'가 일어났다고 생각한다. 실제로 로베스피에르는 외국의 위협에 직면하여 국가적 통일을 유지하려 했다. 그래서 정치적으로 좋은 기회라는 이유로, 개인 자본의 자유를 침해하지 않기로 결정했다. 1793년 4월 로베스피에르는 국민의회 앞에서 "재산의 평등은 망상이다"라고 선언했다. 투기자들, 벼락부자들, 민중의 가난에서 이익을 얻는 저 모든 자들, 혁명적 변혁에서 상당한 이익을 얻어내는 일에 몰두한 저 모든 자들이 안도의 한숨을 내쉬었다. 로베스피에르는 그들에게 "나는 그대들에게서 그대들의 재물을 빼앗지 않을 겁니다"[6]라고 말했다. 그의 마음속 의도가 무엇이었든, 로베스피에르는 이 선언으로 집정내각 동안의 첫 번째 프랑스공화국에서, 그다음에는 제국에서, 그리고 그 뒤에 이어지는 모든 정권에서 개인 자본이 지배할 수 있는 길을 열어주었다.

생쥐스트Saint Just(1767~1794)를 제외하고 그라쿠스 바뵈프, 자크 루Jacques Roux(1752~1794), 그리고 또 다른 사람들은 로베스피에르에 맞서 연합하고, 혁명에서 이익을 얻는 특권층을 비난하였으며, 사유재산의 폐지, 즉 토지와 생산수단의 공동체화를 요구했다.

그라쿠스 바뵈프는 이렇게 썼다.

"엉큼한 자들이여, 너희는 내전이 끝나야 한다고 큰 소리로 외친다. 불화의 횃불을 민중에게 던지면 안 된다고 말이다. 그런데 한쪽에는 온갖 살인자들이 있고 다른 쪽에는 온갖 희생자들이 무방비상태로 있는 전쟁보다 더 격분하게 만드는 내전이 있겠는가. …… 평등과 소유권을 둘러싼 싸움이 시작되길! 민중이 온갖 낡은 야만적 제도를 무너뜨리길! 가난한 사람들에 맞선 부자들의 전쟁이 한편에서는 무척 대담하고 다른 한편에서는 무척 비겁한 모습을 마침내 잃길! …… 그렇다, 다시 말하겠다. 모든 폐해는 그 정점에서, 더 나빠질 수 없을 정도다. …… 사회의 목표를 주시하자! 공동의 행복을 주시하고, 천 년 후 이 조잡한 법률들을 바꾸자!"7

국민의회는 로베스피에르 편에 섰다. 루는 사형을 선고받았고, 1794년 자살했다. 바뵈프도 몇 년 후 모반죄로 기소되었고, 1797년 5월 27일 아침에 피투성이가 되어 단두대로 끌려갔다(그는 전날 밤에 자살을 시도했다).

로베스피에르와 바뵈프는 실제로 동일한 요구를 했다. 그들은 둘 다 역사의 법칙을 이해했고 혁명 투쟁의 객관적 이성을 인식하고 통달했다고 주장했다. 그들은 동료 시민들에게 이렇게 말했다. 내가 권력을 잡게 해주고 나에게 정부를 맡긴다면, 그대들은 보편적 계급이 권력을 잡게 하는 것이다! 이 말이 뜻하는 것은, 내가 근거하는 계급의 이해는 보편적이고 다른 모든 계급들의 특수한 이해를 포함할 정도로 광범위하다는 것이었다. 이 보편적 계급이 일단 권력을 잡게 되면, 모든 계급이 일치단결하여 그 계급을 중심으로 모여서 프랑스의 평화를 지킬 것이다. 로베스피에르와 바뵈프는 실제로 그들 각각의 출신 계급이 보편적 계급의 맹아라고 생각했다. 로베스피에르에게 그것은 지방 출신의 교육을 받은 중산층 시민계급이었고, 바뵈프의 경우에는 파리의 프롤레타리아트였다. 한 사람은 정확한 주관적 이성(그는 자신의 공언을 믿었다)과 틀린 객관적 이성(그가 말한 것은 사실들에 의해 반박되었다)의 담지자였고, 다른 한 사람은 주관적 · 객관적으로 정확한 이성의 담지자였다.

그러나 긴 시각에서 볼 때, 즉 19세기와 20세기의 경험에 비추어 볼 때 비로소 로베스피에르가 대변했던 객관적 이성이 틀렸고, 바뵈프가 객관적으로 옳았다는 점이 명백해졌다. 막시밀리앙 로베스피에르가 대표했던 계급, 즉 지방 출신으로 교육을 받고 상업에 종사하는 중소 시민계급은 19세기와 20세기 동안 지속적으로 축소되었다. 제1공화국이 시작될 때만 해도 이 계급이 개가를 올렸다면, 그다음에는 자본주의 및 제국주의 올리가르히에게 점차 권력을 빼앗겼다. 산업자본과 상업자본이 금융자본으로 바뀌고 또 금융자본의 독점화와 세계화에서 이 올리가르히가 생겨난 것이다. 한편으로는 점점 더 강력해지는 노동운동과 다른 한편으로는 점점 더 공격적이고 잔인하게 행동하는 식민지 대부르주아지, 그다음에는 제국주의 대부르주아지 사이에 끼여서 중간층 부르주아지를 형성하는 중소기업, 부동산 소유자, 변호사, 공증인 같은 계급은 국가에서 지배적 지위를 점차 잃어갔다. 사방에서 압박을 받은 이 계급은 쇠약해져서, 오늘날에는 물질적 생산에서도 상징적 생산에서도 더 이상 결정적인 역할을 하지 못한다.[8] 이에 반해 바뵈프가 대변했던 노동자 계급은 19세기와 20세기 내내 그 영향력과 정치적 · 경제적 · 이데올로기적 권력을 지속적으로 확대했다. 산업혁명이 일어나고 도시가 번창하면서 농촌이 쇠퇴하자, 이 계급은 바뵈프 자신도 거기까지는 예상하지 못했지만 정치적 무대의 전면에 나서서 자신의 이익에 보편적 차원을 부여했다. 노동자 계급은 노동조합, 협동조합, 공제조합, 정당 등 강력한 조직들을 갖게 되었는데, 이 조직들은 오늘날까지 세계화된 자본주의 이데올로기의 가장 강력한 적수에 속한다.

인간의 실천과 완성되지 않은 세계 사이의 상호작용을 어떻게 파악할 수 있을까? 매개되지 않는 행동, 인간의 실천적·도구적·주관적 이성을 자연에 집어넣는 운동을 어떻게 측정할 수 있을까? 독일 신마르크스주의자들은 이것을 자신들이 선호하는 연구 영역으로 삼았다. 그들은 마르크스가 만들어낸 원칙들을 20세기 전반의 역사적 경험만큼 풍성해지고 더욱 정교해진 분석들을 통해 비판하고 정정하며 확대했다.

한 예가 실천적·이론적 이성의 공동작용을 규명할 것이다.

숲으로 덮인 언덕 기슭의 한 마을에서 굶주리는 가난한 농민들이 농토로 쓸 수 있는 평지를 늘리기로 결의한다. 아직 경작되지 않은 유일한 곳은 마을 뒤쪽에 있는 숲으로 덮인 비탈이다. 농민들이 모여 상의한 후 그 비탈을 개간하기로 결정한다. 그들은 일을 분배하고 자신들의 도끼를 갈고서 그 비탈로 향한다. 나무를 베고 뿌리를 불에 태운다. 개간된 땅은 쟁기로 갈아엎고, 씨를 뿌린다. 봄이 그 땅에 찾아오고 여름이 오고 가을이 온다. 다음 해 봄에 눈이 녹고 비가 오고, 물이 흐르며 새로 개간한 땅을 깎아낸다. 토양이 쓸려나가는데 흙을 붙잡아둘 나무뿌리가 없다. 마을은 진흙이 무너져내려 묻힌다.[9]

인간의 실천과 '자연적' 인과성의 이율배반적인 힘들을 서로 대립시키고 연결하며 지양하는 변증법은 수많은 문제들을 제기한다.

마르크스에게 있어서 인간들은 자연을 지배해야 한다. 그래야만 인간이 먹고살 수 있으며, 끊임없는 궁핍에서 벗어나려 할 때 자연이 강요하는 고통에서 해방될 수 있기 때문이다. 자연의 지배는 다음과 같이 진행된다. 실천을 위한 이론이 만들어지고, 실천은 그 이론을 증명하거나 반박한다. 그러면 또 새로운 이론이 제시되고, 다시 실천을 통해 점검이 이루어지는 식이다. 마르크스에 따르면, 자연의 변용과 사회세력의 해방에 대한 장애물들은 오직 자본주의 논리에서 기인한다. 이것을 인용된 예에 적용해보면 이렇다. 인간들은 파국에서 교훈을 끌어내고 그것을 통해 지식을 넓힌다. 그 결과, 인간들은 땅의 성질, 물의 흐름, 씨앗이 물러지고 싹트는 것 사이의 관계에 대하여 적합한 이론을 만들어낼 수 있다. 그렇지만 자본주의 여건 때문에 땅을 무분별하게 개간하면서 파국을 야기하고, 인간으로 하여금 자연을 올바르게 다루지 못하게 한다.

프랑크푸르트학파 사회학자들이 볼 때, 자연을 '지배하기' 위해 인간이 투입하는 도구들은 인간 자체에 반기를 들 수 있다. 도구와 자연 간의 관계가 독자적 관계가 되어, 인간을 도구로부터는 물론이고 자연으로부터, 그리고 또한 역사로부터 완전히 배제할 수 있다. 이 새로운 관계들에 대한 이론은 독일 신마르크스주의자의 후계자들 중 한 명인 위르겐 하버마스가 1963년 출간된 저서 『이론과 실천 Theorie und Praxis』에서 제시했다.[10] 프랑스에서는 미셸 보스케Michel Bosquet라는 필명으로도 글을 발표한 앙드레 고르스André Gorz가 이 문제에 대해 하버마스가 1971년 이후 슈타른베르크Starnberg에서 연구팀과 함께

한 것과 비슷한 연구를 수행했다. 고르스/보스케의 글 중에서 1977년[11] 처음 출간된 『경제와 자유』, 그리고 1959년 먼저 출판된 책 『역사의 도덕Morale de l' histoire』에서 "욕구의 소외"[12]에 관한 장을 읽어볼 수 있다. 하버마스에 따르면, 과학기술은 인간과 상관없이 자기 자신의 역사를 만들어내는 중요한 자율적 주체가 되었다.

도구와 자연의 관계에서 나타날 수 있는 독자화에 관해서는 오늘날 원자력 기술과 유전공학 같은 가장 앞선 과학기술에서 나온 예들에 의거하여 토론이 벌어진다.

또 다른 어려움은 아직 사회 현실로 변환되지 않은 자연의 변모에 대한 기획을 다시 한 번 더 복잡하게 만든다. 과학기술은 응용을 유도하는 이론적 이성보다 훨씬 빨리 발전한다. 우리는 인간의 정신적 구조가 생산의 물질적 구조보다 느리게 발전한다는 것을 안다. 인간들은 줄곧 현실의 낡은 관념들의 지배를 받으며 살고 있다. 독일 신마르크스주의자들은 이 문제를 이미 오래전에 제기했다. 그들의 최종 결론은 이렇다. 인간은 결코 현재의 자신을 믿는 존재가 아니다.

특히 호르크하이머와 아도르노는 여러 기본 저서들에서 이런 모순을 다루었다.[13] 인간들은 실천의 이론을 만들어내기 위해, 즉 자신들이 살아가는 것의 관념을 만들어내기 위해, 과거의 실천들에서 생겨난 정신적 도구들을 이용한다. 이러한 모순은 지배계급의 여러 기관들이 도구들의 생산을 감시하지 않는다면 쉽게 극복할 수 있다.

이론적 도구들이 지속적으로 적응할 것이기 때문이다. 그러나 이 지배계급들의 관심은 인간의 실천을 가능한 한 많은 장막으로 숨기는 것이다. 그렇기 때문에 이론이 지속적으로 실천에 맞추지 못하고 불투명성과 무지가 지배한다. 실천은 지배계급들의 이해관계에서 비롯된 그릇된 이론들에 끊임없이 방해를 받는다. 게다가 노동이 분업화하면서 세계를 설명하기 위한 이론들이 생겨나는 분야들 또한 서로 교류하지 않고 독자적으로 활동하게 되었다. 그래서 낡은 이론들을 존속시키는 객관적 조건들이 강화된다.

그렇지만 현실에 대한 낡은 관념은 특정한 상황에서는 전위대가 될 수 있다. 이와 관련하여 1972년에 시작되었고 내가 직접 참여한 투쟁이 생각난다. 제네바 외곽 뤼상 마을 옆 베르부아_{Verbois}의 론_{Rhône} 강가에 건설하는 핵발전소에 반대하는 투쟁이었다. 다국적 전기회사_{EOS Holding}가 추진한 프로젝트는 베른의 연방정부로부터도 제네바 주 정부로부터도 지원을 받았다. 이 프로젝트를 반대하는 투쟁은 처음에는 주로 공산주의 활동가, 환경 보호론자, 무정부주의자 등이 이끌었다. 그들 저항의 원천은 원자력 기술을 원칙적으로 거부하는 것이었다. 핵폐기물을 아무리 잘 보관해도 그것은 수천 년 동안 인간과 환경에 치명적인 위협이 될 것이다. 왜냐하면 핵폐기물을 처리하고 중간 보관하는 문제가 해결되지 않았기 때문이다. 게다가 핵발전소 자체도 위험이었다. 핵발전소가 시내에서 14킬로미터 떨어진 제네바 코인트린 공항의 착륙 진입로에 위치할 예정이었기 때문에 정말로 큰 위험이 된 것이다.

힘든 싸움이었다. 핵발전소 반대자들은 고립된 소외집단이었다. 언론은 비방하고 당국은 무시했으며 과학자들은 그들이 순진하다고 말했다. 노벨상 수상자가 여럿 있는 인접한 CERN(유럽 원자핵 공동 연구소)의 물리학자들은 이 반대자들에게 조언하려고 했지만, 그들의 불안을 근거가 없다고 여겼다. 좌파 정당들은 '진보' 이념에 사로잡혀서 고집스럽게 핵발전소 건설 프로젝트를 지지했다. 적어도 원자로를 냉각시킬 론 강의 물이 4도 따뜻해진다는 과학계의 보고가 나올 때까지는 그랬다. 베르부아는 가메Gamay와 샤슬라Chasselas 같은 포도 품종이 잘 자라는 빙퇴석 발치에 있는 훌륭한 포도 재배지역의 중심에 위치한다. 강이 따뜻해지면 안개가 지속적으로 형성되어 햇빛을 막기 때문에 포도를 재배할 수 없을 것이다.

이 지역의 포도 재배자들은 주로 전통적인 칼뱅 교도들로 철저히 보수적이어서, 공산주의적인 핵발전소 반대자들이나 환경 보호론자들과는 아주 거리가 먼 세계관을 가졌다. 그럼에도 불구하고 불안해하는 몇몇 포도 재배자는 핵발전소 반대자들 편에 섰다. 이 운동은 커졌고, 다른 그룹들이 생겨났으며, 주와 연방 차원에서 조정이 이루어졌다. 심지어 생태학적 정당까지 만들어졌다. 그리고 마침내 이 운동은 승리했다. 이 운동은 제네바 주 지역에 핵발전소를 세우면 안 된다는 조항을 제네바 헌법에 도입하겠다는 목표를 갖고 "에너지, 우리의 일L' énergie, notre affaire"이라는 모토로 제네바 주 주민발의를 제출했다. 우크라이나의 체르노빌에서 일어난 끔찍한 대참사(1986년 4월 26일) 후 반 년이 지난 1986년 12월 7일, 주민의 59.82퍼센트가 이 발의에 찬성투표를 했다.

2. 문화인류학, 인간 사회의 시작을 실험하다

> 일상의 논리는 수천 년이 지난다고 해서 위축되면 안 된다.
>
> 베르톨트 브레히트, 『아르투로 우이의 저지 가능한 상승』에 대한 논평[14]

나는 루안다Ruanda의 원시림으로 뒤덮인 비룽가 산괴Virunga-Massif 비탈에서 맞이한 2012년 7월의 그 아침을 결코 잊지 못할 것이다. 단 몇 미터 떨어진 수풀 속에서 까만색 털에 은색 줄무늬가 있고 몸집이 큰 고릴라 수컷 한 마리가 갑자기 나타났다. 그 고릴라가 내 앞에 서서, 완전히 인간의 눈길로 나를 오랫동안 지켜보았다. 그런 다음 몸을 돌려 팔을 축 늘어뜨리고는 화산 가장자리 방향으로 천천히 멀어져갔다. 나뭇가지들에서 바스락 소리가 났다. 덤불에서 고릴라 암컷 세 마리가 나왔다. 암컷 고릴라들의 까만 털이 아침 햇살에 반짝거렸다. 고릴라 새끼 두 마리가 암컷 고릴라들 주위를 돌아다니며 큰 소리를 냈다. 이 무리 전체가 대장 고릴라를 따라갔다. 루안다 산악 고릴라와 그 가족의 모습이 나의 직접적인 조상에 속한다는 사실을 이 순간 나는 명백하게 직관했다.

최초의 인간 사회는 어떻게 생겨났을까? 인간 공동체와 동물

공동체 사이에는 어떤 차이가 있을까? 어떤 사회적 제도들이 역사에서 가장 먼저 나타났을까? 생물학적 관계가 아니라 최초의 사회적 관계들은 어떤 물질적 필요성 때문에 확립되었을까?

DNA가 해독된 이래로 우리는 인간 유전자 전체(99.9퍼센트)가 사실상 침팬지 유전자와 일치한다는 것을 잘 알고 있다. 유전학자 앙드레 랑가네André Langaney는 이렇게 말한다.

"아무리 이런 주장이 계속된다 하더라도, 인간은 원숭이들의 후손이 아니다. 인간은 한 원숭이다."[15]

실제로 인간과 침팬지와 고릴라는 공동의 조상에게서 유래하고, 세 가계는 마침내 세 개의 다른 종이 될 때까지 한동안 함께 자손을 만들었다.[16] 인간이 그 이후 원숭이들과 구별되는 것은, 한편으로는 언어를 통해서다. 특정한 문법에 따라 단어들을 조합하고 문장을 만들어낸 것이다. 그리고 다른 한편으로는 자연에서 각각 일정한 구역을 차지하고 한결같은 행동양식을 보여주는 동물 종과 달리 상이한 환경들에 적응할 수 있는 능력을 통해서다.[17] 연원이 공동의 조상에게로 거슬러 올라가는 종은 단 하나 인간 종뿐이고, 여러 가지 차이들에도 불구하고 모든 인간은 함께 번식할 수 있다.

최초의 인간 사회는 (지구의 여러 곳에서 기원전 12,500년부터 기원전 7,500년 사이에 시작된[18]) 신석기혁명Neolithic Revolution으로 생겨났다. 오스트레일리아 고고학자 고든 차일드v. Gordon Childe(1892~1957)는 1930년대에 이 개념을 인류의 역사에서 큰 걸음을 나타내는 명칭으로 만들었다.[19] 프랑스에서는 클로드 레비스트로스가 이 개념을 대중적으로 만들었다. 그의 견해에 따르면 인류의 발전에서는 단 두 번의 커다란 역사적 단절이 있는데, 신석기혁명과 산업혁명이다.

수천 년에 걸치는 신석기혁명을 특징짓는 것은, 인간들이 자연을 자신들의 욕구에 굴복시킬 수 있게 되었다는 점이다. 전답을 경작하면서 식량을 생산하고 짐승과 가축을 사육함으로써, 땅을 개간하기 위한 도구들(괭이)과 생산물을 보관하기 위한 단지를 제작할 수 있게 한 금속을 발견함으로써, 거주의 특성을 보여주거나 전체적으로 유목적 생활방식을 안정시키기 위해 주거지를 고정함으로써, 세습권력과 최초의 전쟁을 발생시킨 비축, 즉 부를 형성함으로써, 그리고 마지막으로 풍부하고 더욱 균형 잡힌 다양한 영양을 섭취하여 인구가 폭발적으로 증가함으로써 말이다.

신석기혁명 때까지 수렵인과 채집인의 세계 인구는 그다지 많지 않았고(약 3만 명), 자주 기근에 시달리고 혹독한 환경에 방치되었기에 매우 취약했다. 기후 온난화와 농업과 가축 사육 덕분에 인간의 수는 10배 내지 30배 성장했다.

신석기혁명의 전사前史는 무엇이었을까? 최초 사회집단의 기본적인 사회적 제도들은 어떻게 생겨났을까?

이 질문에 가장 먼저 답한 이들은 앵글로색슨 문화인류학자들이었다.

그들은 우선 유인원들의 공동체 형성을 연구했다. 그다음으로, 몇몇 영장류 집단에서 인간이 생겨나는 길고 복잡한 과정이 진행되면서 유인원 집단이 최초로 인간 공동체를 형성하게 되는 발전을 모사했다.

인류의 역사는 약 400만 년 전 동아프리카에서 시작되었을 개연성이 아주 크다. 그곳에서 사람속Genus Homo의 공동 조상 오스트랄로피테쿠스Australopithecus가 원숭이속에서 떨어져 나왔다. 이미 1930년대에 졸리 주커만[20]은 인간에게 적어도 200만 년의 나이를 부여했다. 여기에서 문제가 제기된다. 인간은 최초의 생명의 징후들과 비교할 때 과연 몇 살일까? 생물학자들의 견해는 대체로 지구에서 생명이 38억 년 전에 시작되었다고 본다. 이 시기에 적어도 광합성에 관한 가장 오래된 단서(물과 이산화탄소가 산소와 탄수화물로 변화되는 과정)를 찾아볼 수 있다. 그때부터 산소가 대기에 모였고, 이로써 지구에서 생명이 살 수 있는 조건들이 점점 더 좋아졌다. 생명은 아마 복제될 수 있는 단순한 분자 하나로 시작되었을 것이다. 생명이 지구에서 얼마나 오랫동안 존재해왔는가를 배경으로 놓고 보면, 인간이 탄생하고 나서 흐른 시간은 단 1초에 해당한다. 브로니슬라프 말리노프스키와 이브 코팡(1934~)은 사람속 중 가장 이른 시기에 속하는 호모하빌리스homo habilis의 출현을 약 300만 년 전으로, 우리 인간의 직접적인 조상인 호모사피엔스homo sapiens의 출현을 약 15만 년 전으로 소급한다.[21] '원시인'은 생물학적 유대로 조직된 소규모 혈육 집단들 속에서 살았다. 적어도 190만 년 동안 올두바이Olduvai 협곡[22] 출신의 인간과 그 후손들은 자연이 제공하는 피난처에서, 즉 대부분 시간을 그들 스스로 땅을 파서 만든 암굴이나 동굴에서 살았다. 또한 구석기 시대의 인간은 움막을 지었다.

수렵인, 채집인, 고기잡이 등의 '원시인'에 관한 우리의 지식은 어떤 사회적 구조들이 원시인의 삶을 결정했는지 설명할 수 있을 만큼 충분하지 않다. 최초의 원시인들은 기원전 40만 년경 불을 지배했고, 자신들의 양식을 요리할 수 있었다. 그들은 삶과 죽음의 신비에 대한 의식을 갖고 있었다. 그래서 매장, 무덤 시설, 고인들이 정체성을 유지한 채 다른 삶을 살 것이라는 관념을 통해 죽음을 극복하려 노력했다. 이와 함께 환상이 현실의 지각 속으로 들어갔다. 고고학자들은 이미 (기원전 10만 년과 2만 8,000년 사이에 살았고 그 가계가 사라진 호모사피엔스와 혈통이 같은) 네안데르탈인이 죽은 자들을 꽃가루로 된 침대에 손과 무릎을 한데 묶은 태아의 자세로 매장하고, 그들에게 황토를 바르고 조개 장식품이나 짐승의 이빨 등을 함께 넣어주었음을 말해주는 증거들을 수집했다. 1879년 스페인의 칸타브리아Cantabria 지방에서 발견된 알타미라Altamira 동굴, 1940년 프랑스에서 발견된 도르도뉴Dordogne의 라스코Lascaux, 1994년 발견된 3만년 이상 된 아르데슈Ardèche의 쇼베 동굴Chauvet-Grotte 등에 있는 신석기시대의 매력적인 벽화와 암각화들은 선사시대에 사람이 살았던 세계의 모든 지역들에서 보편적으로 나타난다. 이것들은 동물을 묘사하는 신석기인들의 놀라운 재주를 증명하고, 십중팔구 마법적·종교적 의식이 있었음을 말해준다. 이 의식에서 그림들은 '문자'로 쓰인다. 사물에 구체적 현존을 넘어선 의미를 부여하고, 어떤 면에서는 사물을 상징적 도구로 이해하기 위해서 말이다. 고고학자들이

배, 가슴, 성기, 엉덩이 등을 강조하는 다산성의 표현인 '비너스' 나 '여신'으로 칭하는 그림, 남근 소입상, 여성 소입상 등은 동일한 능력을 말해준다. 이것은 생명과 열망의 비밀에 대한 지식, 관념, 정신적 구상 등과 관련 있다.

280만 년 이상을 넘어 사람족Hominini(호모하빌리스, 호모에렉투스, 호모사피엔스)은 관계망을 엮고, 위계구조를 생각해내고, 우리가 아직 많이 알지 못하는 갈등들을 체험했다.[23]

움막에서 지낸 최초의 인간은 아직은 주로 채집해서 먹고 살았다. 채집인들의 문명은 오늘날까지 존재한다. 구석기시대를 더 잘 이해하기 위해 주커만은 오늘날의 남아프리카공화국, 보츠와나, 나미비아의 영역에 살고 있는 부시먼족과 다마라족damara(남서아프리카 중앙부 다마라랜드Damaraland에 사는 반투족의 하나―옮긴이)의 문명을 연구했다. 이 종족들에 대해서는 특히 아이삭 샤퍼라Isaac Schapera[24]의 연구를 통해 사람들에게 비교적 많이 알려졌다. 구석기시대의 발굴지에서 볼 수 있는 문화적인 공예품과 눈에 띄게 비슷한 도구를 사용하는 부시먼족은 현재 단 몇천 명에 불과하다. 그들은 채집과 덫을 이용한 사냥으로 살아간다. 그들의 행동이며 어떤 외적인 특징은 콜린 M. 턴불Collin M. Turnball이 연구한 이투리Ituri 우림의 피그미족pygmy을 연상시킨다.[25] 콩고민주공화국의 이투리 우림에 있는 피그미족과 마찬가지로, 부시먼족은 개 몇 마리를 제외하고는 가축을 소유하지 않는다. 그들은 농지를 경작하지 않고, 50명 내지 100명의 소집단으로 경계가 좁게 한정된 영토를 이동한다. 집단들 간에는 눈에 띄는 위계적 질서가 존재하지 않는다. 다마라족은 여러 면에서 부시면족과 비슷하다. 그들은 나미비아의 사바나와 사막에서, 마찬가지로 주로 채집인으로서 덫을 놓는 사냥으로 살아간다. 그러나 그들은 때때로 담배를 재배하고, 염소를 몇 마리 사육한다. 그들의 집단은 부시면족보다 (그리고 이투리 우림의 피그미족보다) 훨씬 작고, 그 수가 기껏해야 10명 내지 30명에 이른다.

이와 관련하여 아주 특별히 강조되어야 할 사실이 있다. 그것은 해당 종족들의 생활에서 영토가 갖는 사회적 기능이다. 각각의 집단은 일정한 영역을 이동한다. 각각의 집단이 가는 길은 일차적으로 채집이라는 경제적 필요성과 사냥에 따른 우연에 의해 정해지고, 이차적으로는 물이 있는 위치에 따라 정해진다. 건기에 물이 부족해지면 집단들은 나뉜다. 혈연으로 이루어진 하위집단들은 단독으로, 즉 각각의 하위집단별로 그 영역을 지나간다. 집단별 영역의 경계는 엄격히 지켜진다. 다른 집단이 경계를 우연히 또는 의도적으로 침범하면, 해당 집단은 몹시 격분하여 경계를 지킨다. 집단이 건기에 하위집단으로 나뉜다 하더라도 영토는 분할되지 않는다. 땅은 그 위에서 자라는 모든 것과 함께 모두에게 공동으로 속한다. 인간들은 사냥할 때 엄격한 규정에 따라 협력하고, 죽은 사냥감을 함께 나눈다. 부자도 없고 가난한 자도 없다. 한 종족의 하위집단들 간에는 교류가 다반사다. 영토의 경계를 넘어 우호적인 방문이 이루어지고, 거래가 진행되고, 결혼이 성사된다. 여러 집단들의 구성원들 간에는 심지어 족외혼이 일반적이다. 족외혼은 특이하게 이루어진다. 남자가 여자의 집단에 합류하면서 그 집단의 영토로 옮겨간다. 첫 번째 아이가 태어난 직후 남자는 대체로 자기 집단의 영토로 다시 돌아간다(대부분은 혼자서 돌아가고, 때로는 새 가족을 데리고 가기도 한다). 보통은 남자가 다시 자기의 원래 집단에 합류한다.

구석기시대의 인간은 부시먼족처럼 채집과 어쩌면 덫을 놓는 사냥으로 살았을 것이다. 발견된 화석들은 또한 인간이 정확하게 정해진 비교적 제한된 영토에서 이동했다고 추정하게 한다. 인간 집단들은 매우 소규모였다. 인간 집단들은 비교적 최근까지도 부시먼족처럼 영아 살해infanticide를 실행했던 것 같다.

이용할 수 있는 식량의 양과 부양해야 할 인간의 수가 균형을 이루도록 하는 것은 중요했다. 그리고 구석기시대의 인간은 식량의 양을 늘릴 수 있는 농업 기술이 없었기에, 인간의 수를 줄이는 것 외에는 방법이 없었다. 인간들이 처음부터 그럴 수밖에 없었다고 여기는 살해라는 선택은 여기에서 연원한다. 언제나 반복되고 그래서 제도화된 최초의 사회적 행위들 중 하나는 아마도 파괴의 행위, 더욱이 자기 파괴의 행위였을 것으로 추정된다.

여기에서는 예상되는 영아 살해와 관련을 지어 살펴보겠다. 부시먼족의 성인 남자들은 정기적으로 식량이 얼마나 있는지 조사했다. 그런 다음 그들은 집단에 필요한 것들을 따져보았다. 마지막으로 두 결과를 비교하고, 이용할 수 있는 식량과 부양해야 할 생명체 사이의 균형을 맞추기 위해 필요한 만큼 아이들을 죽였다.

동물과 인간에게 있어서 공동체 형성의 차이는 무엇인가?

레이먼드 다트Raymond Dart[26]는 유인원 사회와 구석기시대의 인간 사회를 함께 비교했다. 그는 인간의 사회적 행동이 생물학적 유산의 작용이라고 말한다. 그러나 인간은 이 유산을 많은 수의 다른 영장류들과 공유한다. 첫 번째 문제로서 다트는 영토를 연구했다. 여기에서 그는 인간이 자신의 영토에 묶여 있는 것에 관하여 새로운 인식을 밝혔다. 영토에 구속되는 것은 인간이 자기와 같은 사람, 부모와 형제자매, 자녀들과 결속되는 것보다 명백히 우세하다.

인간은 인간들을 사랑하기 전에 자신이 살고 있는 땅을 사랑한다. 이미 보았듯이 구석기시대의 인간은 십중팔구 특정한 영토를 자기 자신의 것으로 규정했을 것이다. 세계를 영토의 작용으로 생각하여 영토의 경계를 정했고 그 경계를 목숨을 걸고 지켰으며, 이웃의 영토에서 생식 행위를 수행하고 그 효과(자식의 출생)를 확신하자마자 처자식을 떠나 자기의 영토로 돌아갔다. 다트는 또한 흥미로운 자료를 수집했다. 그는 영토에 구속되는 것이 특히 고등 영장류에 있어서 동물 공동체가 형성되는 어떤 (또는 그) 기본적 구조임을 증명했다. 뿐만 아니라 영토를 확장하고 이용하는 것은 언제나 집단의 지도자가 지닌 지도력에 따라 달라진다는 것도 입증했다.

이 점을 더욱 상세히 설명하기 위해 영장류 연구가 클라렌스 R. 카펜터Clarence R. Carpenter의 연구를 원용하겠다.[27] 카펜터는 400마리 이상의 붉은털 원숭이를 데리고 실험했다. 그는 원숭이 한 집단을 카리브 해 푸에르토리코의 이웃 섬인 산티아고 섬으로 데려갔고, 그곳에서 그 원숭이들은 자유롭게 살았다. 이 원숭이 집단은 다 자란 수컷 약 40마리와 다 자란 암컷 150마리로 이루어졌다. 그래서 수컷 대 암컷의 비율은 약 1대4에 달했다. 카펜터는 이 원숭이 집단을 나누었다. 각각의 하위 집단이나 사회는 서로 다른 많은 동물로 구성되었다. 우리 인간과 관련하여 특히 흥미로운 원숭이 사회는 25마리로 이루어졌는데, 그중에 행동과 외모가 다른 어른 수컷이 7마리 있었다. 그들의 우두머리는 공격적이고 주도권을 가진 인상적인 원숭이로, 섬 전체에서 가장 힘이 세고 가장 우세한 동물이었다. 원숭이 사회들은 (원 집단이 분할되어 발생한 이래) 처음부터, 그리고 자유로운 상태로 풀려난 직후 영토의 경계를 정했다. 영토의 경계 설정은 효과적인 점유, 즉 조직적이고 목적 지향적인 이동의 결과였다. 원숭이 사회들은 다른 무리들의 침입에 맞서 자기들의 영토를 지켰다. 그 사회들은 단번에 경계를 알았다. 그러나 어떤 무리는 자기 자신의 영토의 경계도 섬의 다른 무리들도 존중하지 않았는데, 앞서 기술한 공격적이고 주도권을 가진 우두머리의 무리였다. 이 무리는 언제나 인접한 영토로 돌진했는데 대체로 성공적이었고, 다른 원숭이들과 싸워 담판을 지었고 대부분 이겼다. 연구자들은 어느 날 우두머리를 붙잡아 우리에 가뒀다. 그 무리는 결코 와해되거나 어찌할 바 몰라 당황해하는 조짐을 보이지 않고, 즉시 새로운 우두머리를 받아들였다. 그 집단의 위계상 신체적인 강함과 우월함에서 2인자인 수컷이었다. 새 우두머리의 인솔하에 전쟁은 계속되었다. 이 무리는 변함없이 다른 무리들의 영토를 공격하여 정복하고, 점령한 지역들을 자기네 본래의 고유한 영토에 편입시켰다. 그런데 새로운 우두머리의 지배하에서 두 가지 일이 발생했다. 하나는 원래의 영토에 편입된 점령 지역이 줄어든 것이고, 다른 하나는 사회 내에서 집단 구성원들 간에 다툼과 시비가 증가한 것이다. 연구자들은 우선 두 번째 우두머리도 우리에 가뒀다. 위계상 우월함과 신체적 힘으로 3인자가 곧장 권력을 넘겨받았다. 우두머리가 감금될 때마다 그 즉시 새로운 수컷이 후임자가 되었다. 권력의 이양은 마치 무리의 침묵을 통해 후계가 수락되고 정당화되는 것처럼 대체로 싸움 없이 이루어졌다. 한 가지 예외가 있기는 했다. 위계상 5인자인 수컷은 4인자에 비해 확고한 지위를 차지했고, 그 사회의 규칙상 3인자가 사라지면 권력을 넘겨받기로 정해진 4인자에게서 권력을 빼앗았다. 우두머리가 교체될 때마다 점령 지역은 작아지고 이동은 무질서해지고 경계선은 유동적이 되었으며, 사회 내에서는 고질적인 전쟁이 벌어졌다. 권력을 넘겨받기 전에 (5인자가 패배를 안겨주었기 때문에) 지위가 손상된 듯 보이는 네 번째 우두머리의 지배하에서 사회는 해체되기 시작했다. 더 작은 집단들은 분리되었고, 사회조직은 완전히 무너질 것 같았다. 연구자들은 처음의 세 우두머리를 다시 풀어주었고, 주도권을 가진 첫 번째 우두머리도 풀어주었다. 첫 번째 우두머리가 자기 영토로 돌아가자, 즉시 열두 마리의 암컷이 몰려들었다. 이 우두머리는 지체 없이 다시 권력을 넘겨받고, 그 자리에 있는 것만으로 또는 신체적 힘으로 원숭이 집단 내부의 갈등을 조정하고, 점령을 통해 공동의 영토를 늘렸다.

이 실험을 통해 세 가지 결론을 끌어낼 수 있다.

원숭이 집단의 사회조직은 영토에 분명히 의존했다. 한 지역을 점령하고 지키며 정기적인 이동을 통해 그 지역에 숙달하면, 무리는 고정된 정신적 기준을 갖게 되고, 비교적 안정된 사회가 형성된다. 변화하고 적대적인, 거의 전혀 이해할 수 없는 세계에서 영토는 영장류에게 각각의 목적 지향적인 사회를 구성하기 위해 포기할 수 없는 전제다.

또한 권력은 혈연 소속의 작용이 아니라 영토의 작용이다. 경계선의 안정성을 보장하고 경계선을 계속 확장시키고 그에 따라 끊임없는 기근의 위협을 제거하는 데 성공하는 개체가 집단을 지배한다.

그리고 세 번째 결론은 앞에 언급한 두 가지 결론에서 나온다. 무리 내부의 갈등은 영토 경계선의 안정에 달려 있다. 영토가 문제시되면, 개체들은 집단을 조직해야 하는 집단적 과제를 (아마도 사회적 노력이 그 개체들에게 무의미하게 보이기 때문에) 외면하고, 자신의 직접적이고 전적으로 개별적인 이익을 공격적으로 방어한다. 조직적인 이동은 중지된다.

다트는 여기에서 석기시대 인간들이 영토에 매이는 것과 특정한 유인원이 집단의 영토에 대해 보여주는 행태가 거의 다르지 않다는 결론을 내렸다.

오스트랄로피테쿠스의 후손들 중에서 물론 몇몇은 더 진취적이고 호기심이 강했거나, 어쩌면 기후변화 때문에 원래의 영토를 떠나 새로운 땅을 찾아 나섰다. 첫 번째 범대륙적인 점령은 기원전 150만 년과 기원전 50만 년 전 사이에 이루어졌다.

또 다른 영역에서도 다트는 유인원과 인간 사이의 유사점을 시사하는 관찰들을 시도했다. 어떤 사람들은 이 관찰들을 인정하고, 또 어떤 사람들은 반박하는데, 그것은 성적 행동의 영역에 대한 관찰들이다. 이것은 중요한 주제다. 여기에서의 질문은 유인원의 성적 행동이 일정한 고정된 틀을 따르는가, 아니면 완전히 무질서한가다.

원숭이를 관찰함으로써 인간의 성생활에 관한 중요한 인식을 얻을 수 있다는 주장에 반대하는 이들은 다음과 같이 이의를 제기한다. 특정한 종의 원숭이들은 외관상 일부일처제일 수 있지만, 많은 원숭이가 모이면 무분별하게 성관계를 하는 행태를 보일 수 있다. 같은 종의 원숭이들은 때로는 일부다처제이고, 또 때로는 일처다부제다. 달리 말하면, 이 원숭이들은 성적으로 완전히 무법상태로 산다는 것이다. 유인원의 경우, 성적 행동은 항상 그때그때의 상황과 우연한 만남에 의해 결정된다. 결코 정해진 규칙이 작용하는 것 같지는 않다. 그렇지만 유인원과 인간 사이의 유사점을 옹호하는 사람들은 유인원과 인간 둘 다 계속 이성애 관계가 존재한다는 점을 지적한다. 또한 그들은 유인원의 성적 무법상태가 근본적으로 중요하다고 생각하지 않는다. 구석기시대 인간들의 경우에도 춘기발동기春機發動期(이성에 대한 욕망이 생기는 시기—옮긴이)부터는 십중팔구 그에 상응하는 무법상태가 지배했을 것이기 때문이다.

첫 번째 논점은 중요해 보인다. 원숭이는 대체로 수컷과 암컷이 함께 산다. 유인원의 경우 이것은 성장한 동물의 생식기관이 항상 활동적이고 따라서 다른 성의 성장한 개체들이 계속 존재해야 한다는 것과 관련이 있다(잠재적으로는 이렇게 하여 혈연의 가족으로 나아가는 시발점이 생성되는데, 그것은 어쩌면 파트너와 어떤 정서적 애착을 통해 이미 만들어졌을 수 있다). 오늘날의 인간들에게서 그것은 분명히 더 이상 흔한 일이 아니다. 이런 생리적 상황이 구석기시대 인간들의 성생활을 결정했는지는 알 수 없다. 그러나 사정이 그렇지 않았다 할지라도, 또는 인간으로 발전해가는 오랜 과정 속에서 그 강도가 줄었다 할지라도, 어쨌든 남과 여 두 성이 함께 사는 습관이 형성되었다. 이 습관이 결혼과 오늘날 유럽 사회에서 지배적인 소가족의 기원이다. 반대 논증을 하자면, 유인원과 인간의 경우에도 이성애적 사회와는 다른 사회들이 존재할 수 있다는 점은 충분히 상상할 수 있다. 선천적으로 보자면, 남자 및 여자 개체들이 철저히 분리된 사회를 형성하지 않을 이유는 없다. 철저히 분리된 사회라면 고립상태는 때때로 개체들의 짧은 만남을 통해서만 깨질 것이다. 자녀를 낳고 양육하는 데 있어 성이 다른 두 개체가 지속적으로 교류하는 이성애적 사회가 필요하지는 않다. 그렇지만 경험적 증거들은 원숭이의 경우 언급할 만한 예외 없이 영구적인 이성애적 사회만 존재하거나, 분리 생활과 동거 생활이 정기적으로 교대되는 사회가 존재한다는 것을 보여준다.

인간들의 경우 이성애적 사회는 혈연집단이 다른 남자와 여자가 마을에서 함께 생활하기 시작한 석기시대 이전에 이미 증명되었다. 석기시대의 동굴들에서는 종종 남자와 여자의 해골과 뼈가 같은 장소에서 발견되었다. 따라서 인간들의 이성애적 사회는 유인원의 사회들로부터 발전해왔을 가능성이 있거나, 심지어는 십중팔구 그랬을 것처럼 보인다.

점차 인간으로 나아가는 신비로운 변화를 겪으며 갈래가 나뉜 유인원의 경우, 몇십만 년이 흐르는 동안 성체成體들이 언제든지 성교를 하여 번식할 수 있는 능력이 사라졌다. 그러나 남녀 두 성의 동거는 고정된 습관이 되었다. 이 공동생활이 집단의 의식에 고정되었기에, 유인원에게 있었던 공동생활에 대한 생리적 압박이 장차 없어질지라도 동거는 더 이상 문제가 되지 않았다. 다트는 또한 유인원의 성적 행동방식이 구석기시대 인간들의 성적 행동방식으로 이어진다고 주장했다. 유인원은 성적 파트너를 의도적으로 선택하지 않고(보다 정확히 말하면, 유인원은 의도적으로 특정한 개체들을 선택하지는 않는다), 생식활동을 할 때 혼란스럽고 우연적인 충동들을 따른다. 성행위를 함께한 여자와 남자를 연결해주는 가설의 끈은 매우 약하다. 아프리카 부시먼족과 특정한 오스트레일리아 토착민들의 경우, 오늘날까지도 남자가 흔히 첫 번째 아이가 태어나면 자기의 집단으로 돌아간다는 사실만 생각해봐도 알 것이다.

자연에서 문화로의 이행이 언제 어떤 이유로 이루어졌을까? 유인원 사회에는 존재하지 않는, 인간에게 전형적인 이 문화의 첫 번째 제도들은 어떤 것이었을까?

최초의 문화적 제도들의 기원은 확대된 집단이다. 어떤 원숭이 사회도 인간의 결합이라는 차원에는 도달해본 적이 없다. 즉 국민, 교회, 국가 등에 이르지 못한 것이다. 최초의 문화적 제도로 확인할 수 있는 것으로는, (처음에는 성별에 따라, 나중에는 다른 기준들에 따른) 노동 분업, 근친상간 금기, 공동의 수렵 채집, 그리고 마지막으로 점점 더 발전한 식량 생산을 들 수 있다. 거론된 최초의 문화제도들이 긴밀하게 얽히는 것을 (또는 종종 동시적이거나 적어도 시간상으로 그다지 멀리 떨어지지 않고 생성되었다는 점을) 고려할 때, 여기에서 그 각각의 제도들의 발전을 그대로 그려낸다는 것은 불가능하다.

인간은 고등 영장류들 가운데 유일하게 잡식동물이다. 그렇기 때문에 인간 역사의 특정한 시점에 식량의 혁명이 있었음에 틀림없다. 선사시대 연구자들은 이에 대해 (533만 년 전과 258만 년 전 사이의) 플라이오세Pliocene(신생대 제3기 말의 지질시대—옮긴이)에 있었던 기후변화 때문이라고 추정한다. 특히 아프리카에서 감지된 이 기후변화 때문에 숲이 감소하고 땅이 건조해졌다. 다른 집단들보다 유연한 식생활 습관을 가진 영장류의 한 집단 또는 여러 집단은 새로운 상황에 적응하고, (점차 부족해지는) 식물성 양식을 사냥감으로 그리고 어쩌면 같은 집단 구성원의 살로 대체했다. 요컨대 그들은 육식동물이 되었다. 이러한 식량의 변화는 해당 개체들의 수렵 전략에 영향을 미쳤고, 점차 그들의 경제적·사회적 생활을 바꿔놓았다.

수렵에 기반한 경제방식은 점점 더 정련된 도구들을 요구했다.

집단이 봉착한 새로운 도전들은 구성원들에게 엄청난 압력을 행사했다. 이 압박은 정신적 활동을 강화시켰다. 이렇게 자극받은 정신적 활동은 새로운 구상들을 만들어내어 다시 좌표를 개선하고, 그 결과 새로운 이동경로를 습득할 수 있게 되었다. 사람족은 점점 더 좋은 도구들을 생각해냈고, 그 도구들을 점점 더 노련하게 다룰 수 있었다.[28]

채집과 비교할 때 수렵은 훨씬 강력한 전문적 활동이다. 수렵은 훈련과 민첩성과 상당한 체력을 요구한다. 이로써 자연선택에 이르게 된다. 임산부와 어린아이와 노인은 사냥에 참여하기 어려웠다. 그래서 노동 분업의 첫 번째 형태가 생겨난다. 성장한 남자들은 사냥하러 가고, 여자들은 그들의 거처 바로 주위에서 덜 위험한 활동에 전념하는 것이다. 이제 사회의 첫 번째 분화가 두드러진다. 가장 기본적인 사회적 계급들은 경제적 활동에 따라 형성된다. 이렇게 문화 발전을 향한 중요한 걸음이 내딛어졌다.

남녀 두 성 사이의 관계는 노동 분업을 통해 달라진다. 둘 다—남자에게는 여자, 그리고 여자에게는 남자—더 이상 순전히 생리적인 성적 활동의 대상으로만 국한되지 않는다. 개체는 집단의 다른 구성원들의 활동 및 작용과 구별되는 특정한 개인적 활동에서 자신을 계발하는 개인으로 지각된다. 이제 얼굴이 떠오르고 성격이 드러나게 된다. 분업이 증가함으로써 개별화된 과제들 덕분에 각 인간의 기량들이 두드러진다. 각 인간의 숙련된 재주는 비할 바 없이 커지고 발전한다. 정신은 정신만이 풀 수 있는 수수께끼를 점차 발견한다. 에드가 모랭은 이렇게 쓴다.

"가장 생물학적인 것—성, 죽음—이 동시에 문화가 배어든 최고의 상징들임을 우리가 어떻게 간과할 수 있겠는가."[29]

어쩌면 근친상간 금기와 그 사회적 결과인 족외혼의 발생을 같은 일련의 사건으로 분류해야 할 것이다. 근친상간 금기가 정확히 언제 왜 나타났는지는 알 수 없다. 가까운 혈연과 성적으로 합일되는 것에 개인이 된 개체가 자연스럽게 거부감을 가졌다는 설명은 설득력이 없다. 이것은 혈연관계끼리 성교하여 나온 아이에게 갑자기 생물학적 위험이 발견되었다는 것과 근친상간 금기를 연관시키는 이론에도 적용할 수 있다. 이런 설명들은 혐오감이나 위험에 대한 의식이 모든 인간에게서 나타나는 경우에만 받아들일 수 있다. 하지만 그것은 정말 흔한 일이 아니다.

근친상간은 예를 들어 중요한 의식적 행위로서 은밀하지도 않고 금지되지도 않은 채 신성의식을 행하는 아프리카 여러 왕국들에서 권력자들에 의해 실행되었다.[30] 이집트의 여러 파라오 왕조에서 근친상간은 국가적 제도였다. 말리노브스키와 로하임의 연구들을 통해 한편으로 인간 사회에서 근친상간 금기가 널리 유포되었던 것처럼 보이지만, 항상 똑같은 형태의 근친상간이 아닌 것은 분명하다는 것을 알 수 있다. 말리노브스키가 연구한 트리브리안드 군도 Trobriand Islands[31]의 주민들의 경우 윗대와 아랫대 가계의 친척들 사이에 성적 유희가 허용되는 반면, 형제와 자매 사이의 접촉은 엄격히 금지되어 있다. 로하임이 언급하는 대부분 종족들의 경우, 사회적 금기는 특히 윗대와 아랫대 가계의 친척들 간의 근친상간에 적용된다. 근친상간의 금기를 유전적 위험에 대한 의식 때문이라고 설명하고 싶다면, 석기시대의 인간들이 이미 이에 상응하는 개념 체계를 갖고 있어서 위험을 인식하고 그 끔찍한 결과들을 예측했다는 이야기인데, 그 말은 별로 설득력이 없어 보인다. 그 끔찍한 결과들이 대체로 있어왔다는 것을 전제하면 말이다.

성적 금기와 교환 사이에는 어느 정도 기능적인 속박이 존재한다. 클로드 레비스트로스는 "모든 금지는 동시에 다른 관계에서 하나의 규정이다"라고 확언한다.[32] 근친상간 금지(어머니에 대해서든, 여자형제에 대해서든)에서, 뤽 드 외슈Luc de Heusch(1927~2012)[33]가 심리적 동기부여와 반대로 "논리적 동기부여"라고 칭하는 메커니즘을 통해 나오는 규정은 족외혼이다. 오이디푸스 콤플렉스가 보편적으로 존재한다고 여길 수 있는 부계사회와 모계사회는 근친상간에 실제로 절대적 금기를 덧붙인다. 근친상간의 방식이 같지 않다는 것은 결국 중요한 역할을 하지 못한다. 왜냐하면 두 가지 금기가 동일한 규정, 즉 족외혼으로 이어지기 때문이다.

근친상간을 허용하는 집단은 점점 더 작은 집단으로 분열된다. 이 집단은 원자화된다. 성적으로 교류해서는 안 되고, 집단 밖에서 성적 파트너를 찾는 것은 필요하지 않다. 그러나 이미 보았듯이 구석기시대에서 신석기시대로의 이행 과정에서 집단들이 형성되고 집단들의 구조가 공고해졌을 뿐만 아니라, 집단들이 또한 지속적으로 커졌다. 이것은 일차적으로, (수렵 덕분에, 또한 농지 경작 덕분에) 더 많은 식량을 확보할 수 있어 더 적은 수의 아이들을 죽였다는 것과 관련이 있었다. 그러나 이제 더 잘 먹고 잘 살게 된 인간들에게서 영아 살해의 수가 줄었고 출생률이 증가했다는 것으로는 집단들의 양적 변화를 완전히 설명할 수 없다. 족외혼의 결과로서 교류가 강화되고 근친상간이 사회적 유죄판결을 받았다는 것만이 결국 확대된 집단이 도래했음을 설명해준다. 그러나 (곡식의 재배, 특정한 동물 종들의 사육 등) 놀라운 성과를 지닌 신석기혁명은 인간들의 우연적이거나 의도적인 수많은 실험들의 결과였다. 이렇듯 실패와 성공적인 시도들을 체계적으로 반복해보는 시험 과정에는 많은 주역들이 필요했다. 대규모 집단들이 없었다면 신석기혁명은 없었을 것이다.

앵글로색슨 문화인류학자들의 시각에서 볼 때, 문화인文化人과 인간 사회의 발생은 수십만 년에 걸친 연속적인 과정이 아니었다. 오히려 문화인은 비교적 갑자기 나타났다. 문화인이 돌연 나타났다는 것은, 특정한 사회구조 안에서 대단히 많은 상이한 요소들이 모일 때 발생하는 양적 비약을 말해준다. 이 요소들 중 어떤 것도 (또는 더 정확히 말하자면, 개별적 진화과정들 중 어떤 것도) 그 자체만으로는 문화인이 장차 무엇이 되든 유일무이성, 즉 문화인이 공동체를 형성하는 방식을 짐작할 수 없다.

잘 알려진 모든 인간 집단들에게 있어서 전형적인 것은, 인간 집단들이 실제로 지속적으로 갈등 상황에 의해 만들어진다는 점이다. 300만 년에 걸친 긴 역사에도 불구하고, 인간은 최종적으로 자기 자신과 그리고 자기와 같은 사람들과 화해하는 데 성공하지 못했다. 이미 보았듯이 갈등은 인간 집단들과 또 인간들 사이의 관계들에 내재한다. 인간 사회 중에 경계선으로 다른 사회를 차단하지 않는 사회는 없다. 공격성은 인간 행동에서 불가피해 보이는 불변의 요소다. 다트는 또한 다음의 가설을 제시한다. 인간에게는 강한 공격성이 내재해 있는데, 그것은 개별적으로도 진보적인 사회화를 통해서도 억제될 수 없다는 것이다. 이 공격성은 인간을 매번 최악의 폭력행위로 몰아간다. 현대의 심리분석은 다트의 명제를 증명하는 것처럼 보인다.[34] 다트의 독창성은 인간의 호전성의 발생을 설명하는 방식에 있다. 인간의 호전성은 동물적 유산이므로, 그 호전성을 더듬어 소급해가면 인간의 조상인 모든 고등 영장류들의 생물생리학적 공통성에까지 이를 수 있다는 것이다.

9장

발생사회학, 목소리 없는 이들에게 목소리를

그 사이에 부족들과 민족들이

땅을 파헤치고 탄광에서 잠을 자고,

살을 에는 겨울 추위 속에서 물고기를 잡고,

자기의 관에 못질을 하고,

자신들이 거주하지 않는 도시들을 세우고,

자신들이 내일 얻지 못할 빵 때문에 씨 뿌리고,

굶주림과 위험 때문에 싸운다.

파블로 네루다, 『이슬라 네그라의 회고록』[1]

프랑크푸르트학파의 위대한 저서들은 자본가 계급이 중앙의 노동자 및 직원들과 주변의 민족들을 억누르기 위해 사용하는 물질적 · 상징적 지배도구들의 메커니즘을 감탄할 만하게 분석한다. 그러나 이 저서들은 주변 민족들이 그들의 공격자들에 맞서 지치지 않고 불굴의 저항을 하는 것에 대해서는 침묵한다.

앵글로색슨 문화인류학자들은 그 반대의 길을 간다. 그들은 아프리카, 인도, 오세아니아 같은 근대 이전 사회에 집중하고, 그 개체발생ontogeny 문화들, 사회조직의 형태들, 우주 창조설 등을 애써 끌어낸다. 반면에 그들 대다수는 중앙의 산업 및 금융세력들이 침략을 실행하는 전략을 거의 분석하지 않는다.

한편으로는 역사에 대한 프로메테우스 같은 시각, 정교한 도구, 도전적인 상징 등을 가진 산업사회들과 다른 한편으로는 전래된 문화, 농업 및 수공업 생산방식을 가진 전통적인 사회들 사이에 발생하는 갈등의 복잡하고 다층적이고 강제적인 변증법을 이해하려면,

프랑스에서 레지스탕스와 함께 생겨난 사회학자 집단에서 조언을 구해야 할 것이다. 그들의 명제는 한편으로는 교조적 마르크스주의에 반대하고, 다른 한편으로는 식민지 이데올로기에 반대하는 투쟁에서 옳은 것으로 입증되었다.

나는 이 사회학자 집단을 조르주 발랑디에Georges Balandier(1920~)에게서 차용한 표현으로 설명하겠다. 그들은 '발생사회학generative sociology'의 신봉자들이다. 발랑디에는 이렇게 말한다.

"우리의 새로운 연구들은 각각의 사회에서 자유와 특수성의 여지를 좀 더 정확하게 측량할 수 있게 해준다. 이 연구들은 발생사회학이라고 지칭할 수 있는 접근을 통해 사회적 형태들의 가변성을 밝히고, 사회적 형태들이 형성되고 그 의미를 결정할 때 계속 관여한다. 이 연구들은 평탄하거나 단 하나의 차원으로 환원되는 사회는 존재하지 않는다는 것과, 각각의 사회는 사회의 주역들이 자신들의 미래를 지향할 수 있는 여러 차원을 지녔다는 것을 보여준다."2

이 사회학자 집단에는 특히 로제 바스티드, 조르주 발랑디에, 장 뒤비뇨, 질베르 뒤랑, 에드가 모랭 등이 있다. 그들은 여러 면에서 공통점이 있다. 그들 대부분은 나치스가 프랑스를 점령했을 때 여러 레지스탕스 조직들에서 싸웠다. 조르주 발랑디에는 프랑슈콩테Franche-Comté 주의 마키Maquis(제2차 세계대전 중 독일에 맞서 싸운 프랑스 무장 게릴라 단체—옮긴이)에서, 장 뒤비뇨와 에드가 모랭은 공산당의 항독 유격대에서 투쟁했다.

파리가 해방된 후 뉴욕의 망명 생활에서 돌아온 조르주 귀르비치Georges Gurvitch(1894~1965)는 소르본대학교의 사회학 교수로 초빙되었다. 부헨발트Buchenwald 강제수용소로 유형流刑에 처해졌고 수용소가 해방되기 몇 주 전에 그곳에서 사망한 모리스 알박스Maurice Halbwachs(1877~1945)의 후임이었다. 특별히 활기가 넘치고 지적인 창의성을 지닌 귀르비치는 파리에 지식사회학 연구소Laboratoire de sociologie de la connaissance를 설립했다.[3]

프랑스 사회는 당시 레지스탕스, 해방, 파시즘에 승리하여 생겨난 희망과 기획들로 넘쳐났다. 이 새로운 연구소는 프랑스 사회에서 상당한 역할을 했다. 저항운동가 세대 출신인 [예를 들어 제르멘 티용 Germaine Tillon(1907~2008) 같은] 수많은 젊은 연구자들, 그중에서 대단히 생산적이고 혁신적인 연구자들이 자발적으로 그곳에 모였다.[4] 귀르비치는 그들에게 연구를 위한 공간을 마련해주었다. 이들 젊은 사회학자들은 (그리고 철학자들, 인식론자들, 인류학자들은) 새롭게 바뀐, 즉 교조적 명제와 뻔한 '진리'에서 벗어난 학문이 프랑스 사회와 전 세계를 변화시키는 데 기여할 수 있다고 확신했다.

그러나 실망하는 데에는 오래 걸리지 않았다. 제4공화국의 정치 엘리트와 대학의 명사들은 혁명, 즉 레지스탕스에서 태어난 급진적 개혁에 대한 희망을 질식시켰다. 또한 냉전이 시작되자 학문적 연구에도 냉전의 기류가 흘렀다. 그리고 마지막으로 한국전쟁의 발발(1950)과 3차 세계대전의 위협은 어디에서나, 특히 대학들에서 보수적이고 반동적인 충동들이 번성하도록 조장했다. 젊은 사회학자들은 씁쓸한 환멸을 경험했다.

그들은 연구와 정치적 참여를 통해 새로운 유럽 사회를 구축하는 데 기여하려 했으나 실패했다. 이와 동시에 희망은 진영을 바꾸었다. 이제 희망은 독립을 위해 싸우는 식민지 민족들을 움직였다. 이 그룹의 사회학자들은 바다 건너 해외로는 아닐지라도 적어도 자기들 세계의 경계 너머로 떠났다. 그들이 아직은 자본의 상징적 폭력과 상품 합리성에 완전히 파괴되지 않은 사회들에 가게 된 것은 우연이었다. 그들은 출신지 문화의 정신적 범주들이 그들의 지각에 설정하는, 그때까지 미처 의식하지 못했던 객관적 한계들을 발견했다. 바스티드, 발랑디에, 뒤비뇨, 모랭은 물론이고 한동안 귀르비치의 연구소에서 함께 연구한 투렌 역시 전승된 지식의 전체 영역을 무너뜨렸다.

발랑디에는 서아프리카를 여행했고(그곳에서 그는 식민지 지배에서 벗어나기 위한 투쟁들에 참여했다) 그다음에 중앙아프리카로 여정을 계속했다. 그는 자신의 여행들을 통해 대단한 저서를 내놓았는데, 『사하라 사막 이남 아프리카의 현대 사회학Sociologie actuelle de l'Afrique noire』[5]이다. 장 뒤비뇨는 마그레브Maghreb에 집중했다. 남튀니지의 어느 오아시스에서 그의 주저 『체비카Chebika』[6]가 나왔다. 뒤비뇨처럼 공산당에서 배제된 모랭은 과감하게 훨씬 놀랄 만한 지역으로 갔다. 그는 산업사회의 일상 속에 있는 기본 개념적인 담론을 연구했다. 그의 방대한 저서는 방법La Méthode[7]에 관한 새로운 담론에 이르렀다. 그는 학문 분야들 간의 전통적 경계를 뛰어넘어 모든 학문을 포괄했다.

"우리는 실제적인 것의 복잡성을 고려하고 인간의 존재를 인정하여 사물의 신비에 다가가는 인식방법이 필요하다."

마지막으로 상파울루대학교 교수로서 프랑스 문화사절단을 이끈 클로드 레비스트로스의 후임이었던 로제 바스티드는 1938년부터 1954년까지 16년간 브라질에 머물렀다. 그는 오리샤 숭배에 정통한 전문가이고 샹고Xango 신의 아들이며 살바도르데바이아의 칸돔블레 오파 아폰자candomblé Opá Afonjá의 왕으로서 브라질에서 아프리카 디아스포라 사회학을 확립했다.

발생사회학은 마르크스주의 이론, 앵글로색슨 문화인류학자들의 이론, 그리고 생산방식과 상징체계와 사회적 형성물의 단선적인 발전을 요구하는 다른 모든 이론과 철저히 단절했다. 발생사회학에서는 '발전한' 사회도 '저개발된' 사회도 '개발도상국'도 존재하지 않는다. 이 사회학자들은 물질적 생산을 늘리기 위해 다양한 도구를 사용하고 축적이 빠른 산업사회가 다른 모든 사회들보다 우월하다는 진술에 이의를 제기한다. 소유권과 관련한 법규, 이데올로기, 국가, 생산방식, 사람들 간에 맺는 관계 체계를 가진 각각의 사회조직은 개인의 자율성을 증대시키는 한 선하다. 여기에서 개인의 자율성이란 자기의 삶을 스스로 조직하고 자신의 삶에 의미를 부여하며, 불가피하게 인간의 실존에 속하는 모순들을 해결할 수 있는 개인의 능력을 말한다. 반면 사회 질서가 어떤 논리를 위해 인간과 자연을 도구화할 때, 그 논리가 전적으로 인간의 계발과 행복을 가져오는 것이 아니라면 그 사회 질서는 "해롭고", 따라서 극복되어야 한다.

발생사회학은 독일 신마르크스주의자들과 앵글로색슨 문화인류학자들이 사회를 평가하기 위해 사용하는 기준과는 아주 다른 새로운 기준들을 사용한다. 모든 사회는 물질적·상징적 생산방식, 기후 조건, 인구 상황 등과 무관하게 일련의 동일한 문제들에 직면해 있다. 조르주 발랑디에는 이것을 인류-논법Anthropo-logiques[8]이라고 부른다. 몇 가지 예를 인용해보겠다.

각각의 사회가 재생산되는 것은 순전히 이성애 덕분이다. 그 때문에 각각의 사회는 남녀 두 성의 대립을 다루고 재생산 행위에 참여시키기 위한 메커니즘을 발전시키며, 성생활의 환상과 실행을 제어하고 조절하여 길들일 수 있는 규범을 마련해야 한다.

또 다른 예를 들어보겠다. 각각의 사회에는 연령층의 피라미드가 존재한다. 세대 간에 도구적 지식을 이전하기 위해서는 아프리카처럼 구전 전통이 있는 사회들에서의 성년식, 유럽의 교육 방법과 학교 시설 등 지식을 전수하기 위한 특정한 형태들을 고안해야 한다.

예를 하나 더 들어보자. 각각의 사회는 다양한 구조적 갈등이나 갑자기 임의로 닥친 갈등에 의해 갈기갈기 찢어진다. 그 때문에 각각의 사회는 갈등들을 억제하고 미연에 방지하는 메커니즘을 생각해내야 한다. 브라질에 있는 아프리카 디아스포라 사회들(바이아, 마라냥, 파라)의 나고스 칸돔블레는 최면의식trance-ritual을 만들어내어 사회를 평화롭게 하고, 거듭되는 카타르시스를 야기하며, 사람들 사이에 나타나는 다양한 갈등들을 해결한다. 서양의 자본주의 상품사회와 동양의 '사회주의' 사회(중국, 북한)는 동일한 문제를 해결하기 위해 법률적·정신의학적 장치들, 즉 보호, 감시, 억압, 처벌 등을 위한 장치들로 이루어진 복잡한 그물망을 만들어냈다.

발생사회학의 신봉자들은 오늘날 유엔과 대부분의 연구소에서 익히 알고 있는 '발전한 사회', '저개발된 사회', '개발도상국' 등의 구별을 철저히 거부하지만, 이미 보았듯이 그럼에도 불가지론적인 세계관을 대변하지는 않는다.

그 중심적인 구별 기준은 인류·논법을 해결하기 위해 사회가 동원하는 권력의 크기다. 사회가 끊임없이 강력한 힘을 사용한다면, 그 사회는 순위에서 맨 아래 위치한다. 반면에 그 메커니즘들이 (가족들 간, 이웃들 간, 씨족 구성원들 간의) 갈등을 해결하기 위해 의식들, 즉 주체의 자율성을 최대한 존중하고 최소한의 강제만으로 연결된 제도들을 보존한다면, 그 사회는 본보기로 여겨지고 순위에서 맨 위에 위치한다. 이에 대한 예를 하나 들어보겠다. 살바도르데바이아(마라냥, 피아우이 등)의 나고스 칸돔블레에서 실제로 적용되는 것처럼, 엄격히 의례화된 집단적 최면에서, 즉 신들린 사람들에 의한 우주 질서의 재생산에서 억압은 아무런 역할도 하지 못한다. 서구사회의 사법제도, 정신병원, 교도소 등과 비교할 때 칸돔블레의 장치들은 유럽보다 확실히 수준 높은 문명화를 보여준다.

나는 칸돔블레를 알고 있는 사회들에 재범률이 대단히 적다는 점을 덧붙이겠다. 집단적 최면에서 깨어나면 갈등은 대체로 규명되고, '죄인'은 다시 공동체에 편입된다. 폭력에 근거하는 방법들로 갈등을 조정하는 사회들에서는 이런 일이 불가능하다.

집단적 최면은 (요루바의 자손인 아프리카 출신 브라질인Afro-Brazilian 을 가리키는 명칭인) 나고스의 우주 창조설을 통해 표준화된다. 집단 적 최면은 엄밀히 말하면 제의극이다. 각각의 신들린 사람은 아프리 카 신들의 신전에서 나온 형체를 구현한다. 오리샤는 살아 있는 사 람들에게 자신을 알아볼 것을 요구하는 죽은 자도, 진짜 유령도 아 니다. 오리샤는 우주의 에너지다. 가가의 오리샤는 인간 성격의 특 수한 속성을 구현한다.

성년의식 집회의 중심 요소인 신들림에서는 그런 힘이 여자의 몸에, 보다 드물게는 남자의 몸에 표현된다. 오리샤가 내려와 어떤 인간이 그 신에 사로잡히면, 그의 의식은 완전히 정지된다. 제의극 인 론다ronda는 갈등을 오리샤의 형태로 무대에 올림으로써 사회의 갈 등을 풀어준다.

나는 바이아의 칸돔블레들에서 격하게 분출되는 갈등들이 종종 극도로 잔인하다는 것을 경험을 통해 알고 있다. 칸돔블레 의식을 전수받은 젊은 여성들은 종종 대단히 아름다운데, 그들은 폭발적 기 질을 갖고 있다. 그들이나 반려자들의 격정과 질투는 많은 드라마를 발생시키는 요인이다. 흑인 부두 노동자, 만의 어부, 대형 호텔의 종 업원, 백인 농장주의 가사 도우미 등의 일상은 굴욕과 불안으로 가 득 차서 가혹하고 비참하다. 아프리카 출신 브라질 프롤레타리아들 은 서로 전혀 용서하지 않는다. 그들의 좌절과 보상적 공격성은 흔 히 격렬하고 난폭하고 때로는 피비린내 나는 싸움으로 폭발한다.

그러나 집단적 최면, 즉 제의극은 사회를 항상 경이로울 정도로 화해시키는 힘이 있다.

나는 바이아의 마타투 데 브로타스Matatu de Brotas 숲에 있는 올가 데 알라케투Olga de Alaketu 정원에서 보낸 밤들을 가장 아름다운 기억으로 꼽는다. 어둠이 찾아들 때 빈털터리들, 노동자들, 가지각색의 옷을 걸친 여자점원들, 초라한 차림의 아이들이 떼지어 언덕으로 몰려간다. 많은 이들의 얼굴에는 표정이 없고 거의 증오로 가득 차 있다. 북이 쿵쿵 울리고 론다가 만들어지고 오리샤가 내려온다. 10시간 후 태양이 태평양 위로 떠오를 때, 긴 행렬을 이룬 인간들은 마음이 진정되고 행복한 표정으로 언덕을 다시 내려온다. 그들은 낮은 목소리로 서로 이야기하고, 서로의 손을 잡아 이끌며, 오리샤들이 평화를 재건했음을 기뻐한다.

내게 전혀 의심의 여지가 없는 것은, 사회들의 서열을 매겨보자면 브라질에 있는 아프리카 디아스포라의 자본주의 이전의 전통적인 사회가 서구의 상품사회들보다 훨씬 위에 위치한다는 점이다.

세계를 알고 싶은 욕구, 세계 내의 자기 위치, 총체성에 대한 추구 등은 인간에게 실로 본질적인 것이다. 각각의 사회는 그 자체의 가치 체계를 만들어내고, 그 실행에 변화하는 의미를 부여한다.

사회학에서 '의미'와 '가치'를 거론한다면, 이렇게 말하는 것은 타당하다. 가치판단은 각 인간의 사회적 행동을 동반하는 것처럼 학문적 연구를 수반하지만, 사회학자는 인간의 역사를 주도하고 이끄

는 가치 있는 고문서를 쥐고 있지는 않다. 사회학자는 가치들의 정
당성에 대한 기준을 마련하는 일에 협력한다. 인간의 진실과 역사의
의미에 대한 사회학적 기준들은 존재하지 않는다. 다시 한 번 반복
하자면, 역사의 의미와 인간의 진실은 집단적 행동의 산물이고, 여
기에 각각의 다른 인간처럼 사회학자가 관여하기 때문이다. 하지만
가치와 의미는 사회학의 연구 대상이다. 사회학은 변하지 않고 독립
적이고 영원히 유효한 '진실'을 알지 못한다. 그 중심적인 질문들이
겨냥하는 것은, 특정한 사회의 얼마나 많은 인간들이 의미와 가치의
발전에 참여하도록 초대받았는가, 그들이 자신들의 제안을 표현할
때 얼마나 많은 자유를 누리는가, 그리고 그 제안들이 얼마나 효과
적으로 실행되는가 등이다. 발랑디에는 내가 생각하는 것을 이렇게
요약했다.

"권력의 상호 통제와 의미의 집단적 산출에서 결정적인 문제는
최대한 많은 관계자들이 사회에 대해 매번 새롭게 정의를 내리는
일에 지속적으로 참여하는 것이다. 이것을 인식한다는 것은 그 관계
자들이 사회의 현장들에 때마침 있어야 한다고 천명함을 뜻한다. 사
회에 중요한 결정들이 내려지는 현장들에, 그리고 사회에 의미를 부
여하는 것이 생겨나는 곳에 말이다."9

각각의 학문은 자기의 대상을 규정해야 한다. 발생사회학은 이
런 맥락에서 어떤 이론의 요소들을 나타낸다. 그 이론은 독일 마르
크스주의자들과 앵글로색슨 문화인류학자들의 이론과 철저히 단절

했음을 말해준다. 어떤 대상도 사회학 연구를 위해 '그냥 거기에' 있지는 않다. 오히려 학자는 각각의 대상을 구성할 때 개인적으로 참여해왔다.

로제 바스티드가 이에 대해 말하는 것을 들어보자.

"주체와 그 자신의 이익은 객체를 규정하는 구성요소다. 주체는 주체가 관찰하는 것에서 관찰된다. 관념 대 현실."[10]

그리고 그는 또 이렇게 말한다.

"리비도libido의 좌절이 있는 것처럼 이성의 좌절이 있다. 이런 좌절에 충격을 받는 이성의 착오도 있다."[11]

우리는 이런 상황이 사회학의 특수성이 아니라고 이의를 제기할 수 있다. 화학자, 천문학자, 물리학자, 생물학자 또한 그 대상을 규정하고, 좌절된 리비도가 야기하는 금기를 존중한다. 그런 점에서 어느 학문에서나 대상은 괜히 존재하는 게 아니다.

그럼에도 불구하고 자연과학의 상황은 인문학의 상황과 완전히 다른데, 적어도 두 가지 이유에서 그렇다. 우선 드러나고 다룰 수 있게 되었을 때 실험에 실제로 절대적인 객관적 가치를 부여하는 일련의 결정들은 죽은 사물들의 자연에 속한다. 자연은 완전히 독립적인 실험자의 가설들을 증명하거나 반박한다. 하지만 사회학은 명백히 다르다. 연구자의 가설들을 증명하거나 반박하는 불변의 자연은 존재하지 않는다.

자연과학과 인문학 사이의 이러한 근본적 차이에 대한 두 번째 이유는 연구 대상을 구성하는 과정과 관련이 있다. 자연과학의 연구 대상은 늘 명백하다. 뉴턴의 발 앞에 떨어지는 사과는 뉴턴의 의지로 연구 대상이 되었다. 하지만 사과가 명백한 대상인 것은, 사과를 임의의 대상에서 연구 대상으로 변모시킨 속성이 바로 사과가 떨어진다는 사실에 있기 때문이다. 사과가 아니라 땅으로 떨어지는 사과의 운동이 인간 정신에 대한 도전이나 학문의 대상으로서 탐색의 계기가 된다. 사과는 떨어진다. 사과는 올라가지 않고 수평 이동도 하지 않는다. 달리 말하면, 사과의 운동은 "유일무이하고" 명백하다. 중력의 원리는 보편적으로 적용된다. 반면 사회학은 완전히 다른 상황과 관련이 있다. 사회적 변증법, 여전히 대단히 완벽하게 조직화된 제도, 명령과 순종의 관계, 예술작품 또는 이데올로기 등은 명백하지 않다. 바스티드가 말하는 것처럼, 하나의 사회적 대상에 대해 연속되거나 나란히 존재하는 규정들은 "결코 실재의 동일한 부분들을 포착하지 못한다."

다시 한 번 사과의 예로 돌아가보자. 사과는 일본, 프랑스 또는 캔자스 등 어디에 있는 나무에서 떨어지든 상관없이 물리학자를 자극하여 항상 중력에 대해 똑같이 숙고하게 만든다. 관찰 장소에 의해 영향을 받는 몇몇 측정 가능한 변수들이라는 예외가 있긴 하지만 말이다.[12] 반면에 색깔, 가령 노란색의 정의는 바스티드의 말을 빌리자면, 결코 실재의 같은 부분을 포착하지 못한다. 어떤 독일 사람은 노란색이 지배적인 풍경을 볼 때 태양을, 여름과 더위, 휴가, 밀밭, 유채 또는 해바라기를, 유쾌함을 생각한다. 사헬지대의 농민이나 유목민에게 노란색은 건조함, 고난, 갈증, 배고픔, 폐허, 죽음 등을 의미한다.

사회학자는 이로써 연구 대상의 구성에 직접 관여하게 되는데, 생물학자도 천문학자도 알지 못하고 화학자도 물리학자도 알지 못하는 강도와 깊이를 갖고 참여한다. 사회학자가 동원하고―사회학자가 바로 이어서 합리적으로 분석하는―연구 대상에 투사하는 관념들은 모든 개연성에 따르면 내적 경험과 실존적 갈등, 즉 그 자신이 겪는 의식적 경험과 억압된 갈등의 정확한 모사다. 바스티드에게 연구 대상을 구성하는 복잡다단한 문제, 달리 말하면 사회학에서 객관성의 문제는 결국 외관상 단순한 확인으로 축소된다.

"우리를 독려하는 동기를 아는 것은 우리가 우리 자신의 주관성을 극복할 수 있는 유일한 길이다."[13]

발생사회학은 예컨대 마르크스주의 사회학자들이 일반적인 현실에 인위적으로 경계를 설정하는 데 저항한다. 마르크스주의자들은 표준화된 행동과 '이상한' 행동 사이를, '정상적인 것'과 '병적인 것' 사이를 구별한다. 그들은 꿈을 묻는 것을 거부하고, 최면에서, 즉 신들린 상태에서, 전문가들의 지식에서, 병적인 것의 영역에서 나타나는 것 같은 개념 아래 차원의infra-conceptual 사건들을 추방한다. 그런데 우리 삶의 상당 부분은 개념 아래의 차원에서 진행된다. 우리의 삶은 개념의 형태를 취하지 않는 상징, 확신, 불안, 동기, 집착 같은 표상을 만들어낸다. 신들린 상태, 꿈, 최면 등은 아프리카 · 아메리카 원주민 · 오세아니아의 대부분 위대한 문화들의 중심에 놓인다. 이것들은 나름의 방식으로 인간의 존재론적 질문에 답변한다.

이 대목에서 한마디 덧붙이겠다. 존재론ontology의 개념은 여기에서 스위스의 수학자이자 철학자인 페르디안 공세Ferdinan Gonseth의 의미에서 단지 참조(참조점)를 뜻할 뿐이다. 참조는 그것과 관련되지 않는 각각의 담론을 무의미하게 만드는 질문의 존재를 환기시킨다. 참조는 담론의 의미론적 내용이 객관적으로 옳은지 그른지에 대해 어떤 식으로든 판단하지 않는다. 삶이 존재에 관해 진술하는 문화적 체계(또는 사회학)는 언제나 그 표현들을 잘못 생각할 수 있고, 실제 인간에 관해 틀린 것을 주장할 수 있다. 반면에 우리는 존재론적 문제, 즉 삶의 의미와 인간의 존재에 대한 질문을 은폐하려고 애쓰는 문화나 사회학은 확실히 잘못된 문화나 사회학임을 알고 있다. 왜냐하면 삶의 의미, 즉 인간의 의미에 대한 질문은 불가피한 질문이고, 또한 올바른 질문이기 때문이다.

발생사회학은 예컨대 꿈, 최면, 망상, 농업사회의 우주 창조설, 장례식, 죽음처럼 이전에 부인되었던 새로운 인식 객체를 설정하고, 이로써 피지배 사회에 관심을 둔다. 발생사회학은 무언의 민족들에게 하나의 목소리를 준다. 그들의 사회는 고대에서 중세와 르네상스를 거쳐 현대에 이르기까지 서구의 도시사회를 결정지었던 역사와는 다른 문화적 · 상징적 · 물질적 역사에서 시작된다. 발생사회학은 이로써 이성의 다수성Pluralität der Vernunft을 요청하는데, 이것은 기원이 서로 다른 사회들이 연원하는 사회조직 방법, 표현 방법, 상징화의 방법과 같은 다수성에서 생겨났다.

발생사회학은 '역사적 사회'와 '역사 없는 사회'의 대립 또는 '프로메테우스 같은 사회'와 '순환적 역사관을 가진 사회'의 대립을 거부한다. 이것은 무슨 말인가? 마르크스주의의 특징이 있든 없든 자기 종족 중심의 사회학을 통해 유럽 밖 사회, 특히 아프리카 전통사회는 물론이고 유럽의 농경사회도 경시하는 것을 말한다. 유럽의 산업 및 상품사회들은 연속적인 사건들을 재생산하려고 애쓰면서 과거를 현재화한다. 그 사회들은 과거를 구조화하기 위해 (대개 수백 년에 걸친 계산인) 기호체계를 고안해냈다. 뿐만 아니라 그 사회들은 혼란스럽게 연속되는 사건들에서 자신들이 '역사의 의미'라고 부르는 숨겨진 의미를 찾아내는 역사철학을 장려한다. 산업사회들은 과거를 집중적으로 다룬다. 산업사회들이 결정적으로 과거의 시간에 의해 만들어졌다는 것은 아주 확실하다. 그렇게 볼 때 산업사회들은 확실히 '역사적인 사회들'이다.

그렇지만 아프리카의 전통적인 사회들은 과거를 실제로 있었던 대로 재구성할 것을 요구하지 않는다. 사회적 삶의 중요한 순간들인 거듭되는 축제들에서 해당 사회의 건국신화는 매번 상연된다. 그것과 함께 그 사회들은 자기 공동체의 존재론적 토대를 환기시킨다. 대부분의 아프리카 사회가 그런 것처럼, 구전 전통이 있는 사회에서는 유럽 사회 출신들에게 친숙한 연대기 같은 기호체계에 견줄 수 있는 역사적 기호체계를 찾으려 해보았자 허사다. 그리고 그런 사회에서 서구의 역사철학과 비교할 수 있는 정신적 활동이나 사회적 요구를 찾으려 해보았자 마찬가지로 소용없을 것이다. 그러나 이른바

'어떤 역사도' 갖고 있지 않은 사회들은 그럼에도 비역사적이지 않다. 그 사회들은 역사를 갖고 있으며, 다만 그 역사를 자본주의 상품사회들과는 다르게 다룰 뿐이다. 비록 역사학을 포기하긴 했지만, 그 사회들은 삶에 정말로 중요한 확신들을 계속 전하는 과제에 항상 대단히 고집스럽게 매진한다. 인간의 삶에서 우연히 발생하는 파란에는 별 관심을 두지 않을 뿐이다. 하나의 예를 들어보겠다. 탕가니카Tanganyika 호숫가이자 부룬디의 경관이 빼어난 언덕에 사는 바후투족Bahutu 농부가 자기 생일을 아는 것은 극히 이례적인 경우다. 하지만 그는 자신에게 장차 닥칠 죽음에 대해, 죽은 자들이 있게 되는 장소들에 대해, 삶의 의미에 대해, 우주에 깃들어 있는 에너지에 대해 거의 모든 것을 알고 있다. 그의 언어에서 '케라kera'는 과거('그것은 오래전의 일이다', '옛날에')를 가리키는 말이다. 케라는 온전한 과거를 대표한다.

자본주의 상품사회의 사회적 시간과 아프리카의 전통적인 사회들의 시간 사이를 깊은 도랑이 가르고 있다.

아프리카 사회들은 변화의 순간들을 연대표에 정해두지 않는다. 그보다는 오히려 그 고유한 사회적 구조들과 관련해서만 그것을 특정 위치에 놓는다. 건국신화들은 사회에 그 고유한 발생을 설명해준다. 아프리카의 전통적인 사회들은 종의 보편성에 대해 걱정 없이 태평해 보이는 태도로 살아간다. 세계에 대한 관념에서는 대체로 그 고유의 고립된 존재만이 나타난다. 그래서 바후투족의 건국신화는 동콩고의 종족들, 즉 카탕가족이나 탄자니아족을 자기 종족의 우주

안이나 밖에 분류하고 그 종족들에게 자리를 주려고 애쓰지 않는다. 이 종족들이 바후투족 바로 옆에 있는 이웃인데도 말이다. 바후투족은 그 종족들이 있다는 사실을 정확히 알고 있고, 적어도 그들을 실제로 보아서 알고 있다.

아프리카의 모든 전통적인 사회는 시간에 대한 고유한 관념을 갖고 있다. 그 관념은 산 자와 죽은 자, 신과 인간, 하늘, 땅, 죽은 자들의 나라 등을 포괄한다. 그러나 다시 한 번 반복해서 말하는데, 다른 사회들의 시간적 상황은 나타나지 않거나 거의 존재하지 않는다.

부룬디 왕국도 브라질의 칸돔블레도 문자로 고정된 누적되는 역사를 알지 못한다. 그러므로 조르주 귀르비치의 표현을 끄집어내어 말하자면, 각각의 "새로운 경험이 사회의 전체 기획을 문제시하는 프로메테우스 같은 사회들"[14]이 아니다. 아프리카의 전통적인 종족들의 역사는 소수의 예외를 제외하고 항상 본질적인 것만을 전달하는 역사다. 그러나 그것은 가장 인상적인 방식으로, 즉 축제, 가면, 점, 제의 등을 통해 이루어진다. 그 역사는 오직 다음과 같은 물음처럼 다룰 만한 가치가 있는 질문들만 다룬다. 인간은 어디에서 오는가? 지구에서 인간의 과제는 무엇인가? 인간은 어떻게 죽는가, 그리고 인간은 살아 있는 동안 신과 관계를 만들어내길 바랄 수 있는가? 아프리카의 구전 전통은 물화되지 않은 구체적인 자기해석의 체계다. 이 체계를 통해 사회는 자기 자신을 설명한다. 아프리카인들의 역사는 존재론적 진실에 접근한다.

무엇이 우리를 연결하는가? 각각의 인간은 추위, 더위, 배고픔,

사랑, 희망, 불안 등을 느낀다. 인간은 존재함으로써, 즉 자신의 삶을 살면서 자신이 살아 있다고 느낀다. 각각의 인간은 행복하고자 하고, 먹고 싶어 하며, 불안과 외로움에서 보호받고 싶어 한다. 어떤 대륙에 살든, 어떤 국가와 계급과 문화와 민족 집단과 연령층에 속하든, 각각의 인간은 죽음을 두려워하고 질병을 싫어한다. 각각의 인간에게는 성찰하는 의식이 내재한다. 정언적 명령은 인간을 독려한다. 세계를 인식하라고, 또는 더 정확히 말하자면 세계에서 자신의 구체적 상황을 이해하라고.

나의 개인적인 확신은 무엇인가? 그것은 포이에르바흐의 유명한 진술과 일치한다.

"의식은 존재에서 자신의 유Gattung, 자신의 실체Wesenheit가 대상인 곳에서만 존재한다. 의식이 있는 곳에서 능력은 학學, Wissenchaft이 된다. 학은 유의 의식이다. 자신의 고유한 유, 즉 자신의 실체가 대상인 존재만이 다른 사물 또는 존재를 그 본질적인 자연에 따라 대상으로 삼을 수 있다."[15]

모든 생물 중에서 오직 인간만이 자기 정체성의 의식을 갖고 있다. 영양실조 아동 한 명 한 명은 인간들에게 견딜 수 없는 광경이다. 임마누엘 칸트는 이렇게 썼다.

"다른 한 명에게 가해지는 비인간적 행위는 내 안에 있는 인간성을 파괴한다."

타인의 고통은 나를 시달리게 하고, 나 자신의 의식을 훼손하며, 내 의식에 균열을 만든다. 또한 내 의식을 불행하게 만들고, 내가 포기할 수 없는 '가치'라고 느끼는 것을, 즉 시달리지 않고 먹고 행복하고 싶은 바람을 내 안에서 파괴한다. 타인의 고통은 내 안에서 가장 가치 있는 것을 파괴한다. 나의 '인간성', 즉 모든 인간 존재가 갖는 존재론적으로 일치하는 불굴의 의식을 파괴하는 것이다. 이 '가치들'은 메타 사회적이고 이데올로기적이거나 종교적인 어떤 형태의 근거도 필요로 하지 않는다. 이 '가치들'은 인간들에게 기본이기 때문에 잠재적으로 보편적이다.

10장
어둠의 인류애

이제 그대들은 우리가 무엇이고 무엇을 흔들어 움직이는지 볼 것이다.

이제 그대들은 우리가 무엇이고 무엇이 될지 볼 것이다.

우리는 땅의 순은純銀이고,

인간의 진정한 광석이다.

우리는 바다를, 지칠 줄 모르는 바다를,

희망의 축제를 구현한다.

일 분의 어둠은 우리를 볼 수 없게 만들지 못한다.

그리고 어떤 모진 고통도 우리를 죽이지 못할 것이다.[1]

세계화된 금융자본, 그 사트랍(대리 통
치자)과 용병의 전 세계적 독재에 맞서 오늘날 새로운 역사적 주체
가 궐기하는데, 바로 전 세계적 시민사회다.

에르네스토 체 게바라는 예언적인 문장을 적어놓았다.
"아무리 강한 담도 틈이 생기면 무너진다."[2]
오늘날 어디에서나 균열이 나타난다. 틈은 점점 더 많아지고 점
점 더 커진다. 세계의 질서가 흔들린다. 매일 밤낮 다섯 대륙 전체에
서 일어나는 무수한 저항 투쟁 중에서 두 가지 예를 들겠다. 이 예들
은 새로운 저항의 활기와 효과는 물론이고, 이 저항의 선구자들이
알고 있는 지식을 양분 삼아 저항을 추진하고 연대하는 이성 또한
역시 증명한다.

방글라데시는 믿기 어려울 만큼 아름다운 나라다. 1억 5,000만

명의 주민 대다수가 무슬림이다. 11만 6,000평방킬로미터에 달하는 히말라야의 지맥과 벵골만 사이에 위치한 영토에 짙은 녹색의 언덕과 작은 계곡, 파충류들이 우글우글한 습지, 맹그로브숲, 여름의 계절풍 때 갠지스 강과 브라마푸트라 강Brahmaputra(티베트 고원에서 발원하여 인도의 벵골 만으로 흐르는 강—옮긴이)이 거침없이 범람하여 침수되는 끝없이 넓은 삼각주 등이 펼쳐진다.

유엔의 위임을 받아 방글라데시에서 첫 번째 임무를 수행하기 전날 저녁, 제네바 주재 방글라데시 대사로 겸손하고 친절하지만 걱정이 많은 남자인 토우픽 알리Toufik Ali는 내게 주의를 주듯 이렇게 말했다.

"어디에서나 내내 사람들을 보실 겁니다. 절대로 혼자 계시지는 않을 겁니다."

정말로 어디로 가는 중이든, 이 나라에서는 활기찬 대도시에서건 외진 시골 마을에서건 어디에서나 사람들이 보인다. 여자들과 어린 소녀들은 검은 머리에 이목구비가 뚜렷했고, 환한 표정이지만 수줍어하는 미소를 짓고 있었다. 그들은 알록달록한 면직물로 짠 감촉이 부드러운 사리를 걸쳤다. 이렇게 그들이 무리를 지어 가는 것을 바라보면 꽃물결이 움직이는 것 같다는 인상을 받는다. 반갑게 인사하며 자전거를 밀어 다가가는 남자들과 젊은이들은 거의 모두 긴 흰색 면셔츠를 걸쳤는데, 깨끗이 빨긴 했지만 여러 군데를 깁고 수선한 흔적이 있었다. 그들은 흠잡을 데 없이 다림질이 잘된 누더기를 자랑스럽게 입고 다녔다.

평방킬로미터당 1,084명의 주민이 사는 방글라데시는 세계에서 가장 인구밀도가 높은 나라다. 그럼에도 불구하고 나는 (예를 들어 지하층이 많은 도쿄의 지하철을 탔을 때와는 달리) 군중의 무리에 시달리거나 숨이 막히거나 갇혔다고 느낀 적이 없다. 벵골 사람들은 겸손하고 품위 있고 인정 많은 종족이다.

그러나 방글라데시는 [유엔개발계획(UNDP)의 인간개발지수에 따르면] 세계에서 세 번째로 가난한 나라이기도 하다. 대부분 농민들은 땅을 소유하지 못했고, 지도층은 완전히 부패했다.

만성적인 영양실조는 주민들을 가장 끔찍하게 망가뜨린다. 인구의 절반인 7,500만 명이 충분한 식량을 얻지 못하고 있다. 인구의 3분의 1은 하루에 1달러 미만의 돈으로 살아간다. 남자, 여자, 아이들 대다수가 미량영양소micronutrient(비교적 적은 양으로 식물체의 무기영양에 이용되는 성분—옮긴이)가 부족하여 고생한다. 그런데 바로 이 미량영양소(무기물과 비타민)의 부족이 영양실조를 야기한다. 뿐만 아니라 방글라데시의 대부분 여자들은 차별의 고통을 겪는다. 가정 내에서 성인여자들과 딸들은 맨 마지막에 먹는데, 이것은 그녀들이 자주 배를 곯았다는 것을 의미한다.

오염된 물은 식량 부족과 마찬가지로 많은 사람들을 죽인다. 히말라야 산괴의 화강암 협곡들에서 많은 물이 유독성 비소로 오염된 벵골의 큰 강들로 흘러 들어간다. 세계보건기구(WHO)는 이 나라의 64개 구역을 조사하여, 59개 구역에서 비소로 오염된 우물들을 찾아냈다.

여름마다 심한 계절풍 강우가 방글라데시에 내린다. 히말라야 산맥은 큰 강들의 수많은 지류에 물을 공급하는데, 이 강들이 홍수 때 엄청난 바위 덩어리들을 실어가고 나무와 집들을 휩쓸어가며 둑과 골짜기의 댐과 다리를 파괴한다. 수십만 헥타르의 농경지를 소용돌이치는 갈색의 흙탕물로 덮어버리고 수확물을 못 쓰게 망치며, 물가의 주택가를 황폐하게 만들어버린다. 수천 명의 사람들이 살고 있는 강 한가운데의 모래사장이 휩쓸려간다. 바위 돌출부에 세워진 움막들 주위로 물결이 인다. 여러 해 동안 계절풍이 특히 심하고, 종종 사이클론 같은 큰 폭풍과 바다의 해일이 동시에 발생하면, 삼각주 전체가 침수되고 방글라데시의 70퍼센트가 물에 잠긴다.

가난과 멸시는 여성들과 어린 소녀들에게 가장 심한 타격을 준다. 그러나 대부분의 경우에 가족의 물질적 생존을 돌보는 것 역시 그들이다. 이렇게 어머니들과 어린 소녀들은 고난을 같이 겪는 네다섯 명의 여성들과 함께 예를 들어 수도 다카Dhaka 최악의 빈민가 중 하나인 굴샨Gulshan(주민이 80만 명이다)의 단칸방 움막에서 북적거리고, 그곳에서 공장으로 일하러 나간다.

가정에서 겪는 차별에도 불구하고 방글라데시 여성들은 대체로 강한 인물들이다. 그녀들은 자립적이고, 가족들이 살아남도록 온갖 희생을 치를 준비가 되어 있다.

수도의 남쪽과 동쪽 경관을 해치는 더러운 시설, 망가진 석판, 덜그럭거리는 나선형 계단 등이 있는 11층 또는 12층짜리 회색 콘크리트 병영을 나는 결코 잊지 못할 것이다. 노예나 다름없는 무리들이 24시간 내내 덜거덕거리는 재봉틀에서 서로 교대한다. 방글라데시는 커다란 세계시장에 중국 다음으로 섬유제품을 많이 제공하는 공급자다. 방글라데시에는 약 6,000개의 직물공장이 있다. 이 직물공장들은 인도, 방글라데시, 타이완, 한국 출신 상인들의 소유인데, 그들 중 상당수는 진짜 악당이다. 노예나 다름없는 이들은 청바지, 재킷, 바지, 셔츠, 티셔츠, 속옷 등을 재단하고 꿰매고, 신발과 축구공을 만들고, 나이키, 아디다스, 리바이스, 컨버스, 자라, 구찌, 프라다, 아르마니, H&M, 베네통, 막스 앤 스펜서, 캘빈 클라인, 까르푸 같은 서구의 큰 패션브랜드들을 위해 모든 것을 한다.

방글라데시에 있는 다국적 의류회사들과 아시아 하청 기업들은 천문학적인 이익을 얻는다. 스위스 비정부기구 '베른 선언Erklärung von Bem'은 노예나 다름없는 이들이 버는 부가가치의 발전을 분석했다. 스펙트럼 스웨터Spectrum Sweater 상표의 청바지는 제네바의 론 거리Rue du Rhône에서 스위스 화폐로 66프랑에 판매되는데, 유로로 환산하면 약 54유로에 해당한다. 그런데 방글라데시의 여성 재봉사는 청바지를 만들고 평균 25센트를 받는다.

2014년 방글라데시의 법적 최저임금은 월 51유로에 달했다. 노동조합 동맹인 아시아 최저임금 동맹Asia Floor Wage Alliance이 밝힌 정보에 따르면, 4인 가족의 최저 생활비를 보장하려면 최소한 272유로가 필요하다.

2013년 4월 24일 아침에 다카 동쪽 교외에서 10층짜리 건물 라나플라자가 붕괴했다. 이 사고로 여러 연령층의 1,138명이 죽었는데, 주로 여자들이었다. 구조대원들은 사망자들 외에도 대부분 중상을 입은 2,500명 이상을 건물의 잔해들에서 끌어냈다. 라나플라자 소유주는 방글라데시 출신의 사업가로, 서구의 대형 의류회사들의 하청업자였다. 건축 허가 없이 그는 벽에 금이 잔뜩 간 낡아빠진 노후 건물을 두 층 더 높였다. 참사가 벌어지기 전날 벽의 틈새가 더 벌어졌다. 그로 인해서 여러 여성들이 위층으로 올라가길 거부했다. 그러자 소유주는 그녀들에게 월급을 지급하지 않겠다고 으름장을 놓았다. 그래서 여성들이 위험을 무릅쓰고 작업장에 갔던 것이다.

라나플라자의 비극은 단발적인 사건이 아니다. 직물 노동자 여성들은 매번 사고의 희생자가 된다. 예를 들어보겠다. 2005년 4월 11일 다카에서 스펙트럼 스웨터 회사의 8층짜리 철근 콘크리트 스웨터 공장이 야간작업을 하던 여성 노동자들 위로 무너져 내렸다. 이 건물은 원래 3층짜리였는데, 안정성 요건을 무시하고 다섯 층을 더 올렸다. 정부는 희생자 수를 밝히길 거부했다. 서구의 비정부기구들과 국제피복노조International Garment Workers Union는 어림잡아 수백 명이 죽었고 수천 명이 (팔다리를 잃는 부상 등) 중상을 입었다고 추정했다. 스펙트럼 스웨터는 생존자 모두를 해고하고, 그들 및 희생자 가족들에게 1센트도 보상하지 않았다. 약 3,000명의 종업원들(90퍼센트가 여성이다)은 이 비극으로 일자리를 잃었다. 소유주는 그 사고에 대해 전혀 처벌받지 않았다.

라나플라자의 비극은 물통을 넘치게 만든 기폭제 같은 물방울이었다. 이번에는 국제 시민사회가 들고 일어났다. 깨끗한 옷 캠페인Clean Clothes Campaign(의류산업 노동자 권리보호단체—옮긴이), 개발과정의 파트너십Partnership for Development and Justice, 네트 방글라데시Net Bangladesh, 국제 직물 노동자 협회와 같은 서구의 비정부기구들과 강력한 사회운동들의 주도로 국제적 동맹이 형성되었다. 그 이름은 자기옷무혈동맹Coalition No Blood on my Clothes이다. 이 동맹은 하청기업들에 주문을 하는 거대 다국적기업들에 압력을 행사한다. 이 동맹은 특히 방글라데시 여성들을 위한 적절한 노동 조건, 2015년 말까지 최저임금 두 배 인상, 건물의 안전과 정기적인 국제적 감사, 부상 피해를 당한 희생자들과 마찬가지로 라나플라자 붕괴의 희생자 가족들에 대한 보상, 건물 소유주에 대한 형법상의 소추 등을 요구한다. 이 동맹은 주문 기업들에게 동맹과 협정('방글라데시 합의Bangladesh Accord') 을 체결할 것을 요구한다. 이 합의에는 노동조합의 자유에 관하여 특히 중요한 조항이 들어 있다. 대부분 하청 기업들은 여태껏 자기들의 공장에서 공포가 횡행하게 횡포를 부렸고, 노동조합을 배척했다. 방글라데시에서 노동조합에 가입한 남녀 재봉사는 1퍼센트에 불과했다.

2013년 9월, 방글라데시 의류 산업의 남녀 노동자 수천 명이 거리로 나가 바리케이드를 설치하고 공장들을 점령한 뒤 월급을 104달러로 인상해줄 것을 요구했다.

라나플라자 비극이 일어난 지 1년 후, 국제 시민사회와 주문 기업들 사이의 투쟁은 첨예화되었다. 국제 시민사회는 이미 부분적으로 승리를 쟁취했고, 2014년 5월까지 150개의 협정이 서명되었다.

미국, 캐나다, 오스트레일리아, 이탈리아, 독일 등과 다른 나라들에서 언론 캠페인은 주문 기업들에 책임이 있다며 그 기업들을 비난한다. 방글라데시에서 제조된 옷을 판매하는 기업들에 대한 불매운동이 벌어졌다. 시위대가 몇 주 동안 그 회사들의 출입구를 봉쇄했다.

아무리 유명하고 마케팅에 노련할지라도, 국제적인 의류 상표는 세상에서의 명성이 존폐를 좌우할 정도로 중요하다. 경쟁이 극심한 세계시장에서 각 기업은 아무리 강력하다 할지라도 신뢰를 잃으면 치명적인데, 이 경우에는 도덕적 신뢰성을 말한다. 아디다스, 나이키, 자라, 베네통 등은 결국 양보하여 동맹과 협정을 체결했다. 2014년 3월에 첫 번째 보상금이 지불되었다. 그때까지도 모든 책임을 부인한 것은 거대 체인점 기업 한 곳뿐이었는데, 독일 의류 할인점 기업 킥Kik이었다. 자기옷무혈동맹은 독일 법원에 킥을 상대로 '과실치사' 소송을 제기할 것을 고려하고 있다.[3]

라나플라자의 공장 소유주들은 모든 책임을 거부하고, 참사 이후 인도로 도망갔다. 자기옷무혈동맹이 경종을 울린 국제적 여론의 압박으로 방글라데시 사법당국은 그들을 인도해달라고 요청할 수밖에 없었다. 2014년 5월 다카의 형사 법정에서 그들에 대한 재판이 시작되었다.

연대적 이성이 금융자본의 합리성에 대적하는 또 다른 전투가 전 세계적으로 벌어진다. 소농의 권리를 보호하기 위한 국제협약의 통과를 둘러싸고 유엔에서 벌어진 투쟁이 그것이다.

아주 오랜 옛날부터 농촌 인구는 굶주림과 가난에 맞선 투쟁의 중심에 있는데, 적어도 두 가지 이유에서다. 하나는 농민들이 인간이 살아가는 데 필요한 것을 제공하기 때문이고, 다른 하나는 역설적이게도 소농과 그 가족들이 굶주리고 궁핍한 사람들에 대한 분담금을 월등하게 많이 내기 때문이다.

궁핍과 기근은 오늘날 특히 농촌지역들의 문제다. 숫자를 살펴보자. 세계식량농업기구(FAO)에 따르면 지속적이고 심각한 영양실조에 시달리는 고통 받는 다수의 사람들(거의 10억 명) 중에서 75퍼센트가 농촌에 산다.

농업 노동자와 그 가족들의 상황은 2008년 이래 현저히 악화되었다. 국제적인 은행들의 강도질이 금융시장을 망가뜨린 이후, 헤지펀드나 다국적 은행처럼 덩치가 큰 강도들은 이미 언급했듯이 원료로 눈을 돌렸다. 석유와 광석은 물론이고 특히 농업 원료에 대한 투기를 통해 그들은 천문학적 이익을 얻어냈다. 그러나 쌀과 밀과 옥수수는 인류의 기본 식량이고, 보통 때에는 그 필요량의 75퍼센트 정도가 채워진다. 5년 이내에 쌀과 옥수수와 밀의 시장가격은 투기자들의 짓거리로 심하게 요동쳤지만, 전체적으로는 분명히 상승 추세를 보여주었다. 2008년 이후 밀의 톤당 가격은 두 배가 되었고, 옥수수 가격은 31.9퍼센트 올라갔으며, 쌀 가격은 37퍼센트 상승했다. 그것도 지난 몇 년 동안 (예를 들어 쌀의) 수확량이 한결같이 늘어났는데도 말이다.[4]

세계시장에서 농업 원료의 가격이 폭발적으로 상승하자 예기치 못한 결과가 나왔다. 투기자들이 남반구의 농경지로 몰려든 것이다. 세계은행의 보고에 따르면, 2012년에 헤지펀드, 대형 은행, 기타 '외국 투자자' 등이 사하라 사막 이남 아프리카에서 4,100만 헥타르를 사들였다. 그리고 이 추세는 빨라지고 있다. 농지의 인수는 두 가지 방법으로 이루어진다. 터무니없는 조건으로 99년 동안 임차하거나, 술수를 부려 사실상 무료로 구입하거나 소유권을 이전받는 방식이다.

나의 책인 『굶주리는 세계, 어떻게 구할 것인가?』는 2011년 프랑스어로 출간되었고, 몇몇 언어로 번역되었다.[5] 나는 유럽과 아메리카와 아프리카의 여러 도시들에서 강연을 할 때 이 책을 소개했다.

2011년 9월 나는 노르웨이 외무장관의 초청으로 오슬로 문화센터Litteraturhuset에서 강연을 했다. 내 강연이 끝나갈 때 강당 맨 뒤쪽에서 누군가가 손을 들고 질문을 했다.

"여기 오슬로에서 어떻게 사우디아라비아에서 생산된 감자를 살 수 있나요?"

나는 이렇게 대답했다.

"착각하신 것 같네요. 사우디아라비아에서는 감자가 자라지 않습니다."

다음 날 아침에 브리스톨 호텔 앞에서 노동조합원 다섯 명이 나를 기다리고 있었다. 남자 두 명과 여자 세 명이 나와 함께 큰 상점에 동행하기 위해서였다. 그리고 그곳에서 나는 실제로 높이 쌓인

감자를 보았다. 타조의 알처럼 아주 선명하고 큰 감자였는데, '사우디아라비아 감자'⁶라는 상표가 붙어 있었다. 나는 제네바로 돌아와서 이 수수께끼를 설명할 수 있는 동료들에게 물어보았다. 수단과의 경계에 있는 저지인 에티오피아 시다모Sidamo 주 남쪽의 감벨라Gambela에서는 셰이크 무함마드 후세인 알 아모우디Scheich Mohammed Hussein Al Amoudi(사우디아라비아의 부호 기업가—옮긴이)와 그의 사우디스타농업개발회사Saudi Star Agricultural Development Company가 15만 헥타르 이상의 농경지를 소유하고 있다. 이들은 에티오피아 정부에 헥타르당 30비르(거의 1유로)의 연 임차료를 지불한다. 누에르족 농민들은 군대에 의해 쫓겨났다. 어디로? 아마도 아디스아바바의 불결한 빈민가로 갔을 것이다. 그들의 땅에서는 지금 스리랑카 출신의 노동자들이 장미와 감자를 생산하고 있다. 그것들을 알 아모우디가 구매력이 높은 나라들로, 특히 노르웨이로 수출하는 것이다.

비아 캄페시나는 세계적인 운동으로 아프리카, 아시아, 아메리카, 유럽 등의 농지 없는 사람들, 중소농, 소작인, 농촌 여성, 농업 노동자, 어민, 목축업자, 뜨내기 노동자, 농업 자치 공동체 등이 회원이다. 이 농민운동조직은 1993년 창설되었다.⁷ 이 조직은 스스로 자율적이고 다원적이며 정치적으로 독립적이라고 규정한다. 각 지역에 두 명(남자 한 명과 여자 한 명)씩 18명의 구성원을 둔 국제적인 조정위원회 CVCCoordination Via Campesina는 세계 9개 지역의 소농 및 농업 노동자 조직을 대표한다. 세계 9개 지역은 유럽, 동아시아, 남동아시아, 남아시아, 북아메리카, 카리브해 지역, 중앙아메리카, 남아메리카, 아프리카1(남쪽 및 동쪽 아프리카), 아프리카2(서아프리카)를 말한다. CVC는 여러 개별 조직들 사이를 연결하는 가장 중요한 끈이다.

2년마다 열리는 회의에서 전략이 결정된다. CVC는 5개 대륙에서의 행동들을 조정하고, 사무국은 여러 노동조합들과 현지와 지역과 국가 차원에서 벌이는 운동들이 일상적으로 소통할 수 있게 보살핀다. 비아 캄페시나를 형성하는 단체들은 70개국에서 모이고, 전체적으로 2억 명 이상의 회원을 갖고 있다. 사무국은 돌아가면서 맡는다. 현재 비아 캄페시나는 짐바브웨의 하라레Harare에서 강하고 적극적이며 인정 많고 쾌활한 여성인 엘리자베스 음포푸Elizabeth Mpofu가 이끌고 있다.

나는 종종 그녀의 전임자 헨리 사라기Henry Saraghi를 기억한다. 그는 흉터가 많고 눈가에 잔주름이 있으며 피부가 검은 땅딸막한 남자였다. 그는 인도네시아의 농부이자, 강력한 인도네시아 농민연맹FSPI, Federasi Serikat Petani Indonesia의 공동 창설자였다. 많은 동료들과 마찬가지로 그는 기적처럼 살아남았다. 고문실과 대지주들을 위해 헌신하는 인도네시아 장군들의 사형집행 명령에서 살아남은 것이다. 사라기와 그와 같은 사람들은 세상의 소금이다.

이미 1964년에 생겨난 가장 오래된 운동으로 오늘날 회원이 약 300만 명에 이르는 국제가톨릭농민운동연맹FIMARC, Fédération internationale des Mouvements d'adultes ruraux catholiques 같은 다른 대규모 농민운동도 비아 캄페시나에 합류했다.

옛날부터 모든 대륙의 농민들은 자신들의 땅, 정체성, 생존을 위해 투쟁해왔다. 1992년 브라질의 땅 없는 농업 노동자 운동MST, Movimento dos trabalhadores rurais sem terra을 주도하는 회원들과 조세 보베José Bové 같은 프랑스 농민 지도자들의 발의로 최초의 국제적 연대가 맺어졌다. 2002년 6월 비아 캄페시나는 국제적인 무대에 모습을 드러냈다. 그 당시 로마에서는 FAO의 세계식량정상회의가 열렸다. 참석한 국가 및 정부 수장들은 FAO로부터 넘겨받은 세계무역기구(WTO)의 신자유주의 농업 전략을 인가했다. 이 전략은 식량 무역의 완전한 자유를 요구한다. 각각의 식량은 비용이 가장 저렴한 곳에서 생산되고, 식량을 소비하는 나라들에 수출되어야 한다는 것이다. 그래서 세네갈은 오늘날 식량, 특히 쌀의 70퍼센트를 타이와 베트남에서 수입하고, 자국의 가장 좋은 땅을 내주어 프랑스 식용유 업계를 위해 땅콩을 생산한다. 말리는 면직물을 수출하고, 그 나라가 소비하는 쌀을 대부분 수입한다. 이와 비슷하면서 불합리한 다른 예들이 많다.

식량 주식에 대한 투기의 결과 가격이 폭발적으로 상승하기 때문에 WTO의 전략은 많은 나라들, 특히 아프리카의 나라들에서 기근과 심각한 영양실조를 야기한다. 2013년 아프리카 대륙의 54개국은 240억 달러 상당의 식량을 수입했다. 그러나 많은 나라들은 충분한 수입량을 확보하는 데 필요한 재원이 없어서, 일부 국민들을 굶어죽게 내버려둔다.

비아 캄페시나는 농업 생산물을 거래하는 이러한 신자유주의 구상에 맞서 모든 농민운동들을 동원했다. 이 조직은 식량주권의 원칙을 관철하려 한다. 다른 말로 하면, 각 나라가 자기 스스로 부양하고, 자국의 농민들과 그들의 땅, 생산수단, 씨앗, 물, 생물 다양성 등을 보호할 권리를 관철하려는 것이다. 이 목표를 위해 비아 캄페시나는 유엔에 국제적 협약을 마련할 것을 제안했다.

헨리 사라기와 그의 동료들은 볼리비아, 베네수엘라, 알제리, 남아프리카공화국, 쿠바 등 많은 정부들로부터 지지를 받았다. 이 국가들은 유엔 인권위원회에 자신들의 요구를 제출했다.

종자와 비료를 생산하는 민간 다국적 제조업자 및 대형 농업 콘체른(몬산토Monsanto, 카길Cargill, 콘티넨탈Continental, 드레퓌스Dreyfus, 방기Bunge 등)과 그들 편에 서 있는 헤지펀드는 강력하게 반발하고, 생각해낼 수 있는 온갖 압력을 서구의 정부들에 행사했다. 헤지펀드는 오늘날 국제적 협약 마련에 반대하여 싸운다.

생물 다양성의 보호와 종자의 선택 외에 특히 논란이 되는 점은 '외국 투자자들'과 착취당하는 현지 농민들 사이에 갈등이 있을 때 관할 법원을 결정하는 것이다.

뱅상 볼로레Vincent Bolloré는 베냉 대통령 보니 야이Boni Yayi의 친한 벗이다. 상당히 불투명한 계약 덕분에 볼로레는 베냉에서 기름야자가 있는 수천 헥타르에 대한 사용 허가를 얻었다. 네스트로 마히누Nestor Mahinou와 그의 농민노조Synergie paysanne 동지들은 볼로레 때문에 자기들 땅에서 쫓겨난 베냉의 소농들을 변호한다. 카메룬에서는 알렉산드르 빌그랭Alexandere Vilgrain이 국가원수 폴 비야와 막역한 사이다. 빌그랭의 회사 SOMDIAA SA는 카메룬에서 비옥한 땅 1만 1,000헥타르에 관한 유효기간 99년의 임대차 계약을 체결했다. 여기에서도 약탈당한 농민들은 강력히 저항했다.

베냉과 카메룬에서 노동조합에 가입한 농민들은 그들 각 나라의 법정에서 오랜 법적 투쟁을 거쳐 마침내 이 계약들을 파기시켰다. 그들은 강력한 국제식료품노련 IUFInternational Union of Food[8]의 재정적 지원을 받고, 전략을 수립할 때에는 호의적이고 대단히 능력 있는 쉬 롱그리Sue Longley의 조언을 받는다. 쉬 롱그리는 IUF에서 농업과 플랜테이션 노동자들을 위한 법률 자문을 관할한다. 그러나 사법기관의 독립은 거론된 두 나라에서 전반적으로 이루어지지 않고 있다. 노동조합원들의 소송은 기각되었다.

그렇기 때문에 착취당한 농민들(그리고 그들을 대변하는 노동조합들)에게 외국의 관할 법원에 대한 권리를 공인하는 협약의 조항은 매우 중요하다. 외국의 관할 법원은 착취자의 조국에 있는 법정인데, 볼로레와 빌그랭의 경우에는 프랑스다.

2014년 여름, 인권위원회가 그 협약을 통과시킬지 거부할지를 둘러싸고 열띤 외교전이 한창이었다. 유엔 제네바사무소에 파견된 볼리비아의 활동적인 대사 안젤리카 나바로 야노스Angélica Navarro Llanos가 의장으로 있는 국가간작업팀interstate working group(인권위원회 회원국들의 대표들로 구성되는 작업팀)은 현재 새로운 기준의 통과와 관련해 미국, 일본, 캐나다, 오스트레일리아, 독일 등과 타결 방안을 마련하려고 애쓰고 있다.

그러나 이미 지금 비아 캄페시나가 동원한 국제 시민사회가 예기치 못한 성공을 쟁취했다. 여기에서 몇 가지 예를 살펴보겠다.

세계 최대 농화학 콘체른 중 하나인 신젠타Syngenta는 종자와 살충제에 관한 한 세계에서 두 번째로 큰 생산업체다. 이 기업의 본사는 바젤에 있다. 신젠타는 스위스 의회와 언론에 유능한 용병들을 두고 있다. 2012년/2013년에 스위스 외교관들은 국제협약을 거부할 만큼 강해졌다.

그다음에 급격한 변화가 이루어졌다. 노동조합 유니테르Uniterre는 가톨릭교회 및 개신교교회, 소수의 몇몇 독자적인 의원들 그리고 연대운동들과 연합해 정부로 하여금 어쩔 수 없이 노선을 바꾸게 했다. 그 이후로 스위스 정부는 농민의 권리를 변호하고, 유전자변형 종자에 맞선 농민들의 투쟁과 외국의 관할 법정에 대한 권리를 지지한다. 2014년 4월 스위스 외무부는 심지어 제네바에서 열린 전 세계 전문가들이 참여하는 세미나의 비용을 대주었는데, 이 세미나에서 비아 캄페시나의 주장들이 유포되었고 그 근거가 마련되었다.

프랑스에서는 마찬가지로 비아 캄페시나의 회원인 조세 보베의 농민연맹Conpédération Paysanne이 외무부의 저항을 꺾는 일에 관여하고 있다. 그 협약을 오랫동안 거부하며 반대한 독일도 마찬가지로 태도를 바꿀 것이다. 국제식품행동네트워크 FIANFood International Action Network의 총재 플라비오 발렌테Flavio Valente와 그의 전임자 미하엘 빈트푸르Michael Windfuhr는 바이엘Bayer과 독일의 다른 거대 농화학기업이 메르켈 정부에 행사하는 압력을 무력화시킬 수 있을 만큼 설득력 있는 국민적 연합을 만드는 데 성공했다.

그 투쟁에서는 좀처럼 이기지 못했다. 그러나 오늘날 이미 서구의 나라들에서 세계적인 새로운 시민사회와 그 연대적 이성은 세계화된 금융자본의 합리성에 맞서 매번 승리를 쟁취하고 있다. 또한 전 세계 수억 명의 농민 가족들에게 생존에 대한 희망과 기회를 가져다주고 있다.

나오는 말

당신은 어느 편에 서 있는가?

정직한 사람이라면 정의를 돕는 일에

누군들 함께하지 않겠는가?

어떤 약인들 죽어가는 사람에게

맛이 없을까?

그대는 비열한 짓을 뿌리 뽑으려

어떤 비열한 짓을 하지 않을까?

그대가 세상을 마침내 바꿀 수 있다면,

무엇 때문에 그대 자신을 지극히 사랑하겠는가?

그대는 누구인가?

진창에 빠져

학살자를 끌어 앉혀라. 하지만

세상을 바꿔라. 세상은 그것이 필요하다!

베르톨트 브레히트, 「세상을 바꿔라Ändre die welt」[1]

"남에게 가해지는 비인간성은 내 안의 인간성을 파괴한다."

나는 칸트의 인식을 다시 보면서 그것을 내 것으로 삼는다. 우리 각자는 정언적 명령을 지니고 있다.[2] 정언적 명령은 세계적인 시민 사회의 원동력이다. 정체성—나는 타자이고, 타자는 나다—의 의식은 본질적으로 인간의 일부다. 자본주의 체계의 근본적 원리는 개인들과 민족들 간의 살벌한 경쟁이다. 정체성의 의식과 도덕적 명령은 자본주의 체계와는 철저히 상반되는 전략을 펼치는데, 그것은 연대성의 전략이다.

자본의 논리는 대결, 전쟁, 파괴 등에 근거한다. 연대성의 논리는 인간들 간의 관계가 지닌 상보성과 호혜성에 근거한다.

테오도르 W. 아도르노는 『한줌의 도덕Minima moralia』에서 이렇게 확인한다.

"잘못된 삶에 정당한 삶은 없다."[3]

마나과Managua에서 산디니스타민족해방전선Frente Sandinista de Liberación Nacional(니카라과의 반미·반독재 무장 혁명단체―옮긴이) 반란군이 승리한 직후, 나는 열대의 악천후에 씻겨나간 무너질 것 같은 내무부內務部 전면에 이런 글이 적힌 것을 보았다.

"연대는 민중의 애정이다La solidaridad es la ternura de los pueblos."4

연대의 전략을 경쟁, 억압, 착취의 전략에 대립시키는 것이 이상적이지 않을까? 이미 보았듯이, 올리가르히들은 유럽, 북아메리카, 일본, 중국 등의 공적 담론을 지배한다. 그래서 정보들이 방해받지 않고 유통되는 사회에서 대부분 자유롭게 살고 있는 수백만 명의 인간들은 그만 도덕적 명령을 놓치고 말았다. 도덕적 명령이 잘못된 해석들에 파묻혀 질식하기 때문이다. 서구사회들에서 그리고 서구사회들을 모방하는 남반구 사회들에서 거의 완벽하게 집단적 의식은 소외되었다. 나는 이 책에서 그것을 보여주었다.

막스 호르크하이머는 이렇게 쓴다.

"갑작스러운 속박이 그때그때마다 이 질서를 지탱했을 뿐만 아니라, 인간들 스스로도 그 질서를 시인하는 것을 배웠다."5

그러니까 모든 희망은 헛되고, 망상이고, 미쳐버린 세계가 제공하는 모습을 고려한 작은 위로일 뿐일까? 역사는 인생처럼, 셰익스피어의 『맥베스Macbeth』에서 맥베스가 말하듯이 "바보가 읊어대는 소음과 분노로 가득 찬 아무 뜻도 없는 이야기"일까?6 나는 그렇게 생각하지 않는다. 전 세계적인 시민사회의 저항운동가들이 그것을 보여준다.

자신의 상황에 대해 아직 충분히 표현하지 않은 새로운 의식이 오늘날 유럽에서, 그리고 세계의 다른 곳에서 발전하고 있다. 마르크스는 친구 바이데마이어에게 이렇게 썼다.

"혁명가라면 풀이 자라는 소리를 들을 수 있어야 한다."

이와 관련하여 극도의 주의가, 즉 최대의 정신적 경계가 꼭 필요하다. 거부전선, 즉 남녀를 불문하고 이 잔인한 세계 질서에 더 이상 굴복하지 않으려는 사람들의 공동전선은 어디에서나 활발하다.

이 거부전선은 자발적으로 행동한다. 어떤 중앙위원회가 그 전선을 이끌지 않으며, 어떤 당 노선도 어떤 도그마도 그 전선을 제한하지 않는다. 도덕적 명령은 종종 거의 예상하지 않을 때 돌연 나타나 집단적 저항, 즉 불복종Insubordination을 우리에게 일깨운다. 다니엘 벤사이드Daniel Bensaïd는 1789년 7월 14일에 관한 샤를 페기Charles Péguy(1873~1914)의 다음 문장을 인용하길 좋아한다.

"바스티유 감옥을 점령하라고 아무도 명령하지 않았다. 아무도 그렇게 하기로 정하지 않았다."**7**

그리고 벤사이드는 이렇게 덧붙인다.

"그럼에도 불구하고 바스티유 감옥은 점령되었다."**8**

리카르도 페트렐라Riccardo Petrella가 하는 말을 들어보자.

"날마다 모든 나라의 매체들에 의해 온갖 언어로 이루어지는 새로운 담론은 우리에게 현재의 세계화야말로 근본적이고 불가피하고 저항할 수 없는 실제적 제약이어서 아무도 싸우거나 대항할 수 없다고 말한다. 세계화는 인간 사회가 직면하는 대부분의 정치적 · 경제

적·사회적·문화적 도전을 여태껏 몰랐던 정도로 심하게 강화한
다. …… 지배적 담론에서는 '순응'이 키워드다. 즉 세계화에 적응
해야 한다는 것이다. 적응하지 못하는 자는 제거된다. 각자의 생존
은 성공적인 적응에 달려 있다."[9]

그러나 이제는 적응하지 못하는 자들, 복종을 거부하는 자들,
자유를 요구하고 세계의 잘못된 질서를 극복하려는 자들도 존재한
다. 그들은 모든 인간을 위한 정의와 행복이 존재하는 세계에 대한
희망을 잘못된 세계 질서에 대립시킨다.

아무도 그들을 침묵시킬 수 없다. 우리는 그들의 수가 얼마나
많아지고 그들의 목소리가 어떻게 들리는지 날마다 체험한다.

거부전선, 즉 이처럼 눈에 띄지 않는 밤의 인류애가 오늘날 세계
의 부정적인 통일성을 더 이상 참지 못하는 서양, 동양, 북쪽, 남쪽의
남녀 수천 명을 집결시킨다. 몇몇 소수가 믿기지 않을 정도로 부유한
반면 대다수는 몰락하는 것이 자연적이고 보편적이며 불가피하다고
주장하는 질서를 더는 참을 수 없는 것이다. 그들은 이 질서를 철저
히 비판하면서, 완전히 다른 것에 대한 바람, 백일몽 같은 꿈, 긍정적
유토피아, 정의가 다스리는 종말론적 세계 등을 구현한다.

거부전선은 그 자체의 언어가 있다. 그것은 개인적이고 집단적
인 반대의 언어이고, 구별되는 다른 언어다. 오늘날 이 전선의 비판
은 공식이 되다시피 굳어진 모든 이데올로기보다 훨씬 철저하다. 왜
냐하면 이 전선이 목표로 삼는 것은 권력을 넘겨받는 것이 아니라,
인간이 다른 인간에게 행사하는 모든 권력을 파괴하려는 것이기 때

문이다.

프로메테우스 같은 신념이 거부전선의 투사들을 움직인다. 독일 신마르크스주의자들처럼 그들은 '역사의 끝'은 없다고 믿는다. 즉 인간의 실천이 역사의 유일한 주체이고, 존재하는 한 인간은 아직 방해받지 않은 자연의 항상 새로운 영역을 사회적 현실로 변모시키려 애쓸 것이라고 믿는 것이다. 시민사회의 모든 활동가들이 갖고 있는 최종적 목표는 세계의 가능한 한 많은 것을 '의식'으로 변화시키는 것이다. 즉 가능한 한 많은 사회적 · 경제적 · 정치적 행동방식을 연대적 이성에 따르게 하는 것이다.

역사가 진행되는 동안 역사의 의미가 펼쳐진다. 역사의 진행은 세계와 인간들에 관한 객관적으로 올바른 지식을 조금씩 드러낸다. 장 조레스는 그것을 이렇게 표현했다.

"길 양편으로 시체가 늘어서 있지만, 그 길은 정의로 이어진다."[10]

역사는 이로써 어떤 방향을 지향한다. 역사는 특정한 방향으로 나아간다. 단계적으로 달성되는—하지만 각 단계는 언제든지 불합리한 행동이나 배반을 통해 중단될 수 있다—역사의 최종적 목표는 연대적인 사회의 건설이고, 인간의 인간화이며, 인간의 무한한 창조적 힘, 행복하고 사랑할 수 있는 능력, 요컨대 인간의 자유를 모두 발휘하는 것이다.

역사의 이런 의미, 이 객관적 이성, 이 종말론 등은 전 세계적인 새로운 시민사회의 사회적 운동을 구현한다.

역사의 투쟁이 어떤 모습일지 오늘은 아무도 알지 못한다. 미래는 인간 안의 해방된 자유에 속한다. 해방된 인간이 어떤 사회를 만들어낼지는 역사의 신비에 속한다.

안토니오 마차도의 다음의 시를 기억해보자.

> 나그네여, 길이 없다.
> 그 길을 그대는 걸어가면서 낸다.
> 한 걸음씩, 조금씩 생각하며 ―
> 나그네여, 더 이상 다른 어떤 것이 아니라
> 이 길이 그대의 발자국들이다.
> 나그네여, 길이 없다. 그 길을 그대는 걸어가면서 낸다.[11]

지구의 새로운 시민사회의 승패는 불분명하다. 그 길은 어디에 이를까? 행군은 얼마나 오래 걸릴까? 오직 수평선만 알려져 있다. 지구의 민중들은 끔찍한 세계 대전이 끝난 후 그 수평선을 이렇게 표현했다.

"모든 인간은 태어날 때부터 자유롭고, 존엄성과 권리에서 평등하다. 인간은 이성과 양심을 부여받았으므로 서로에게 형제자매의 정신으로 대해야 한다."[12]

"적을 인식하라! 적과 싸워라!"라고 장폴 사르트르가 말한다.

우리들 각자는 자신이 어디에 있든 어느 순간에나 자신의 행동을 분명히 선택해야 한다. 우리 각자는 아메리카 노동운동의 유명한 노래에서 제기되는 질문에 답해야 한다.

"당신은 어느 편에 있나요?"(1931)

인간의 적들은 오늘날 세계화된 금융자본 올리가르히들의 전 세계적인 독재와 불합리한 질서다. 이 질서는 멸시당하고 굶주리는 인간들과 파괴된 가정들을 거느린 채 올리가르히들의 독재를 지구에 강요한다.

지식인들이 적을 알리기만 하고 또한 인간들로 하여금 그 적과 싸워 극복하게 하는 데 기여하지 못한다면, 오늘날 지식인들의 노력은 아무 소용이 없을 것이다.

볼테르의 말을 들어보자.

"자유는 사용하지 않을 때에만 소모되는 유일한 재산이다."

나는 그것을 다시 한 번 이렇게 말하겠다. 민주주의에 무력함은 존재하지 않는다. 대부분 올리가르히는 북아메리카와 유럽 출신이다. 이 국가들의 시민들은 헌법에 따르면, 콘체른의 독재를 무너뜨리는 데 필요한 모든 민주적 권리와 자유와 도구를 갖고 있다. 헌법에 근거를 둔 무기를 움켜쥐고 세계를 지배하는 금융 올리가르히들을 겨냥하는 데 필요한 모든 것을 갖고 있어서, 내일 아침이면 이미 야만적인 세계 질서는 무너지고 말 것이다.

소외 및 억압 장치는 갈라진 틈을 보여준다. 한국과 프랑스와 독일에서 급진적인 사회적 저항운동들이 생겨나고 서로 연합한다. 다섯 대륙에서 전 세계적인 새로운 시민사회가 활동한다. 도덕적 명령이 그 원동력이지만, 또한 격분, 즉 세상의 혼돈에 대한 분노도 그렇다. 빅토르 위고가 "바람이 불을 부채질하는 것처럼 분노는 폭동을 부추긴다"[13]라고 말한 바와 같다.

남쪽과 북쪽에서, 동쪽과 서쪽에서 바람이 일었다.

민중의 희망은 저항전선들에 달려 있다.

베르톨트 브레히트는 칠흑같이 어두운 시대에 아침놀을 간절히 소망했다.

몰다우 강 바닥을 별들이 떠돈다.

세 황제가 프라하에 묻혀 있다.

위인이라고 계속 크지 않고, 작다고 계속 소인이 아니다.

밤은 열두 시간이고, 그다음엔 낮이 온다.[14]

옮긴이의 말

인류는 유사 이래 처음으로 물질적 재
화가 넘쳐나는 세상을 살고 있다. 20세기 후반 이후 급속한 경제적
성장을 이룩한 대한민국에서도 눈·코·입 등 모든 감각기관을 통
해 호화롭고 풍요로운 세상을 날마다 실감하고 있다. 어쩌면 '나' 만
돈이 없어서 그 '아름답고 맛있는 세상' 을 소비하지 못한다는 상대
적 박탈감에 시달리고 있을지도 모른다. 그리고 가끔은 굶주리는 사
람들에 대한 텔레비전 뉴스나 후원 독려 광고에 마음이 불편할지 모
른다.

그런데 그 불편함은 30초짜리 광고처럼 금세 사라진다. 눈에 보
이는 풍요로운 세상의 일원이 되는 것이 더 시급한 일이기 때문이
다. 이른바 선진국들에서는 물질적 재화가 넘쳐나는데, 특히 남반구
제3세계 국가들에서는 하루 한 끼조차 해결하기 어려워 날마다 사
투가 벌어진다. 이 불편한 모순이 지구상에, 또한 대한민국에도 버
젓이 존재하고 있음을 우리는 뻔히 알면서도 침묵으로 외면하기 일

쑤다.

지식인이 무슨 소용이 있는가?

사회학자 장 지글러는 이 책에서 자신이 지식인으로서 금융자
본의 약육강식이 횡행하는 세계질서를 머리로는 거부하지만, 그 질
서에 잘 적응했으며 일상적인 행동을 통해 그 질서를 재생산하고 있
음을 반성한다.

지식인에 대한 지글러의 반성과 비판은 독일 소설가 하인리히
만Heinrich Mann(1871~1950)을 떠올리게 한다. 만은 반전 잡지《백지Die
weißen Blätter》에 에세이 「졸라Zola」를 발표한다(1915.11). 이 에세이에서
만은 사회의 구조적 악에 대항한 프랑스 문인 졸라를 소개하면서,
불의한 기존 체제에 맹종함으로써 정신의 배반자가 되는 지식인들
을 비판한다. 지식인이 부당한 권력의 신화를 파괴할 과제를 외면하
고, 불의를 정의로 왜곡한다고 보았기 때문이다.

반면에 실천적 지식인의 전형으로 소개되는 에밀 졸라Emile
Zola(1840~1902)는 프랑스 군부의 사건 조작으로 드레퓌스Alfred
Dreyfus(1859~1935)가 유죄판결을 받은 사건을 「나는 고발한다J'accuse」
라는 신문 기사(《서광L'Aurore》(1898.1.13.))로 폭로한 장본인이다. 졸라
가 고발 기사 때문에 기소되자 많은 인사들이《서광》에 졸라를 위해
서명했다.

이 서명자 명단과 관련하여 '지식인les intellectuels'이라는 명칭이
생겨났다. 보수적 · 민족주의적 진영에서는 이 명칭을 반민족적이고

프랑스의 이익에 배치되는 부정적인 집단을 가리키는 말로 사용했다. 반면 졸라를 지지하는 진영에서 이 명칭은 지성을 수단으로 진실을 드러내는 사람, 즉 진리의 이름으로 보편적 번영을 위해 애쓰는 사람을 의미했다.

야만적인 세계질서와 굶주림

지글러는 오늘날 극명하게 드러나는 인간들 간의 불평등은 야만적인 경제 질서 때문이라고 본다. 오늘날에는 식량 생산의 부족이 아니라 금전적 수단의 부족 때문에 많은 인간들이 다른 곳에서는 넘쳐나는 식량에 접근할 수 없다는 게 문제라는 것이다.

2013년에는 1,400만 명이 굶주림이나 그 직접적인 영향으로 목숨을 잃었고, 2014년에는 굶주림으로 인해 죽은 사람들이 그해에 벌어진 모든 전쟁에서 죽은 사람들보다 많았다. 세계식량농업기구(FAO)가 매년 제출하는 「세계 식량 불안정 상황 보고서」를 보면, 농업은 현재의 생산력 수준으로도 약 120억 명을 부양할 수 있다. 굶주림 때문에 수백만 명이 죽는 것은 식량에 대한 접근성과 관련이 있다. 돈이 충분치 않은 사람은 영양실조, 이로 인한 질병, 그리고 굶주림으로 고통 받는다. 오늘날 굶주림으로 죽는 아이는 살해되는 셈이다.

이데올로기의 옳고 그름

각종 매체는 세계화는 불가피하다고 말한다. 그 말인즉 세계화에 적응해야 한다는 것이다. '세계적global' 금융자본의 질서야말로 오늘날의 이데올로기라 할 수 있다.

지글러는 오퓔스의 다큐멘터리 영화 〈슬픔과 동정〉을 예로 들어 옳은 이데올로기와 그릇된 이데올로기의 구분에 대해 설명한다. 독일이 프랑스를 점령한 기간 동안 사형선고를 받는 많은 저항 운동가들이 용감하게 "프랑스 만세!"를 외치고 낭시 교도소의 단두대에서 처형되었다. 1944년 해방된 후 파리 당국은 게슈타포의 고문 전문가들과 나치스 친위대의 집단학살자들에게 유죄판결을 내렸다. 많은 나치스 범죄자들이 동쪽의 베를린을 향해 경례하며 "히틀러 만세!"를 외쳤다. 그들 대부분 역시 용감하게 죽었다.

저항 운동가들은 애국주의, 범죄에 맞서는 저항, 인간의 구출과 해방에 대한 희망 같은 '옳은' 이데올로기에 고무되었다. 반면에 게슈타포의 고문 전문가들과 나치스 친위대의 살인자들은 인간 멸시, 인종주의적 오만, 폭력과 죽음의 숭배 같은 이데올로기에 복무하다 죽었다.

지글러는 이데올로기가 인간의 소외, 억압, 퇴보 등의 전략에 쓰인다면 '틀린' 것이라고 말한다. 반면에 인간의 해방, 자결, 인간화 등을 촉진시킨다면 그것은 '옳은' 이데올로기가 된다.

연대적 이성과 불복종

지글러는 세계화의 흐름에 복종하기를 거부하고, 잘못된 세계질서를 극복하려는 사람들에게 희망을 건다. 그들은 야만적인 세계

질서에 더 이상 굴복하지 않으려는 거부의 공동전선을 형성 중이다. 지글러는 이것을 부유한 몇몇 소수를 제외하고 대다수의 몰락을 당연시하는 질서를 더는 참지 않으려는 몸짓이라고 본다. 그는 인간이 다른 인간에게 행사하는 모든 폭력적인 권력의 파괴를 목표로 하는 거부전선에 동참하며, '당신'은 어느 편에 서 있느냐고 묻는다.

글로벌 금융자본의 야만적인 세계질서 속에서 발생하는 불평등 구조와 빈곤에 대한 문제의식을 고집스럽게 붙들고 씨름하는 지글러의 글을 대하자니, 이 땅의 부조리한 일들이 자꾸 눈에 밟히며 '나'의 자리를 묻게 된다.

얼마 전 국내 최대 로펌이 근로정신대 피해자 할머니들이 미쓰비시중공업을 상대로 낸 손해배상 청구소송 상고심에서 미쓰비시를 대리하고 있다는 신문기사를 읽었다(《한겨레》, 2016.3.17). 이 로펌이 전범기업을 변론한 것은 이번이 처음이 아니라고 한다. 현재 국내 법원에 계류 중인 일제 강제동원 피해자 손해배상 청구소송 14건 중 변호인이 선임된 사건은 총 6건인데, 이 중 절반이 넘는 4건을 이 로펌이 맡았다고 한다. 이 기사의 논조처럼, 한국을 대표한다는 로펌이 일본 전범기업의 행위를 변론하는 것이 일제강점기 친일 지식인들의 행동과 무슨 차이가 있을까 싶다.

지글러가 인용한 안토니오 마차도의 시처럼 연대적 이성의 공동전선이 가는 길이 어떤 미래에 이를지 모르지만, 그 길에는 '희망'이라는 발자국이 동행하리라 믿는다.

나그네여, 길이 없다.

그 길을 그대는 걸어가면서 낸다.

한 걸음씩, 조금씩 생각하며—

나그네여, 더 이상 다른 어떤 것이 아니라

이 길이 그대의 발자국들이다.

나그네여, 길이 없다. 그 길을 그대는 걸어가면서 낸다.

2016년 4월

모명숙

주

들어가는 말: 우리는 인간의 행복을 위해 무엇을 할 수 있을까?

1. 조지 부시는 2004년 6월 행정명령executive order을 통해, 고문과 다른 형태의 비인간적 대우를 금지한다는 유엔협약에 대한 미국의 서명을 철회했다. 부시가 내세운 근거는 이러했다. "미국 대통령은 미국 국민의 보호를 위한 군사행동을 수행할 헌법상의 권력을 갖고 있다." 이로써 심문 시 고문 금지는 최고 지휘관의 지시에 따라 폐지되었다.

2. Vgl. François Perroux, Vorwort zu *Œuvres de Karl Marx*, Bd. I, L' Economic(Paris, 1965).

3. 미국 독립선언문 전문은 http://usa.usembassy.de/etexts/gov/unabha-engigkeit.pdf에 있다. 미국의 독립운동 과정에서 버지니아 협약에 의해 가결된 기본법 선언문에서 처음으로 '행복 추구권'이 언급되었다.

1장 지식인은 무엇을 해야 하는가?

1. Bertold Brecht, *Gesammelte Gedichte*, Bd.2(Frankfurt am Main, 1976), S.462f.

2. Georges Politzer, *Principes élémentaires de philosophie*, Vorwort von Maurice Le Goas(Paris, 1970), S.7.

3. 그 성인은 성 디오니시우스, 즉 프랑스의 드니를 말한다. 그는 파리의 첫 번째 주교였다.

4. Erwin Panofsky, *Gotische Architektur und Scholastik. Zur Analogie von*

Kunst, Philosophie und Theologie im Mittelalter(Köln, 1989).

5. Edgar Morin, *Le Vif du sujet*(Paris, 1969), Neuaufl. "Points Essais"(Paris, 1982), S.38.

6. Bertolt Brecht, *Gesammelte Gedichte*, Bd.2, a.a.O., S.467.

7. Max Horkheimer, *Kritische Theorie*, Bd.Ⅱ (Frankfurt am Main, 1968), S.310f.

8. 군국주의적이거나 업무상의 비밀이라고 선언되는 학문적 지식은 물론이고, 특허를 통해 보호받는 지식들도 예외다.

9. 학자의 딜레마와 자기 방어의 가능성을 보여주는 책이 있다. Julius Robert Oppenheimer, *Wissenschaft und allgemeines Denken*(Hamburg, Rowohlt, 1955). 오펜하이머가 핵물리학자의 사회적 상황에 관해 쓴 것은 사회학에도 적용할 수 있다.

10. 유감스럽게도 그의 저서들은 아직 전부 다 번역되지 않았는데, 가장 중요한 저서에 속하는 것으로 다음의 두 권을 들 수 있다. *Candomblés da Bahia*(Rio de Janeiro 1960), *O quilombo dos Palmares*(Rio de Janeiro 1958).

11. Sao Salvador da Bahia.

12. 나는 그들의 예언들을 다음 책에서 상세히 다루고 있다. *Die Lebenden und der Tod*(Salzburg, 2011), S.259ff.

13. Antonio Gransci, *Briefe aus dem Kerker*(Berlin, 1956). 또한 Jean-Marie Piotte, *La Pensée politique de Gransci*(Paris, 1970). 특히 1장 "L' intellectuel organique", S.17ff. 참조. 나는 이 책 5장에서 그람시의 이론으로 되돌아가겠다.

14. 반교조주의적 마르크스주의를 대변하는 철학자, 사회학자, 여타 사회학 대표자 등으로 이루어진 그룹.

15. Paris, 1955.

16. Paris, 1960.

17. Paris, 1964.

18. Paris, 1968.

19. Prosper-Olivier Lissagaray, *Geschichte der Commune von 1971*(Frankfurt am Main, 1971)(franz. Originalausg. 1877), Vorwort, S.5.

2장 불평등은 어떻게 해서 생겨났나?

1. Jean-Jacques Rousseau, *Diskurs über die Ungleichheit*, Kritische Ausgabe des integralen Textes, hrsg. von Heinrich Meier, 6. Aufl(Paderborn, 2008).

2. Ebenda, S.67.

3. Ebenda, S.67/69.

4. Ebenda, S.229.

5. Ebenda, S.173.

6. Ebenda, S.211/213.

7. Ebenda, S.211/213.

8. Jean-jacques Rousseau, *Julie, oder die neue Héloïse. Briefe zweier Liebender aus einer kleinen Stadt am Fuβe der Alpen*, 3. Aufl(München, 2003), S.434.

9. Laponneraye의 역사적 메모, 주석, 논평 등이 들어 있는 *Œuvres de Maximilien Robespierre*, Bd. Ⅲ (Paris, 1840), S.647.

10. 개인 내 층화(intraindividual stratification)에 대한 피에르 나빌의 이론에 대한 소개는 다음의 보고서에 들어 있다. *Artes du Séminaire pour le 25e anniversaire du départment de sociologie de l'université de Genève*(Genf, 1978).

11. 이 범죄에 대한 다른 정보들을 담고 있는 책이 있다. Jean Ziegler, *Wir lassen sie verhungern. Die Massenvernichtungen in der Dritten Welt*(München, 2012).

12. *The State of Food Insecurity in the World 2001*(Bericht der

Welternährungsorganisation zur Ernährungsunsicherheit in der Welt)(Rom, 2001).

13. Bericht, 2013.

14. Bertolt Brecht, *Gesammelte Gedichte*, Bd.2, a.a.O., S.466f.

15. Georg Lukács, *Geschichte und Klassenbewußtsein*, 8. Aufl(Darmstadt und Neuwied, 1983).

16. Karl Marx, *Das Elend der Philosophie* in: Karl Marx, Friedrich Engels, Werke, Bd.4(Berlin, 1972), 2. Kap., §5, S.180.

17. 다섯 명의 전사들은 체 게바라보다 오래 살아남았는데, 그중에 시에라 마에스트라Sierra Maestra 시절 이후 게바라의 경호원이었던 베니그노Benigno라 불리는 쿠바 사람 다니엘 알라르콘 라미레스Daniel Alarcón Ramírez가 있었다. 베니그노가 내게 게릴라 전사들의 마지막 몇 달에 대해 이야기해주었다.

18. "Glaubensbekenntnis des savoyischen Vikars", in *Emile oder über die Erziehung*, Viertes Buch, 11. Aufl(Paderborn, 1993), S.306.

19. Sonnet on Chillon, 1816.

3장 이데올로기의 두 얼굴

1. Paris, 1985.

2. Artikel in *L'Armée nouvelle*, 1911. Zitiert bei Michel Bataille, *Demain Jaurès*, Vorwort von Francois Mitterrand(Paris, 1977), S.39.

3. Georges Dubz, *Die drei Ordnungen. Das Weltbild des Feudalismus*(Frankfurt am Main, 1981), S.22.

4. Vgl. S.68.

5. Vladimir Jankélévitch, Vorlesungen an der Universität Paris-Sorbonne 1974~1975.

6. Pablo Neruda, *Memorial von Isla Negra*, hrsg. von Karsten Garscha (Darmstadt, 1985), S.187f.

7. Friedrich Engels, *Die Entwicklung des Sozialismus von der Utopie zur Wissenschaft*, Einleitung zur ersten Ausgabe in englischer Sprache(1892), 13. Aufl(Berlin, 1966), S.34.

8. 17세기 내내 이주한 영국 칼뱅주의자들과 북아메리카 동부 해안 원주민들이 서로 싸운 이데올로기적 · 군사적 전쟁을 묘사한 책은 다음과 같다. Leo Bonfanti, "The New England Indians", *The New England Historical Series*, Wakefield 1968, 4 Bde. 백인 칼뱅주의자들이 남부 아프리카에서 자행한 대량학살에 대해 참고할 나의 책은 다음과 같다. *Afrika. Die neue Kolonisation*(Darmstadt, 1980).

9. 이에 대해 특히 참고할 만한 분석은 다음의 책에 있다. Pierre Bourdieu, "Le marché des biens symboliques", in *L' Année sociologique*, 1971.

10. Paris, 1960.

11. 상고Xangô는 상 프란시스코São Francisco 강 북쪽의 칸돔블레를 가리키는 명칭이다. 마쿰바Macumba는 (에스피리토 산토, 상파울루, 리오데자네이루를 포함하여) 남부 브라질에서 문화변용acculturation 과정 중에 있는 대개 영락한 칸돔블레 공동체들을 대표한다.

12. 오늘날 베냉 북쪽에 있는 요루바족 도시.

13. 나는 내 책 『세계의 새로운 지배자들Die neuen Herrscher der Welt』(2003)에서 처음으로 신자유주의적인 망상을 분석했다. 이 장에서는 이 분석의 몇 가지 요소를 차용하겠다.

14. Guy Debord, *Panégyrique*(Paris 1989).

15. 국적 없는 글로벌 거버넌스의 개념은 엘빈 토플러와 니콜라스 네그로폰테 Nicholas Negroponte 같은 정보과학자들에 의해 개발되었고(Toffler,

Machtbeben. Wissen, Wohlstand und Macht im 21.
Jahrhundert(Düsseldorf, 1990). Negroponte, *Total Digital*(München, 1995)
참조), 바로 이어서 통화주의 시카고학파의 여러 경제학자들이 다시 관심을 가졌
다.

16. 워싱턴 컨센서스의 성립에 대해서는 Michel Beaud, *Mondialisation, les mots
et les choses*(Paris, 1999). Robert Reich, *Die neue Weltwirtschaft. Das Ende
der nationalen Ökonomie*(Frankfurt am Main, 1993) 참조.

17. "A plague of finance", *The Economist*, 29(September, 2001), S.27.

18. Pierre Bourdieu, "Politik ist entpolitisiert", *Der Spiegel*, Nr.29, 2001.

19. Pierre Bourdieu, *Gegenfeuer 2*, Konstanz 2001, S.62.

20. Pierre Bourdieu · Jean-Claude Passeron, *La Reproduction. Éléments pour
une théorie du système d'enseignement*(Paris, 1970), S.18.

21. 피에르 부르디외가 라디오 스위스 로망드 1의 이사벨 루에프Isabelle Ruef와
1999년 1월 31일 한 인터뷰.

4장 학문과 이데올로기, 대립의 역사

1. Max Weber, "Wissenschaft als Beruf", "Politik als Beruf", *Studienausgabe
der Max-Weber-Gesamtausgabe*, hrsg. von Wolfgang J. Mommsen, Abt.1,
Bd.17(Tübingen, 1994).

2. 레몽 아롱은 박사학위 논문 "Introduction à la philosophie de l'histoire. Essai
sur les limites de l'objectivité historique"(Paris, 1938)과 책 *Histoire et
dialectique de la violence*(Paris, 1973)에서 베버의 원칙들을 설명한다. 줄리앵
프룅드는 *Sociologie de Max Weber*(Paris, 1966)의 저자다. 라인하르 벤딕스는
오늘날까지를 망라하는 막스 베버의 방대한 전기 *Max Weber. An Intellectual
Portrait*(New York, 1960)를 썼다.

3. Elzbieta Ettinger, *Hannah Arendt, Martin Heidegger. Eine Geschichte*(München, 1996).

4. Bertolt Brecht, *Leben des Galilei*, a.a.O., Zehntes Bild, S.95, S.97.

5. Vgl. Italo Mereu, *Storia dell'intolleranza in Europa*, Mailand S.1979, insb. S.356ff.

6. 파요Payot 출판사에서는 자크 레미 제피르Jacques Rémy-Zéphir가 만든 호세 데 아코스타의 책 신판이 나왔다. 인용문은 이 판의 책 Ⅵ, 1장에 나온다.

7. Bertolt Brecht, *Gesammelte Gedichte*, Bd.2, a.a.O., S.602.

8. Jean-Pierre Gaviller, *André Chavanne, homme d'État, humaniste et scientifique*(Gollion, 2013)에 수록된 "Affäre Ziegler"에 관한 장 참조. 스위스 연방공화국과 제네바 주의 사민당 교육부장관인 앙드레 샤반André Chavanne은 상층 계급 전체의 저항에 맞서 나의 임명을 관철시켰다.

9. Evry Schatyman, *Science et société*(Paris, 1971), Reihe, "Liberté".

10. Arnold Hauser, *Sozialgeschichte der Kunst und Literature*(München, 1972).

11. Enrico Castelnuovo, "L'histoire de l'art, un bilan provisoire" in *Actes de la recherche en sciences sociales*, Nr.6(1976), S.63~75.

12. Pierre Bourdieu, "Mais qui a créé les créateurs?", *Questions de sociologie*, Reihe "Reprise", Paris 2002(erste Auflage, 1984), S.207~221.

13. 프랑스에서는 특히 피에르 부르디외와 그의 동료들이 이 과제에 매진했다. 예를 들어 Pierre Bourdieu, *Die feinen Unterschiede. Kritik der gesellschaftlichen Urteilskraft*(Frankfurt am Main, 1982)와 특히 *Die Regeln der Kunst. Genese und Struktur des literarischen Feldes*(Frankfurt am Main, 1999)를 참조하라. 다른 작가들은 같은 문제성의 맥락에서 다른 문제들을 다루었다.

14. 에르빈 파노프스키Erwin Panofsky(1892~1968)의 선구적 연구 "Die Perspektive als 'symbolische Form'" in *Vorträge der Bibliothek Warburg*,

1924/1925, Leipyig und Berlin 1927; *Sinn und Deutung in der Bildenden Kunst*, Köln 1975(Originalausg. Garden City 1955) 참조.

5장 인간은 왜 스스로를 소외시키고 있나

1. Karl Max, "Die entfremdete Arbeit", *Ökonomisch-philosophische Manuskripte aus dem Jahre 1884*(Berlin, 1987), S.56~68

2. 청년 마르크스는 본질Essenz에 대해 말했다. 이 개념은 1844년 이후의 글에서는 더 이상 나타나지 않는다.

3. Georg Lukács, *Geschichte und Klassenbewusstsein*, a.a.O., S.100.

4. Karl Marx, "Das Elend der Philosophie", a.a.O., 1. Kap., §2, S.85.

5. 이 표현은 레옹 블르와Léon Bloy(1846~1917)에게서 나온다.

6. Roger Bastid, "La parole obscure et confuse", *Revue du monde non chrétien*, Nr.75, 1965, S.156ff.

7. Roger Bastide, "Approche des causes sociales de la maladie mentale", *Informations sociales, Sonderheft Environnement et santé mentale*(Paris, 1972), S.45ff.

8. Ebenda.

9. In *Anthologie poétique*, a.a.O.

10. Max Horkheimer, *Zur Kritik der instrumentellen Vernunft*, hrsg. von Alfred Schmidt(Frankfurt am Main, 1985), S.124f.

11. Ebenda, S.150. 호르크하이머는 체자레 롬브로소Cesare Lombroso(1836~1909)의 시 「천재L' uomo di genio」를 인용한다.

12. Ebenda, S.141.

13. Ebenda, S.142f.

14. Jean Duvignaud, "Qui veut la révolution?", *Cause commune*, Nr.6(Paris,

1973), S.1f.

6장 국가의 권력은 어디로 갈까?

1. Bertolt Brecht, *Gesammelte Gedichte*, Bd. 1, a.a.O., S.378.

2. Bertolt Brecht, *Leben des Galilei*, a.a.O., Siebtes Bild, S.68.

3. 올리버 크롬웰은 5년 후인 1658년 석연치는 않지만 그의 친구들 말로는 말라리아 때문에 죽었다고 한다. 그의 사후 다시 권력을 넘겨받은 귀족들은 시체를 발굴하라 지시하고 공개적인 소송절차를 진행하여 그에게 유죄선고를 내리고 시체의 목을 베게 했다.

4. Kazem Rdjavi, *La dictature du prolétariat et le dépérissement de l'état de Marx à Lénine*(Paris, 1975).

5. Karl Marx, *Das Kapital. Kritik der politischen Ökonomie*, Bd. 1: *Der Produktionsprozeßdes Kapitals*(Frankfurt am Main und Berlin, 1969), S.702f.

6. 1852년 3월 5일자 서신.

7. Karl Marx, *Der achtzehnte Brumaire des Louis Bonaparte*(Frankfurt am Main, 2007)(Suhrkamp Studienbibliothek), S.55f.

8. 게다가 제네바 주 구역의 5개 도시 지방자치단체와 40개 농촌 지방자치단체는 공무원 약 5,000명을 더 뽑을 예정이다.

9. Michel de Montaigne, *Essais, Drittes Buch*, I. "Über das Nützliche und das Rechte"(München, 2011), S.11, S.19.

10. Henri Lefebvre, *L'État*, 4 Bd., Reihe "10/18", Paris 1977: 논문과 Norbert Gutermann, *La Conscience mystifiée*(Paris, 1979).

11. Arthur E. Schlesinger, *The Imperial Presidency*(Boston, 1973), S.3.

12. Montesquieus, *De l'esprit des lois*, Paris 1979, Bd.1, S.52.의 비판본 서문에 붙인 빅토르 골트슈미트의 말.

13. 1981년 5월 10일의 선거에서 생겨난 다수의 사회적 구성에 대해서는 Alain Touraine, *Le Retour de l'acteur*(Paris, 1985) 참조.

14. Karl Marx, *Der Bürgerkrieg in Frankreich*, in Karl Marx, Friedrich Engels, *Werke*, Bd.17(Berlin, 1962), S.313~365, Zitat S.338.

15. Charles Rihs, *La Commune de Paris, 1871, Sa structure et ses doctrines*(Paris 1973); Max Gallo, *Tombeau pour la Commune*(Paris, 1971) 참조.

16. Pierre Clastres, *Staatsfeinde. Studien zur politischen Anthropologie*(Frankfurt am Main, 1976).

17. Ebenda, S.209.

18. 모리타니 사람들은 그 사이에 전쟁에서 빠졌다.

19. 나는 하버마스의 진단을 다음의 책에서 분석했다. *Die neuen Herrscher der Welt*(München 1999).

20. Jürgen Habermas, *Die postnationale Konstellation. Politische Essays*(Frankfurt am Main, 1998), S.94f., S.103.

21. Ebenda, S.120.

22. Ebenda, S.120f.

23. Ralf Dahrendorf, "Die Quadratur des Kreises", in *Transit. Europäische Revue*, Nr.12, 1996, S.5~28, Zitat S.9.

24. Immanuel Kant, *Die Religion innerhalb der Grenzen der bloßen Vernunft*(1793)(Hamburg, 1956), S.102.

25. Myriam Revault d'Allonnes, *Ce que l'homme fait à l'homme. Essai sur la politique du mal*(Paris, 1995).

26. Vgl. Hans See, *Wirtschaft zwischen Demokratie und Verbrechen*(Frankfurt am Main, 2014).

27. Harald Schumann, Hans-Peter Martin, *Die Globalisierungsfalle*(Hamburg 1998), S.90.

28. *Le Monde diplomatique*, 4. Februar 1998.

29. Jürgen Habermas, *Die postnationale Konstellation*, a.a.O.

7장 국민이야말로 문명의 증거

1. Voltaire, *Essai sur les moers et l'esprit des nations*, œuvres complètes(Paris, 1778).

2. 국민 계급national class의 개념이 제기하는 문제에 대해서는 Georges Haupt, Michael Löwy, Claudie Weill, *Les Marxistes et la question nationale, 1848~1914*(Paris, 1974), Neuaufl. Paris 1997 참조.

3. Jacques Berque, Beitrag bei der Sommeruniversitaet in Tabarka(August, 1977).

4. Oliver Bétourné, Algaïa I. Hartig, *Penser l'histoire de la Révolution. Deux siècles de passion française*(Paris, 1989) 참조.

5. Samir Amin, *Classe et nation*(Paris, 1979) 참조.

6. 1차 세계대전 전야인 1913년 파리의 에밀 폴Émile Paul 출판사에서 출간되었다.

7. Lega Nord per l'Indipendenza della Padania의 단축 형태.

8. 스위스국민당의 발의에 대한 2월 9일의 투표에서는 51.34퍼센트라는 다수의 찬성표가 나왔다.

9. Claude Lévi-Strauss, *Identität. Ein interdisziplinäres Seminar unter Leitungen von Claude Lévi-Strauss*(Stuttgart, 1980), S.7.

10. Amin Maalouf, *Mörderische Identitäten*(Frankfurt am Main, 2000), S.35.

11. Claude Lévi-Strauss, *Der Blick aus der Ferne*(Frankfurt am Main, 1993), S.13f.

12. Jean-Jacques Rousseau, *Vom Gesellschaftsvertrag oder Grundzüge des Staatsrechts*, Stuttgart 2001(프랑스어 원본 1762). 이 글은 민중 주권의 구상과 근대적 국민의 구성을 완전히 새로운 방향으로 이끈다.

13. Amin Maalouf, *Mörderische Identitäten*, a.a.O.

14. Fernand Braudel, *Die Mittelmeer und die mediterrane Welt in der Epoche Philipps Ⅱ.*, Bd.2(Frankfurt am Main, 1990), S.561.

15. 알랭 투렌이 필자와 나눈 대화.

16. 패드모어는 방대한 미출간 저서를 남겼는데, 가나의 패드모어 도서관에 보관되어 있다. 발표된 글들 중에서 특히 거론할 만한 것은 『범아프리카주의인가, 아니면 공산주의인가?Panafricanisme ou communisme? La prochaine lutte pur l' Afrique』(Paris, 1961)다.

17. 그가 세네갈에 헌정한 책 *La violence d'un pays et autres écrits anticolonialistes*는 부당하게 잊힌 아프리카 문학의 고전에 속한다(마지막 판은 파리에서 2012년에 나왔다).

18. 프랭클린 D. 루스벨트가 1944년 1월 11일 미국 의회에서 한 연설.

19. 1960년대에 니코스 플란차스Nicos Poulantzas(1936~1979)는 외국 콘체른을 위한 서비스로 돈을 받는 부르주아지의 이 특수한 형태를 국내의 부 생산에 관심이 있는 '내부의' 부르주아지와 구별하기 위해 포르투갈어(comprador, 구매자)의 이 개념을 사용했다.

20. Frantz Fanon, *Die Verdammten dieser Erde*(Frankfurt am Main, 1981), S.130.

21. 프리아 컨소시엄은 기니가 독립하기 1년 전인 1957년 첫 알루미늄 공장을 세웠다. 이 공장은 나중에 미국 회사 레이놀즈 메탈Raynolds Metals로 넘어갔고, 2003년 보크사이트에 관한 한 세계시장의 리더인 러시아 콘체른 루살Rusal이 사들였다.

22. 콴디에의 죽음에 대해서는 Mongo Beti, *Main basse sur le Cameroun*(Paris, 1992) 참조.

23. Philippe Berner, *SDECE Service 7. L'histoire extraordinaire du colonel Le Roy-Finville et de ses clandestins*(Paris, 1980).

24. Henri Brunschwig, *Le Partage de l'Afrique*(Paris, 1971), Reihe "Questions d'historie", S.112ff의 "Annexe documentaire" 참조.

25. Edward E. Evans-Pritchard, *Witchcraft, Oracles and Magic among the Azande*(초판 1937년 옥스퍼드 출간), *The Nuer. A Description of the Modes of Livelihood and Political Institutions of A Nilotic People*(Oxford, 1940).

26. 《르몽드Le Monde》 2014년 4월 23일자.

27. Jean-Philippe Domecq, *Robespierre, derniers temps*(Paris, 1984)에서 인용.

28. *Illicit Financial Flows from Developing Countries*, 2009~2011.

29. ebenda.

30. Maurice Duverger, "Le fascisme extérieur", Le Monde, 9. Februar 1966.

31. 2000년 콜탄 광석에서 얻어지는 탄탈Tantal이 전 세계적으로 부족해지고 가격이 오르는 것을 막은 덕분에, 소니사가 플레이스테이션을 충분하게 생산할 수 있었다고 한다.

8장 사회는 어떻게 생겨나고 발전하는가?

1. In *Gesammelte Schriften*. Bd.1, 2(Frankfurt a. M., 1974), S.700.

2. 1915년 루카치는 부다페스트에서 모두 다 계몽Aufklärung의 가치에 심취한 지식인과 예술가 그룹에 속해 있었는데, 그중에는 사회학자 카를 만하임Karl Mannheim, 영화 비평가이자 이론가 벨라 발라츠, 무정부주의 활동가 에르빈 스자보Erwin Szabó, 예술사가 프리드리히 안탈Friedrich Antal과 아르놀트 하우저 등이 있다. 그들 모두 1919년 혁명정부의 실각 후 헝가리를 떠나야 했다.

3. 영국의 자연 연구가 찰스 다윈은 인간의 발생과 발전에 관한 이론으로 이것을 의도했다. 그의 주저서 『종의 기원On the Origin of Species by Means of Natural Selection』은 1859년에 출간되었다.

4. Nâzim Hikmet, "Petrograd 1917", *Anthologie poétique*, a.a.O., S.47f.

5. Georg Lukács, *Geschichte und Klassenbewusstsein*, a.a.O.

6. Jean-Philippe Domecq, *Robespierre, derniers temps*, a.a.O. 참조

7. "Das Manifest der Gleichen", 1796.

8. 로베스피에르가 근기힌 계급의 경제적 · 싱징직 권력이 짐차 쇠퇴한다는 인상을 전하는 것은 레지스 드브레의 글이다. "볼테르를 구속하지 못한다!", 『프랑스의 지식인과 권력Die Intellektuellen und die Macht in Frankreich』(Köln-Lövenich, 1981), Kap.2, S.47ff.

9. 이 예는 장폴 사르트르의 다음 책에 나온다. 『변증법적 이성 비판Kritik der dialektischen Vernunft』(Reinbek bei Hamburg, 1980).

10. Neuwied, 1963.

11. Reinbek bei Hamburg, 1980. 프랑스어 원본은 1977년 파리에서 출간.

12. Paris, 1959, S.233ff.

13. 특히 Max Horkheimer, Theodor W. Adorno, *Dialektik der Aufklärung*(Frankfurt, 1969)에서 볼 수 있다. 프랑스에서 그들의 저서는 『정치 비판Critique de la politique』 시리즈로 파요 출판사에서 출간되었다.

14. Bertolt Brecht, *Stücke*, Bd. IX(Berlin, 1959), S.373.

15. André Langaney, Jean Clottes, Jean Guilaine, Dominique Simonnet, 『인간에 관한 가장 아름다운 이야기Die schönste Geschichte des Menschen. Von den Gehiemnissen unserer Herkunft』(Bergisch Gladbach, 2001), S.20.

16. Ebenda, S.28f.

17. Ebenda, S.22~25.

18. 즉 기원전 12만 년부터 기원전 만 년까지 계속된 마지막 빙하기 이후를 말한다.

19. V. Gordon Childe, *New Light on the Most Ancient East. The Oriental Prelude to European Prehistory*(London, 1934) 참조.

20. 특히 Solly Zuckerman, *Functional Affinities of Man, Monkeys and Apes*, London, 1933과 CNRS에 의해 1958년 5월 19일부터 23일까지 파리에서 발표된 논문 'L' hominisation de la famille et des groupes sociaux, in Actes du colloque sur les processus d' hominisation", S.149ff. 참조.

21. 고생물학자들은 기원전 300만 년부터 기원전 15만 년까지의 시간에 대해 알려 줄 해골을 오늘날까지 발견하지 못했다.

22. 올두바이 협곡(동아프리카 열곡 영역에 있는 탄자니아)에서 나온 사람족 Hominini 화석은 1959년 루이스 리키와 메리 리키 부부에 의해 발견되었다. 이 화석은 180만 년 전의 시기의 것으로 추정된다. 2002년 아프리카 밖 최초의 사람 속 화석으로 조지아Georgia에서 발견된 호모게오르기쿠스Homo georgicus는 고생물학자들의 견해에 따르면 같은 시기에 유래한 것이다.

23. DNA 분석은 오늘날 새로운 가능성을 열어준다. 특히 이 시기부터는 한 생물학 적 집단의 뼈 발굴에서 다른 생물학적 집단의 여성이 있었음(족외혼)이 입증된 다.

24. Isaac Schapera, *Government and Politics in Tribal Societies*(London, 1956). 중요한 항목들(예컨대 족외혼)에서 부시먼족의 일상적 행동과 그들의 조직 구조 에 대한 특정한 해석들이 주커만의 관찰과 모순되는 것처럼 보인다는 점을 확인 할 수 있다. 이 점에 대해서는 Louis Fourie, "The Boshiman", Carl Hugo Linsingen Hahn, Heinrich Vedder und Louis Fourie, *The Native Tribes of South-West Africa*(Kapstadt, 1928), S.79~104; Leo Frobenius, *The Childhood of Man*(New York, 1960), S.118ff. 참조.

25. Collin M. Turnball, *The Forest People*(New York, 1961). 이투리는 백인이나

반투족이 뚫고 들어가기 어려운, 콩고민주공화국의 심장부에 있는 거대한 원시
림이다.

26. 레어먼드 다트는 오스트레일리아 출신으로 남아프리카공화국 국적을 갖고 있
지만, 학문적으로는 앵글로색슨 문화에 속한다. 특히 기고문 "Australopithecus
africanus. The Man-Ape of South Africa", *Nature*, Bd.115, 1925, S.195~199
참조. 또한 논란의 여지가 있는 연구 "The Predatory Transition from Ape to
Man", *International Anthropological and Linguistic Review*, Nr.1, 1953,
S.201~217 참조하라.

27. Clarence R. Carpenter, "Characteristics of Social Behaviour in Non-Human
Primates", *Transactions of the New York Academy of Sciences*, Bd.4(Juni,
1942), S.248~258.

28. Solly Zuckerman, "L' hominisation de la famille et des groupes sociaux",
a.a.O., S.158ff.

29. Edgar Morin, *Das Rätsel des Humanen*, a.a.O.(München, 1974), S.157.

30. Luc de Heusch, *Essais sur le symbolisme de l'inceste royal en
Afique*(Brüssel, 1958) 참조.

31. 트리브리안드 군도는 파푸아뉴기니에 속하는 태평양의 섬 집단이다.

32. Claude Lévi-Strauss, *Die elementaren strukturen der
Verwandschaft*(Frankfurt am Main, 1981), S.98.

33. Luc de Heusch, *Pourquoi l'épouser? Et autres essais*(Paris, 1971).

34. 특히 1948년 5월 브뤼셀에서 열린 프랑스어권 심리분석가 11차 회의를 위한 보
고서이자 논문 Écrits(Paris, 1966), S.101ff.에 게재된 Jacques Lacan, *L'
Aggressivité* 참조. 또한 Élisabeth Roudinesco, *La Part obscure de nous-
même. Une histoire des pervers*(Paris, 2007) 참조.

9장 발생사회학, 목소리 없는 이들에게 목소리를

1. Pablo Neruda, *Memorial von Isla Negra*, a.a.O., S.195.

2. Georges Balandier, *Sens et puissances*(Paris, 1971), S.9.

3. 귀르비치의 사후에는 장 뒤비뇨가 이끌던 투르의 라블레대학교 지식사회 연구소 가 후임이 되었다.

4. 그들 중 두 명은 귀르비치에게 우정과 감사를 담은 책을 헌정했다. Georges Balandier, *Gurvitch*(Paris, 1972), Jean Duvignaud, *Gurvitch*(Paris, 1969).

5. Paris, 1955(정기적으로 중판이 거듭되고 있다).

6. *Chebika. Mutations dans un village du Maghreb*(Paris, 1968), Neuauflage 1991; *Retour à Chebika 1990. Changement dans un village du sud tunisien*(Paris, 2011).

7. *La Méthode*, 6 Bde.(① *La Nature de la Nature*; ② *La Vie de la Vie*; ③ *La Connaissance de la Connaissance*; ④ *Les Idées*; ⑤ *L'Humanité de l'Humanité*; ⑥ *L'Éthique*)(Paris, 1977~2004). 독일어판은 그때까지 제1권만 출간되었다. *Die Mothode. Die Natur der Natur*(Wien, 2010).

8. Georges Balandier, *Anthropo-logiques*(Paris, 1974).

9. Georges Balandier, *Sens et puissances*, a.a.O., S.299.

10. Roger Bastide, *Sociologie et psychanalyse*(Paris, 1950), S.264.

11. Ebenda, S.284.

12. 뉴턴의 중력 법칙은 예컨대 블랙홀 같은 일정한 특수 천문학 대상들과 현상들을 묘사하기 위해 아인슈타인이 일반 상대성 이론으로 부가한 교정 덕분에 별들에도 적용된다.

13. Roger Bastide, *Sociologie et psychanalyse*, a.a.O.

14. Georges Gurvitch, "Mon itinéraire intellectuel ou l'exclu de la horde", *L'Homme et la Société*(Paris, 1966).

15. Ludwig Feuerbach, *Das Wesen des Christentums*, in *Werke in sechs Bänden*, Bd.5(Frankfurt am Main, 1976), S.17.

10장 어둠의 인류애

1. Pablo Neruda, *Memorial von Isla Negra*, a.a.O.

2. Ernesto Che Guevara, *Souvenirs de la guerre révolutionnaire*, *Écrits* 1(Paris, 1967).

3. Medico international, *Rundschreiben*(Mai, 2014).

4. 세계적으로 가장 중요한 쌀 생산국인 중국은 2013년 2억 톤을 수확했다. 인도네 시아보다 많은 두 번째 생산국인 인도에서는 1억 5,500만 톤이었다.

5. 독일어판은 2012년 뮌헨에서 출간되었다.

6. 노르웨이의 법은 상점들에게 상품의 출처를 노르웨이어와 영어로 표시할 의무를 지운다.

7. 이 운동의 역사에 대해서는 Annette Aurélie Desmarais, 'Via Campesina", *Une alternative paysanne à la mondialisation néolibérale*(Genf, 2002) 참조.

8. IUF는 세계적인 본부를 제네바에 두고 있다. 그 완전한 이름은 이렇다. International Union of Food, Agriculture, Hotel, Restaurant, Catering, Tobacco and Allied Workers Association.

나오는 말: 당신은 어느 편에 서 있는가?

1. Bertolt Brecht, *Die Maβnahme*, 9. Aufl.(Frankfurt am Main, 2014), S.54.

2. 칸트가 처음에 『윤리형이상학 정초Grundlegung zur Metaphysik der Sitten』에 서 언급하는(1785) 정언적 명령은 그의 도덕철학의 중심에 놓인다.

3. Theodor W. Adorno, *Minima moralia*, a.a.O., S.43.

4. 니카라과의 여성 작가이자 산디니스타 투사인 지오콘다 벨리Gioconda Belli의

말을 인용한 것이다.

5. Max Horkheimer, *Traditionelle und kritische Theorie*(Frankfurt am Main, 1992), S.145.

6. Shakespeare, *Macbeth*, Fünfter Akt, 5. Szene.

7. Charles Péguy, *Œuvres en prose, 1909~1914*(Paris, 1961), S.180.

8. Daniel Bensaïd, *Tour est encore possible. Entretiens avec Fred Hilgemann*(Paris, 2010), S.14.

9. Riccardo Petrella, *Écueils de la mondialisation. Urgence d'un nouveau contrat social*(Montreal, 1997), S.7.

10. *L'Humanité*, 21(Januar, 1914).

11. Antonio Machado, *Gaminante non hay camino*. Peomas, 1938.

12. 유엔 인권선언 1조(1948년 12월 10일).

13. Victor Hugo, *Les misérables*(1862).

14. Bertolt Brecht, "Das Lied von der Moldau", *Gesammelte Gedichte*, Bd.4, a.a.O., S.1218.

『왜 세계의 절반은 굶주리는가?』
유엔 식량특별조사관이 아들에게 들려주는 기아의 진실
장 지글러 지음 | 유영미 옮김 | 우석훈 해제 | 주경복 부록 | 202쪽 | 9,800원
* 한국간행물윤리위원회, 책따세 선정도서 | 법정스님, 한비야 추천도서

120억의 인구가 먹고도 남을 만큼의 식량이 생산되고 있다는데 왜 하루에 10만 명
이, 5초에 한 명의 어린이가 굶주림으로 죽어가고 있는가? 이런 불합리하고 살인적
인 세계질서는 어떠한 사정에서 등장한 것일까? 그 책임은 누구에게 있을까? 학교
에서도 언론에서도 아무도 알려주지 않는 기아의 진실! 8년간 유엔 인권위원회 식
량특별조사관으로 활동한 장 지글러가 기아의 실태와 그 배후의 원인들을 대화 형
식으로 알기 쉽게 조목조목 설명했다.

『지식의 역사』
과거, 현재, 그리고 미래의 모든 지식을 찾아
찰스 밴 도렌 지음 | 박중서 옮김 | 924쪽 | 35,000원
* 한국간행물윤리위원회 선정도서/ 한국경제신문, 매일경제, 교보문고 선정 2010년 올해의 책

문명이 시작된 순간부터 오늘날까지 인간이 생각하고, 발명하고, 창조하고, 고민하
고, 완성한 모든 것의 요약으로, 세상의 모든 지식을 담은 책. 인류의 모든 위대한 발
견은 물론이거니와, 그것을 탄생시킨 역사적 상황과 각 시대의 세심한 풍경, 다가올
미래 지식의 전망까지도 충실히 담아낸 찰스 밴 도렌의 역작이다.

『물질문명과 자본주의 읽기』
자본주의라는 이름의 히드라 이야기
페르낭 브로델 지음 | 김홍식 옮김 | 204쪽 | 12,000원

역사학의 거장 브로델이 우리가 미처 알지 못했던 자본주의의 맨얼굴과 밑동을 파헤친 역작. 그는 자본주의가 이윤을 따라 변화무쌍하게 움직이는 카멜레온과 히드라 같은 존재임을 밝혀냄으로써, 우리에게 현대 자본주의의 역사를 이해하고 미래를 가늠해볼 수 있는 넓은 지평과 혜안을 제공하였다. 이 책은 그가 심혈을 기울인 '장기 지속으로서의 자본주의' 연구의 결정판이었던 『물질문명과 자본주의』의 길잡이판격으로 그의 방대한 연구를 간결하고 수월하게 읽게 해준다.

『현대 중동의 탄생』
데이비드 프롬킨 지음 | 이순호 옮김 | 984쪽 | 43,000원

미국 비평가협회상과 퓰리처상 최종선발작에 빛나는 이 책은 분쟁으로 얼룩진 중동의 그늘, 그 기원을 찾아가는 현대의 고전이다. 종교, 이데올로기, 민족주의, 왕조 간투쟁이 끊이지 않는 고질적인 분쟁지역이 된 중동이 어떻게 형성되었는지를 명쾌하게 제시해준다. 이 책은 중동을 총체적으로 이해하게 해주는 중동 문제의 바이블로 현대 중동 문제를 이해하기 위한 필독서다.

『푸코, 바르트, 레비스트로스, 라캉 쉽게 읽기』
교양인을 위한 구조주의 강의
우치다 타츠루 지음 | 이경덕 옮김 | 224쪽 | 12,000원

구조주의란 무엇인가에서 출발해 구조주의의 기원과 역사, 그 내용을 추적하고, 구조주의의 대표적 인물들을 한자리에 불러 모아 그들 사상의 핵심을 한눈에 들어오도록 정리한 구조주의에 관한 해설서. 어려운 이론을 쉽게 풀어 쓰는 데 일가견이 있는 저자의 재능이 십분 발휘된 책으로, 구조주의를 공부하는 사람이나 구조주의에 대해 알고 싶었던 일반 대중 모두 쉽고 재미있게 읽을 수 있는 최고의 구조주의 개론서이다.

인간의 길을 가다

실천적 사회학자 장 지글러의 인문학적 자서전

1판 1쇄 발행 2016년 4월 29일

1판 2쇄 발행 2016년 10월 6일

지은이 장 지글러 | 옮긴이 모명숙

기획 임병삼 | 편집 김지환 백진희 | 마케팅·홍보 김단희 | 표지 디자인 가필드

펴낸이 김경수 | 펴낸곳 갈라파고스

등록 2002년 10월 29일 제13-2003-147호

주소 121-838 서울시 마포구 토정로 13-1(합정동) 국제빌딩 5층

전화 02-3142-3797 | 전송 02-3142-2408

전자우편 galapagos@chol.com

ISBN 979-11-87038-04-7   03100

이 도서의 국립중앙도서관 출판예정도서목록(CIP)은 서지정보유통지원시스템 홈페이지
(http://seoji.nl.go.kr)와 국가자료공동목록시스템(http://www.nl.go.kr/ko lisnet)에서 이용
하실 수 있습니다. (CIP 제어번호: CIP2016009785)

갈라파고스 자연과 인간, 인간과 인간의 공존을 희망하며, 함께 읽으면 좋은 책들을 만듭니다.